Gustave Le Bon

Les opinions et les croyances

(1911)

essai

ISBN : 978-1514796085

10 9 8 7 6 5 4 3 2 1

Gustave Le Bon

Les opinions et les croyances

essai

Table de Matières

A mon cher Ami
GABRIEL HANOTAUX
ANCIEN MINISTRE DES AFFAIRES ÉTRANGÈRES
MEMBRE DE L'ACADÉMIE FRANÇAISE
A l'historien éminent
dont la pénétrante sagacité sait découvrir
sous la trame des faits visibles
les forces *invisibles qui* les déterminent.
GUSTAVE LE BON.

Livre I
Les problèmes de la croyance et de la connaissance

Chapitre I
Les cycles de la croyance et de la connaissance.

§ 1. - Les difficultés du problème de la croyance.

Le problème de la croyance, parfois confondu avec celui de la connaissance, en est cependant fort distinct. Savoir et croire sont choses différentes n'ayant pas même genèse.

Des opinions et des croyances dérivent, avec la conception de la vie, notre conduite, et par conséquent la plupart des événements de l'histoire. Elles sont, comme tous les phénomènes, régies par certaines lois, mais ces lois ne sont pas déterminées encore.

Le domaine de la croyance a toujours semblé hérissé de mystères. C'est pourquoi les livres sur les origines de la croyance sont si peu nombreux alors que ceux sur la connaissance sont innombrables.

Les rares tentatives faites pour élucider le problème de la croyance suffisent d'ailleurs à montrer combien il a été peu compris. Acceptant la vieille opinion de Descartes, les auteurs répètent que la croyance est rationnelle et volontaire. Un des buts de cet ouvrage sera précisément de montrer qu'elle n'est ni volontaire, ni rationnelle.

La difficulté du problème de la croyance n'avait pas échappé au grand Pascal. Dans un chapitre sur l'art de persuader, il remarque justement que les hommes : « sont presque toujours emportés à croire, non par la preuve mais par l'agrément. » « Mais, ajoute-t-il : la manière d'agréer est bien sans comparaison plus difficile, plus subtile, plus utile et plus admirable ; aussi, si je n'en traite pas, c'est parce que je n'en suis pas capable; et je m'y sens tellement disproportionné que je crois la Chose absolument impossible. »

Grâce aux découvertes de la science moderne, il nous a semblé possible d'aborder le problème devant lequel avait reculé Pascal.

Sa solution donne la clef de bien des questions importantes.

Comment, par exemple, s'établissent les opinions et les croyances religieuses ou politiques, pourquoi rencontre-t-on simultanément chez certains esprits, avec une intelligence très haute des superstitions très naïves ? Pourquoi la raison est-elle si impuissante à modifier nos convictions sentimentales ? Sans une théorie de la croyance, ces questions et beaucoup d'autres restent insolubles. La raison seule ne pourrait les expliquer.

Si le problème de la croyance a été si mal compris des psychologues et des historiens, c'est parce qu'ils ont tenté d'interpréter avec les ressources de la logique rationnelle des phénomènes qu'elle n'a jamais régis. Nous verrons que tous les éléments de la croyance obéissent à des règles logiques, très sûres, mais absolument étrangères à celles employées par le savant dans ses recherches.

Dès mes premières études historiques, ce problème m'avait hanté. La croyance m'apparaissait bien le principal facteur de l'histoire, mais comment expliquer des faits aussi extraordinaires que les fondations de croyances déterminant la création ou la chute de puissantes civilisations ?

Des tribus nomades, perdues au fond de l'Arabie, adoptent une religion qu'un illuminé leur enseigne, et grâce à elle fondent en moins de cinquante ans un empire aussi vaste que celui d'Alexandre, illustré par une splendide éclosion de monuments merveilleux.

Peu de siècles auparavant, des peuples demi-barbares se convertissaient à la foi prêchée par des apôtres venus d'un coin obscur de la Galilée et sous les feux régénérateurs de cette croyance, le vieux monde s'écroulait pour faire place à une civilisation entièrement nouvelle, dont chaque élément demeure imprégné du souvenir du Dieu qui l'a fait naître.

Près de vingt siècles plus tard, l'antique foi est ébranlée, des étoiles inconnues surgissent au ciel de la pensée, an grand peuple se soulève, prétendant briser les liens du passé. Sa foi destructrice, mais puissante, lui confère, malgré l'anarchie où cette grande Révolution le plonge, la force, nécessaire pour dominer l'Europe en armes et traverser victorieusement toutes ses capitales.

Comment expliquer cet étrange pouvoir des croyances ? Pourquoi l'homme se soumet-il soudainement à une foi qu'il ignorait hier, et pourquoi l'élève-t-elle si prodigieusement au-dessus de lui-même

? De quels éléments psychologiques surgissent ces mystères ? Nous essaierons de le dire.

Le problème de l'établissement et de la propagation des opinions, et surtout des croyances, a des côtés si merveilleux que les sectateurs de chaque religion invoquent sa création et sa diffusion comme preuve d'une divine origine. Ils font remarquer aussi que ces croyances sont adoptées malgré l'intérêt le plus évident de ceux qui les acceptent. On comprend aisément, par exemple, le christianisme, se propageant facilement chez les esclaves et tous les déshérités auxquels il promettait un bonheur éternel. Mais quelles forces secrètes pouvaient déterminer un chevalier romain, un personnage consulaire, à se dépouiller de leurs biens et risquer de honteux supplices, pour adopter une religion nouvelle repoussée par les coutumes, méprisée par la raison et interdite par les lois ?

Impossible d'invoquer la faiblesse intellectuelle des hommes qui se soumettaient volontairement à un tel joug puisque, de l'antiquité à nos jours, les mêmes phénomènes s'observent chez les esprits les plus cultivés.

Une théorie de la croyance ne peut être valable qu'en apportant l'explication de toutes ces choses. Elle doit surtout faire comprendre comment des savants illustres et réputés par leur esprit critique acceptent des légendes dont l'enfantine naïveté fait sourire. Nous concevons facilement qu'un Newton, un Pascal, un Descartes, vivant dans une ambiance saturée de certaines convictions, les aient admises sans discussion, de même qu'ils admettaient les lois inéluctables de la nature. Mais comment, de nos jours, dans des milieux où la science projette tant de lumière, les mêmes croyances ne se sont-elles pas désagrégées entièrement ? Pourquoi les voyons-nous, quand par hasard elles se désagrègent, donner immédiatement naissance à d'autres fictions, tout aussi merveilleuses, ainsi que le prouve la propagation des doctrines occultistes, spirites, etc., parmi d'éminents savants? A toutes ces questions nous devrons également répondre.

§ 2. - En quoi la croyance diffère de la connaissance.

Essayons d'abord de préciser ce qui constitue la croyance et en quoi elle se distingue de la connaissance.

Une croyance est un acte de foi d'origine inconsciente qui nous force à admettre en bloc une idée, une opinion, une explication, une doctrine. La raison est étrangère, nous le verrons, à sa formation. Lorsqu'elle essaie de justifier la croyance, celle-ci est déjà formée.

Tout ce qui est accepté par un simple acte de foi doit être qualifié de croyance. Si l'exactitude de la croyance est vérifiée plus tard par l'observation et l'expérience, elle cesse d'être une croyance et devient une connaissance.

Croyance et connaissance constituent deux modes d'activité mentale fort distincts et d'origines très différentes. La première est une intuition inconsciente qu'engendrent certaines causes indépendantes de notre volonté, la seconde représente une acquisition consciente édifiée par des méthodes exclusivement rationnelles, telles que l'expérience et l'observation.

Ce fut seulement à une époque avancée de son histoire, que l'humanité plongée dans le monde de la croyance découvrit celui de la connaissance. En y pénétrant, on reconnut que tous les phénomènes attribués jadis aux volontés d'êtres supérieurs se déroulaient sous l'influence de lois inflexibles.

Par le fait seul que l'homme abordait le cycle de la connaissance, toutes ses conceptions de l'univers furent changées.

Mais dans cette sphère nouvelle il n'a pas encore été possible de pénétrer bien loin. La science constate chaque jour que ses découvertes restent imprégnées d'inconnu. Les réalités les Plus précises recouvrent des mystères. Un mystère, c'est l'âme ignorée des choses.

De telles ténèbres la science est encore pleine et, derrière les horizons atteints par elle, d'autres apparaissent, perdus dans un infini qui semble reculer toujours.

Ce grand domaine, qu'aucune philosophie n'a pu éclairer encore, est le royaume des rêves. Ils sont chargés d'espérances que nul raisonnement ne saurait détruire. Croyances religieuses, croyances politiques, croyances de tout ordre y trouvent une puissance illimitée. Les fantômes redoutés qui l'habitent sont créés par la foi.

Savoir et croire resteront toujours choses distinctes. Alors que

Gustave Le Bon

l'acquisition de la moindre vérité scientifique exige un énorme labeur, la possession d'une certitude n'ayant que la foi pour soutien n'en demande aucun. Tous les hommes possèdent des croyances, très peu s'élèvent jusqu'à la connaissance.

Le monde de la croyance possède sa logique et ses lois. Le savant a toujours vainement tenté d'y pénétrer avec ses méthodes. On verra dans cet ouvrage pourquoi il perd tout esprit critique en pénétrant dans le cycle de là croyance et n'y rencontre que lei plus décevantes illusions.

§ 3. - Rôles respectifs de la croyance et de la connaissance.

La connaissance constitue un élément essentiel de la civilisation, le grand facteur de ses progrès matériels. La croyance oriente les pensées, les opinions et par conséquent la conduite.

Jadis supposées d'origine divine, les croyances étaient acceptées sans discussion. Nous les savons aujourd'hui issues de nous-mêmes et cependant elles s'imposent encore. Le raisonnement a généralement aussi peu de prise sur elles que sur la faim ou la soif. Élaborée dans les régions subconscientes que l'intelligence ne saurait atteindre, une croyance se subit et ne se discute pas.

Cette origine inconsciente et par suite involontaire des croyances les rend très fortes. Religieuses, politiques ou sociales, elles ont toujours joué un rôle prépondérant dans l'histoire.

Devenues générales, elles constituent des pôles attractifs autour desquels gravite l'existence des peuples et impriment alors leur marque sur tous les éléments d'une civilisation. On qualifie clairement cette dernière en lui donnant le nom de la foi qui l'a inspirée. Civilisation bouddhique, civilisation musulmane, civilisation chrétienne, sont des appellations très justes.

C'est qu'en devenant centre d'attraction, la croyance devient aussi centre de déformation. Les éléments divers de la vie sociale : philosophie, arts, littérature, se modifient pour s'y adapter.

Les seules vraies révolutions sont celles qui renouvellent les croyances fondamentales d'un peuple. Elles ont toujours été fort rares. Seul, ordinairement, le nom des convictions se transforme.

La foi change d'objet, mais ne meurt jamais.

Elle ne pourrait mourir, car le besoin de croire constitue un élément psychologique aussi irréductible que le plaisir ou la douleur. L'âme humaine a horreur du doute et de l'incertitude. L'homme traverse parfois des phases de scepticisme, mais n'y séjourne jamais. Il a besoin d'être guidé par un *credo* religieux, politique ou moral qui le domine et lui évite l'effort de penser. Les dogmes détruits sont toujours remplacés. Sur ces nécessités indestructibles, la raison est sans prise.

L'âge moderne contient autant de foi que les siècles qui l'ont précédé. Dans les temples nouveaux, se prêchent des dogmes aussi despotiques que ceux du passé et comptant d'aussi nombreux fidèles. Les vieux *credo* religieux qui asservissaient jadis la foule sont remplacés par des *credo* socialistes ou anarchistes aussi impérieux et aussi peu rationnels, mais qui ne dominent pas moins les âmes. L'église est remplacée souvent par le cabaret, mais les sermons des meneurs mystiques qui s'y font entendre sont l'objet de la même foi.

Et si la mentalité des fidèles n'a pas beaucoup évolué depuis l'époque lointaine où, sur les rives du Nil, Isis et Hathor attiraient dans leurs temples des milliers de fervents pèlerins, c'est qu'au cours des âges les sentiments, vrais fondements de l'âme, gardent leur fixité. L'intelligence progresse, les sentiments ne changent pas.

Sans doute la foi en un dogme quelconque n'est généralement qu'une illusion. Il ne faut pas la dédaigner pourtant. Grâce à sa magique puissance, l'irréel devient plus fort que le réel. Une croyance acceptée donne à un peuple une communauté de pensée génératrice de son unité et de sa force.

Le domaine de la connaissance étant très différent de celui de la croyance, les opposer l'un à l'autre est une tâche vaine, bien que journellement tentée.

Dégagée de plus en plus de la croyance, la science en demeure cependant très imprégnée encore. Elle lui est soumise dans tous les sujets mal connus, les mystères de la vie ou de l'origine des espèces par exemple. Les théories qu'on y accepte sont de simples articles de foi, n'ayant pour eux que l'autorité des maîtres qui les formulèrent.

Gustave Le Bon

Les lois régissant la psychologie de la croyance ne s'appliquent pas seulement aux grandes convictions fondamentales laissant une marque indélébile sur la trame de l'histoire. Elles sont applicables aussi à la plupart de nos opinions journalières sur les êtres et les choses qui nous entourent.

L'observation montre facilement que la majorité de ces opinions n'ont pas pour soutiens des éléments rationnels, mais des éléments affectifs ou mystiques, généralement d'origine inconsciente. Si on les voit discutées avec tant d'ardeur, c'est précisément pal-ce qu'elles sont du domaine de la croyance et formées de la même façon. Les opinions représentent généralement de petites croyances plus ou moins transitoires.

Ce serait donc une erreur de croire qu'on sort du champ de la croyance en renonçant à des convictions ancestrales. Nous aurons occasion de montrer que le plus souvent on s'y est enlisé davantage.

Les questions soulevées par la genèse des opinions étant du même ordre que celles relatives à la croyance doivent, être étudiées de la même façon. Souvent distinctes dans leurs effets, croyances et opinions appartiennent cependant à la même famille, alors que la connaissance fait partie d'un monde complètement différent.

On voit la grandeur et la difficulté des problèmes abordés dans cet ouvrage. J'y ai rêvé bien des années sous des cieux divers. Tantôt en contemplant ces milliers de statues élevées depuis 80 siècles à la gloire de tous les dieux qui incarnèrent nos rêves. Tantôt perdu parmi les piliers gigantesques des temples aux architectures étranges, reflétés dans les eaux majestueuses du Nil ou édifiés sur les rives tourmentées du Gange. Comment admirer ces merveilles sans songer aux forces secrètes qui les firent surgir d'un néant d'où aucune pensée rationnelle n'aurait pu les faire éclore.

Les hasards de la vie m'ayant conduit à explorer des branches assez variées de la science pure, de la psychologie et de l'histoire, j'ai pu étudier les méthodes scientifiques qui engendrent la connaissance et les facteurs psychologiques générateurs des croyances. La connaissance et la croyance, c'est toute notre civilisation et toute notre histoire.

Chapitre II
Les méthodes d'étude de la psychologie.

Pour se constituer, la psychologie recourut successivement à plusieurs méthodes. Nous n'aurons pas à les utiliser dans l'étude des opinions et des croyances. Leur simple résumé montrera qu'elles ne pouvaient fournir que bien peu d'éléments d'information à nos recherches.

Méthode d'introspection. - La plus ancienne méthode psychologique, la seule pratiquée pendant lon-temps, fut celle dite de l'introspection. Enfermé dans son cabinet d'études et ignorant volontairement le monde extérieur, le penseur réfléchissait sur lui-même et avec les résultats de ses méditations fabriquait de gros livres. Ils ne trouvent plus de lecteurs aujourd'hui.

Le dernier siècle vit naître des méthodes plus scientifiques sans doute, mais non pas plus fécondes. En voici l'énumération.

Méthode psychophysique. - À ses débuts, cette méthode qui introduisait des mesures physiques en psychologie semblait posséder nu grand avenir, mais on découvrit rapidement combien son champ était limité. Ces mesures ne portaient que sur des phénomènes élémentaires : vitesse de l'agent nerveux, temps nécessaire pour les mouvements réflexes, relation logarithmique entre l'excitation et la sensation, etc. Il s'agissait, en réalité, d'opérations physiologiques dont la psychologie ne put tirer qu'un très faible parti.

Méthode des localisations cérébrales. - Elle consistait à chercher l'altération des fonctions psychologiques correspondantes à certaines lésions nerveuses artificiellement provoquées. On crut pouvoir établir ainsi une foule de localisations. Elles sont presque entièrement abandonnées aujourd'hui, même celles qui parurent d'abord les mieux établies, telles que les centres du langage et de l'écriture.

Méthode des tests et des questionnaires. - Cette méthode obtint longtemps un grand succès et les laboratoires, dits de psychologie, sont encore remplis des instruments destinés à mesurer toutes les opérations supposées être en relation avec l'intelligence. On édita même quantité de questionnaires auxquels voulurent bien se soumettre quelques hommes illustres. Celui publié sur Henri Poincaré, par un des derniers adeptes de cette méthode, suffirait à montrer quel minime appoint la psychologie en peut tirer. Elle est actuèlement complètement délaissée.

Méthode basée sur l'étude des altérations pathologiques de l'intelligence. - Cette méthode, la dernière, est certainement celle qui a fourni le plus de documents sur l'activité psychologique inconsciente, le mysticisme, l'imitation, les désagrégations de la personnalité, etc. Quoique très restreinte, elle a été féconde.

Bien que nouvelle dans son application, la psychologie pathologique ne demeura pas ignorée des grands dramaturges comme Shakespeare. Leur puissant génie d'observation les amenèrent à découvrir les phénomènes que la science ne devait préciser que plus tard. Lady Macbeth est une hallucinée, Othello un hystéro-épileptique, Hamlet un alcoolique hanté par des phobies, le roi Lear un maniaque mélancolique, victime de folie intermittente. Il faut reconnaître d'ailleurs que si tous ces illustres personnages avaient été des sujets normaux au lieu de posséder une psychologie altérée et instable, la littérature et l'art n'auraient pas eu à s'occuper d'eux.

Méthode basée sur la psychologie comparée. - Très récente encore, cette méthode s'est bornée jusqu'ici à l'étude des instincts et de certaines réactions élémentaires qualifiées de tropismes. Elle parait cependant devoir constituer une des méthodes de l'avenir.

Pour comprendre les phénomènes psychiques des êtres supérieurs, il faut étudier d'abord ceux des créatures les plus inférieures. Cette évidence n'apparaît pourtant pas encore aux psychologues qui prétendent établir une distinction irréductible entre la raison de l'homme et celle des êtres placés au-dessous de lui. La nature ne connaît pas de telles discontinuités et nous avons dépassé l'époque où Descartes considérait les animaux comme de purs automates.

Cette étude est d'ailleurs hérissée de difficultés. On constate chaque jour davantage que les sens des animaux et, par suite, leurs sensations, diffèrent des nôtres. Les éléments qu'ils associent, la façon dont ils les associent, doivent aussi sans-doute être distincts.

La psychologie des animaux, même supérieurs, est encore à ses débuts. Pour les comprendre, il faut les regarder de très près, et c'est une peine qu'on ne prend guère.

Nous apprendrions vite à les deviner, cependant, par un examen attentif. J'ai jadis consacré plusieurs années à leur observation. Les résultats en ont été exposés dans un mémoire sur la psychologie du cheval, publié dans la *Revue philosophique*. J'en déduisis des règles nouvelles pour son dressage. Ces recherches me furent très utiles pour la rédaction de mon livre sur la Psychologie de l'éducation.

Méthode adoptée dans cet ouvrage pour l'étude des opinions et des croyances. - L'énumération précédente permet de pressentir qu'aucune des méthodes psychologiques classiques, ni les enquêtes, ni la psychophysique, ni les localisations, ni la psychopathologie même lie peuvent rien apprendre de la genèse et de l'évolution des opinions et des croyances. Nous devions donc recourir à d'autres méthodes.

Après avoir étudié le terrain réceptif des croyances intelligence, sentiments, subconscience, etc., nous avons analysé les diverses croyances religieuses, politiques, morales, etc., et examiné le rôle de chacun de leurs facteurs déterminants. L'histoire pour le passé, les faits de chaque jour pour le présent, fournissent les éléments de cette étude.

Mais la généralité des grandes croyances appartiennent an passé. Le point le plus frappant de leur histoire, est l'absurdité évidente des dogmes au point de vue de la raison pure. Nous expliquerons leur adoption en montrant que dans le champ de la croyance, l'homme le plus éclairé, le savant le mieux familiarisé avec les méthodes rigoureuses de laboratoire, perd tout esprit critique et admet sans difficulté des miracles merveilleux. L'étude des phénomènes occultistes fournira sur ce point des démonstrations catégoriques. Nous verrons des physiciens illustres prétendre a-voir dédoublé des êtres vivants et vécu avec des fantômes matérialisés, un professeur de physiologie célèbre évoquer les morts et s'entretenir avec eux, un autre, non moins éminent, assurer avoir vu un guerrier casqué sortir du corps d'une jeune fille avec des organes complets, comme le prouvait l'état de sa circulation et l'examen des produits de sa respiration.

Tous ces phénomènes et d'autres de même ordre nous prouveront que la raison est impuissante contre les croyances les plus erronées.

Mais pourquoi l'esprit qui pénètre dans le champ de la croyance y manifeste-t-il, quelle que soit sa culture. une crédulité illimitée?

Pour le découvrir, nous avons été conduits à élargir le problème et à rechercher l'origine des actes des divers êtres vivants, de l'animal le plus inférieur à l'homme. → animal ou primitif !

Il nous est alors apparu clairement que les explications classiques n'étaient si insuffisantes ou si nulles que par l'obstination des auteurs à vouloir appliquer les méthodes de la logique rationnelle à des phénomènes qu'elle ne régit pas. Dans les opérations complexes de la vie, comme dans les réflexes inconscients, vraie source de notre activité, apparaissent des enchaînements particuliers indépendants de la raison et que ne sauraient définir des termes aussi imprécis que celui d'instinct.

Continuant à creuser ces questions, nous avons été amenés à reconnaître diverses formes de logiques, inférieures ou supérieures, suivant les cas, à la logique rationnelle, mais toujours différentes d'elle.

Et c'est ainsi qu'à la logique rationnelle, connue de tout, temps, à la logique affective, étudiée depuis quelques années, nous avons ajouté plusieurs formes. nouvelles de logiques qui peuvent se superposer ou entrer en conflit et donner à notre mentalité des impulsions différentes. Celle régissant le domaine de la connaissance n'a aucun rapport avec celle qui engendre les croyances. C'est pourquoi le savant le plus éclairé pourra manifester des opinions contradictoires, rationnelles ou irrationnelles, suivant qu'il sera dans le cycle de la connaissance ou dans celui de la croyance.

Ce n'est pas à la psychologie classique qu'il était possible de demander des explications sur toutes ces questions. Les plus éminents psychologues modernes, William James notamment, en sont réduits à constater : « la fragilité d'une science qui suinte la critique métaphysique à toutes ses articulations »... « Nous en sommes encore, écrit-il, à attendre la première lueur qui doit pénétrer l'obscurité des réalités psychologiques fondamentales ». Sans admettre tout à fait avec l'illustre penseur que les livres de psychologie contiennent uniquement : « une enfilade de faits grossièrement observés, quelques discussions querelleuses et bavardes de théories », il faut bien reconnaître (après lui) que la

18

psychologie classique ne renferme pas : « une seule loi, une seule formule dont nous puissions déduire une conséquence, comme on déduit un effet de sa cause ».

C'est donc sur un terrain très encombré en apparence, très vierge en réalité, que nous allons tenter de construire une théorie de la formation et de l'évolution des opinions et des croyances.

Livre II
Le terrain psychologique des opinions et des croyances

Chapitre I
Les grands ressorts de l'activité des êtres. Le plaisir et la douleur.

§ 1.- Rôles du plaisir et de la douleur.

Le plaisir et la douleur sont le langage de la vie organique et affective, l'expression d'équilibres satisfaits ou troublés de l'organisme. Ils représentent les moyens employés par la nature pour obliger les êtres à certains actes sans lesquels le maintien de l'existence serait impossible.

Plaisir et douleur sont donc les indices d'un état affectif antérieur. Ce sont des effets, comme les symptômes pathologiques sont les conséquences d'une maladie.

La faculté d'éprouver du plaisir et, de la douleur constitue la sensibilité. La vie affective et psychique des êtres dépend tout entière de cette sensibilité.

Le langage des organes, traduit par le plaisir et la douleur, est plus ou moins impérieux, suivant les nécessités à satisfaire. Il en existe, comme la faim, qui n'attendent pas.

La faim est la douleur la plus redoutée; l'amour, le plaisir le plus recherché, et l'on peut répéter, avec le grand poète Schiller, que la machine du monde se soutient par la faim et l'amour.

Les autres variétés du plaisir et de la douleur sont des mobiles, moins puissants parce que moins intenses. C'est bien à tort que Schopenhauer soutenait : « qu'on peut ramener à trois tous les principes qui font agir l'homme, l'égoïsme, la méchanceté et la pitié ».

Dans ces dernières années, quelques philosophes, William James notamment, ont contesté le rôle du plaisir et de la douleur comme mobiles de notre activité. « Ils n'interviennent aucunement, par exemple, dit ce dernier, dams les manifestations de nos émotions.

Qui fronce le sourcil pour le plaisir de froncer le sourcil? On ne respire pas pour le plaisir. »

Cette argumentation n'est pas heureuse. Certes, on ne respire pas pour le plaisir, mais la douleur qu'entraînerait la cessation de respirer oblige rigoureusement à cette fonction. On ne fronce pas les sourcils par plaisir, mais par suite d'un mécontentement qui constitue déjà une forme de la douleur.

§ 2. - Caractères discontinus du plaisir et de la douleur.

Le plaisir et la douleur ne connaissent pas la durée. Leur nature est de s'user rapidement, et par conséquent de n'exister qu'à la condition d'être intermittents. Un plaisir prolongé cesse vite d'être un plaisir et une douleur continue s'atténue vite. Sa diminution peut même, par comparaison, devenir un plaisir.

 Le plaisir n'est donc plaisir qu'à condition d'être discontinu. Le seul plaisir un peu durable est le plaisir non réalisé, ou désir.

Le plaisir n'est guère connaissable que par sa comparaison avec la douleur. Parler de plaisir éternel est un non-sens, comme l'avait justement observé Platon. Les dieux ignorant la douleur ne peuvent pas, suivant lui, éprouver de plaisir.

La discontinuité du plaisir et de la douleur représente la conséquence de cette loi physiologique que le changement est la condition de la sensation. Nous ne percevons pas des états continus, mais des différences entre des états simultanés ou successifs. Le tic tac de la plus bruyante horloge finit à la longue par ne plus être entendu et le meunier ne sera pas réveillé par le bruit des roues de son moulin, mais par leur arrêt.

C'est en raison de cette discontinuité nécessaire que le plaisir prolongé n'est bientôt plus du plaisir, mais quelque chose de neutre ne, pouvant redevenir vivace qu'après avoir été perdu. Le bonheur paradisiaque rêvé par les croyants serait bientôt sans attrait pour eux, à moins de passer alternativement du paradis à l'enfer.

Le plaisir est toujours relatif et lié aux circonstances. La douleur d'aujourd'hui devient le plaisir de demain et inversement. Douleur, pour un homme ayant abondamment dîné, d'être condamné à manger des croûtes de pain desséché; plaisir, pour le même individu abandonné plusieurs jours sans aliments dans une île déserte.

La sagesse populaire dit avec raison que chacun prend son plaisir où il le trouve. Le plaisir de l'ouvrier buvant et vociférant au cabaret diffère sensiblement de celui de l'artiste, du savant, de l'inventeur, du poète composant leurs oeuvres. Le plaisir de Newton découvrant les lois de la gravitation, fut sans doute plus vif que s'il avait hérité des nombreuses femmes du roi Salomon.

L'importance du rôle de la sensibilité au plaisir et à la douleur apparaît nettement si l'on essaie d'imaginer ce que pourrait être l'existence d'un de ces purs esprits, tels que les sectateurs de plusieurs religions les supposent.

Dépourvus de sens et, par conséquent, de sensations et de sentiments, ils resteraient. indifférents au plaisir et à la douleur et ne connaîtraient aucun de nos mobiles d'action. Les plus angoissantes souffrances d'individus jadis chéris par eux, ne sauraient les émouvoir. Ils n'éprouveraient donc, nul besoin de communiquer avec eux. L'existence de tels êtres, on ne la conçoit même pas.

§ 3. - Le désir comme conséquence du plaisir et-de la douleur.

⟨Le plaisir et la douleur engendrent le désir. Désir d'atteindre le plaisir et d'éviter la douleur.⟩

Le désir est le principal mobile de notre volonté et, par suite, de nos actes. Du polype à l'homme, tous les êtres sont mus par le désir.

Il inspire la volonté, qui ne peut exister sans lui, et dépend de son intensité. Le désir faible engendre naturellement une volonté faible.

Il ne faut pas cependant confondre volonté et désir, comme le firent plusieurs philosophes, tels que Condillac et Schopenhauer. ⟨Tout ce qui est voulu est évidemment désiré, mais on désire bien des choses qu'on sait ne pouvoir vouloir.⟩

La volonté implique délibération, détermination et exécution, états de conscience qui ne s'observent pas dans le désir.

Le désir établit l'échelle de nos valeurs, variable d'ailleurs, avec le temps et les races. L'idéal de chaque peuple est la formule de son désir.

Un désir qui envahit tout l'entendement transforme notre conception des choses, nos opinions et nos croyances. Spinoza l'a dit justement : nous jugeons une chose bonne, non par jugement, mais parce que nous la désirons.

La valeur des choses n'existant pas en elle-même, est déterminée par le seul désir et proportionnellement à l'intensité de ce désir. L'estimation variable des objets d'art en fournit la preuve journalière.

Père de tout effort, maître souverain des hommes, générateur des dieux, créateur de tout idéal, le désir ne figure pourtant pas aux Panthéons antiques. Seul, le grand réformateur Bouddha comprit que le désir est le vrai dominateur des choses, le ressort de l'activité des êtres. Pour délivrer l'humanité de ses misères et la conduire au perpétuel repos, il tenta de supprimer ce grand mobile, de nos actions. Sa loi soumit des millions d'hommes, mais ne triompha pas du désir.

C'est, en effet, que l'homme ne saurait vivre sans lui. Le monde des idées pures de Platon pourrait posséder la beauté sereine qu'il rêvait, contenir les modèles éternels des choses : n'étant pas vivifié par le souffle du désir, il ne nous intéresserait pas.

§ 4. - Le plaisir en perspective. L'espérance.

L'espérance est fille du désir, mais n'est pas le désir. Elle constitue une aptitude mentale qui nous fait croire à la réalisation d'un désir. On peut désirer une chose sans l'espérer. Tout le monde désire la fortune, très peu l'espèrent. Les savants désirent découvrir la cause première des phénomènes, ils n'ont aucun espoir d'y arriver.

Le désir se rapproche quelquefois de l'espérance au point de se confondre avec elle. A la roulette, je désire et j'espère gagner.

L'espérance est une forme de plaisir en expectative qui, dans sa phase actuelle d'attente, constitue une satisfaction souvent plus grande que celle produite par sa réalisation.

La raison en est évidente. Le plaisir réalisé est limité en quantité

Gustave Le Bon

et en durée, alors que rien ne borne la grandeur du rêve créé par l'espérance. La puissance et le charme de l'espérance est de contenir toutes les possibilités de plaisir.

Elle constitue une sorte de baguette magique transformant toute chose. Les réformateurs ne firent jamais que substituer une espérance à une autre.

§ 5. - Le régulateur du plaisir et de la douleur. L'habitude.

L'habitude est le grand régulateur de la sensibilité, elle engendre la continuité de nos actes, émousse le plaisir et la douleur et nous familiarise avec les fatigues et les plus durs efforts. Le mineur s'habitue si bien à sa pénible existence, qu'il la regrette quand. l'âge de la retraite le condamne à, vivre au soleil.

L'habitude, régulateur de la vie individuelle, est aussi le vrai soutien de la vie sociale. On peut la comparer à l'inertie qui s'oppose, en mécanique, aux variations de mouvement. Le difficile pour un peuple est d'abord de se créer des habitudes sociales, puis de ne pas trop s'y attarder. Quand le joug des habitudes s'est appesanti longtemps sur lui, il n'en peut plus sortir que par des révolutions violentes. Le repos dans l'adaptation que constitue l'habitude ne doit pas se prolonger. Peuples vieillis, civilisations avancées, individus âgés tendent à trop subir le joug de la coutume, c'est-à-dire de l'habitude.

Inutile de disserter longuement sur son rôle. Il a frappé tous les philosophes et est devenu un dogme de la sagesse populaire.

« Qu'est-ce que nos principes naturels, dit Pascal, sinon nos principes accoutumés? Et dans les enfants, ceux qu'ils ont reçus de la coutume de leurs pères... une différente coutume donnera d'autres principes naturels.

La coutume est une seconde nature qui détruit la première.

La coutume fait, nos preuves les plus fortes et les plus crues; elle incline l'automate qui entraîne l'esprit sans qu'il y pense... C'est elle qui fait tant de chrétiens, c'est elle qui fait les turcs, les païens, les métiers, les soldats, etc. Enfin, il faut avoir recours à elle quand une fois l'esprit a vu où est la vérité.

... Il faut acquérir une créance plus facile, qui est celle de l'habitude, qui, sans violence, sans art, sans argument, nous fait croire les choses, et incline toutes nos puissances à cette croyance, en sorte que notre âme y tombe naturellement. Quand on ne croit que par la force de la conviction... ce n'est pais assez. »

L'existence d'un individu ou d'un peuple serait instantanément paralysée si, par un pouvoir surnaturel, il était soustrait à l'influence de l'habitude. C'est elle qui nous dicte chaque jour ce que nous devons dire, faire et penser.

§ 6. - Le plaisir et la douleur considérés comme les certitudes psychologiques fondamentales.

Les philosophes ont tenté d'ébranler toutes nos certitudes et de montrer que nous ne connaissions du monde que des apparences.

Mais nous posséderons toujours deux grandes certitudes, que rien ne saurait détruire : le plaisir et la douleur. Toute notre activité dérive d'elles. Les récompenses sociales, les paradis et les enfers créés par les codes religieux ou civils se basent sur l'action de ces certitudes dont la réalité évidente ne peut être contestée.

Dès que se manifeste la vie, apparaissent le plaisir et la douleur. Ce n'est pas la pensée, mais la sensibilité qui nous révèle notre moi. En disant : « Je sens, donc je suis », au lieu de : « Je pense, donc je suis, » Descartes eût été plus près de la vérité. Sa formule, ainsi modifiée, s'applique à tous les êtres et non plus seulement à une fraction de l'humanité.

De ces deux certitudes on pourrait tirer toute une philosophie pratique de la vie. Elles fournissent une réponse sûre à l'éternelle question si répétée depuis *l'Ecclésiaste* : *pourquoi* tant de travail et tant d'efforts, puisque la mort nous attend, et que notre planète se refroidira un jour?

Pourquoi ? Parce que le présent ignore l'avenir et que dans le présent la Nature nous condamne à rechercher le plaisir et fuir la douleur.

L'ouvrier courbé sur son labeur, la sœur de charité qu'aucune plaie ne révolte, le missionnaire torturé par les sauvages, le savant poursuivant la solution d'un problème, l'obscur microbe s'agitant au fond d'une goutte d'eau, tous obéissent aux mêmes stimulants d'activité : l'attrait du plaisir, la crainte de la douleur.

Aucune activité n'a d'autre mobile. On ne saurait même en imaginer de différents. Seuls les noms peuvent varier. Plaisirs esthétiques, guerriers, religieux, sexuels, etc., sont des formes diverses du même ressort physiologique. L'activité des êtres s'évanouirait si disparaissaient les deux certitudes qui sont leurs grands mobiles : le plaisir et la douleur.

// Freuler

Chapitre II
Les variations de la sensibilité comme éléments de la vie individuelle et sociale.

§ 1. - Limites des variations de la sensibilité au plaisir et à la douleur.

L'introduction du quantitatif dans l'étude des phénomènes physiques est la première étape de leurs progrès. Tant que nous n'avions pas de thermomètre pour mesurer la température, il fallait se contenter d'appréciations individuelles variables d'un sujet à l'autre.

Les progrès, réalisés dans le domaine du rationnel ne l'ont pas encore été dans celui de l'affectif. Nous ignorons le thermomètre capable de mesurer exactement les variations de la sensibilité ou la grandeur d'un sentiment.

Il semble pourtant, malgré les apparences, que notre sensibilité au plaisir et à la douleur ne puisse osciller que dans d'assez étroites limites. Cette assertion n'est pas d'ailleurs une simple hypothèse dénuée de preuves.

Elle a pour soutiens, outre des observations psychologiques faiblement contestables, les expériences des physiologistes. Ces dernières ont montré que les sensations ne peuvent grandir indéfiniment, et possèdent une limite supérieure au-dessus de laquelle l'augmentation d'une excitation reste sans effet. Il y a aussi une limite inférieure au-dessous de laquelle l'excitation n'est plus produite.

Dans le champ où les excitations sont perceptibles, la sensation ne croît pas proportionnellement à l'intensité de l'excitation qui la provoque. Pour que la sensation augmente en progression arithmétique, il faut que l'excitation croisse en proportion géométrique.

D'après Fechner, la sensation grandit suivant le logarithme de l'excitation. Ainsi, pour doubler la sensation produite par une excitation, celle d'un instrument de musique, par exemple, il faudrait décupler le nombre des instruments; pour la tripler, on devrait centupler ce nombre.

Soit un orchestre de dix exécutants jouant du même instrument. Pour doubler l'intensité sonore, il faudra élever à cent (chiffre dont le logarithme est 2) le nombre des instruments. Pour tripler la même sensation, il faudrait le porter à mille (dont le logarithme est 3).

Appliquées au plaisir et à la douleur, ces notions montrent que l'excitation doit être considérablement augmentée pour accroître un peu l'effet produit.

Les chiffres précédents ne sauraient évidemment avoir rien d'absolu et ils n'indiquent que le sens général du phénomène. Dans un sentiment entrent des éléments beaucoup plus complexes que dans une sensation. Notre seul but a été de montrer combien est limitée l'étendue des oscillations possibles de notre sensibilité au plaisir et à la douleur.

Et comment pourrait-il en être autrement ? Les organismes subissent avec lenteur toutes les adaptations, mais sont incapables de supporter de brusques variations. Aussi possèdent-ils des agents régulateurs destinés à éviter ces variations. A l'état normal, la température du corps ne varie que de quelques dixièmes de degré, si intense que soit le froid ou la chaleur extérieure. Des oscillations atteignant 2 ou 3 degrés ne s'observent que dans des maladies graves et ne se maintiennent jamais longtemps sans entraîner la mort. Chaque organisme possède un niveau d'équilibre dont il ne peut guère s'écarter.

Il est aussi une autre loi, celle de la non-accumulation des sensations, qui joue, dans notre vie sensitive, un rôle considérable, bien que souvent oublié.

On sait que certains corps, telle une plaque photographique, jouissent de la propriété d'accumuler les petites impressions successives qui les frappent. Des impressions faibles, mais suffisamment répétées, produisent sur eux, à la longue, le même résultat qu'une impression forte, mais courte. La plaque photographique peut, avec une pose suffisante, reproduire des étoiles à jamais invisibles pour l'œil, précisément parce que la rétine ne possède pas la propriété d'accumuler les petites impressions.

Ce qui est vrai pour l'œil l'est également pour les formes diverses de notre sensibilité. D'une façon générale, mais comportant cependant des exceptions, elle ne peut accumuler les impressions. Ces dernières, disséminées dans le temps, ne s'additionnent pas.

Supposons, pour fixer les idées, qu'un accident de chemin de fer fasse périr trois cents personnes. Notre sensibilité sera très vivement affectée. Les colonnes des journaux abonderont en détails terrifiants. Les souverains échangeront des télégrammes de condoléances.

Imaginons au contraire la mort de ces trois cents personnes produite par une série de petits accidents répartis dans l'espace d'une année. Notre sensibilité n'ayant pas accumulé les émotions légères produites par chaque accident, l'effet final sera à peu près nul.

Il est heureux qu'il en soit ainsi. Si l'organisme se trouvait construit de façon à accumuler les petites douleurs, la vie deviendrait vite insupportable.

§ 2. - Les oscillations de la sensibilité individuelle
et leur rôle dans la vie sociale.

Nous venons de voir que les variations possibles de la sensibilité n'ont ni grande étendue, ni longue durée. Mais l'observation journalière montre que, dans ces limites restreintes, elle oscille perpétuellement. Santé, maladie, milieu, événements, etc., la modifient sans cesse. Elle peut être comparée au lac dont un vent léger ride la surface, sans soulever des vagues bien hautes.

Ces variations constantes expliquent pourquoi nos goûts, nos idées et nos opinions changent fréquemment. Elles s'exagèrent encore lorsque les coutumes et croyances ancestrales qui limitent les oscillations de la sensibilité tendent à s'évanouir. L'instabilité devient alors la règle.

Certains facteurs des opinions peuvent également limiter les oscillations de la sensibilité. Telle la contagion mentale, créatrice de modes capables de stabiliser un peu notre mobilité. Les sensibilités collectives, momentanément fixées, se traduisent alors en œuvres diverses qui sont le miroir d'une époque.

Très affinée par certaines excitations répétées, la sensibilité finit par s'intellectualiser un peu. L'esprit complète ce que devait autrefois préciser une accumulation de détails. Comparez, par exemple, les lourds dessins de Daumier à ces sobres esquisses modernes, où n'a été gardé que le trait saillant des personnages, laissant à l'œil le soin de les compléter. De même, en littérature, les longues descriptions de paysages sont remplacées aujourd'hui par quelques lignes brèves, mais évocatrices.

En s'affinant, la sensibilité s'émousse aussi. La musique simple de Lulli, qui charmait Dos pères, nous ennuie. La plupart des opéras, d'il y a seulement cinquante ans, paraissent démodés. L'harmonie a de plus en plus dominé la mélodie, et il faut maintenant, pour exciter des sensibilités fatiguées, certaines dissonances que les anciens compositeurs auraient considérées comme des fautes.

Les œuvres d'une époque, artistiques et littéraires surtout, permettent seules de connaître la sensibilité de cette époque et ses variations.

C'est précisément parce qu'elles sont la véritable expression de la sensibilité d'une époque, que les œuvres d'art sont datées facilement. Pour la même raison elles sont beaucoup plus instructives que de méthodiques livres d'histoire. L'historien juge le passé avec sa sensibilité moderne. Son interprétation, forcément fausse, nous apprend peu. Le moindre conte, roman, tableau, monument de l'époque considérée est d'un enseignement autrement exact et intéressant.

Les sensibilités ne se transposent ni dans l'espace, ni dans le temps. Une œuvre architecturale formée d'un mélange d'éléments d'époques éloignées ou provenant de races différentes nous choquera nécessairement, parce qu'issue de sensibilités dissemblables de la nôtre.

Si, par suite de l'évolution de notre espèce, notre sensibilité se transformait, toutes les oeuvres du passé, les plus admirées aujourd'hui : le Parthénon, les cathédrales gothiques, les grands poèmes, les peintures célèbres seraient regardées comme des productions indignes de fixer l'attention.

Ce n'est pas une vaine hypothèse. De Louis XIII au commencement du dernier siècle, le gothique ne fut-il pas considéré comme un art barbare, objet des malédictions des écrivains et des artistes, J.-J. Rousseau notamment ?

Une longue évolution ne serait même pas nécessaire pour amener les peuples à dédaigner ce qu'ils admirent aujourd'hui. Il suffirait que l'éducation persistât dans sa tendance actuelle spécialiste et technique et que continuât l'ascension rapide au pouvoir des multitudes. Toutes les formes de l'art ne représentent pour elles qu'un méprisable luxe. La Commune, expression assez fidèle de l'âme populaire, n'hésita pas a incendier les plus beaux monuments de Paris, tels que l'Hôtel de Ville et les Tuileries. Uniquement par hasard le Louvre, avec ses collections, échappèrent à ce vandalisme.

Quoi qu'il en soit de leur avenir, les œuvres du passé subsistent encore et, seules, nous font connaître sa véritable histoire.

Sans ces éléments d'information, fournis par la littérature et l'art, la sensibilité d'une époque resterait aussi inconnue que celle des habitants de Jupiter. Nous pourrions déterminer seulement son intellectualité, par l'étude des livres de science.

Ces derniers sont en effet généralement indépendants de la sensibilité de leurs auteurs. Un roman est toujours daté, un traité de géométrie pure ne l'est pas. La vieille géométrie d'Euclide, encore enseignée, pourrait être signée par un mathématicien moderne. Son auteur la rédigea, en effet, avec des éléments uniquement rationnels et où sa sensibilité n'eut aucune part. L'intelligence sait mettre en évidence des vérités générales et éternelles. La sensibilité

Les grands ressorts de l'activité des êtres. Le plaisir et la douleur.

crée des vérités particulières et momentanées.

§ 3. - Les variations d'idéal et de croyances créées par les oscillations de la sensibilité collective.

Quelle que soit la race, ou le temps considéré, le but constant de l'activité humaine fut toujours la. recherche du bonheur : il consiste, en dernière analyse, je le répète encore, à poursuivre le plaisir et fuir la, douleur.

Sur cette conception fondamentale, les hommes tombèrent constamment d'accord, les divergences portent seulement sur l'idée qu'on se fait du bonheur et sur les moyens de le conquérir.

Ses formes sont diverses, mais le terme poursuivi identique. Rêves d'amour, de richesse, d'ambition ou de foi, sont les puissants facteurs d'illusions qu'emploie la nature pour nous conduire à ses fins.

Réalisation d'un désir présent ou simple espérance, le bonheur est toujours un, phénomène subjectif. Dès que les contours du rêve sont un peu arrêtés dans l'esprit, nous le poursuivons avec ardeur.

Changer la conception du bonheur d'un individu ou d'un peuple, c'est-à-dire son idéal, c'est changer du même coup sa conception de la vie et, par suite, sa destinée. L'histoire n'est guère que le récit des efforts accomplis par l'homme pour édifier un idéal, et le détruire ensuite, lorsque, l'ayant atteint) il en découvre la vanité.

L'espoir de bonheur conçu par chaque peuple, et les croyances qui en sont la formule constituèrent toujours le levier de sa puissance. Son idéal naît, grandit et meurt avec lui et, quel qu'il soit, dote le peuple qui l'accepte d'une grande force. Cette force est telle que l'idéal agit, alors même qu'il promet peu de chose. On comprend le martyr, pour qui le bûcher représentait la porte du ciel; mais quel profit un légionnaire romain, un soldat de Napoléon pouvaient-ils retirer de leurs chevauchées à travers le monde? La mort ou des blessures. Leur idéal collectif était pourtant assez fort pour voiler toutes les souffrances. Se sentir les héros de ces grandes épopées était un idéal de bonheur, un paradis présent divinement enchanteur. Une nation sans idéal disparaît vite de l'histoire.

Chapitre III

Les sphères des activités vitales et psychologiques. La vie consciente et la vie inconsciente.

§ 1. - Les sphères des activités vitales et psychologiques.

Le but de cet ouvrage étant d'étudier la formation des opinions et des croyances, il est nécessaire de connaître d'abord le terrain sur lequel elles peuvent germer. Cette connaissance est d'autant plus utile qu'avec les progrès de la science actuelle, les explications des anciens livres de psychologie sont devenues bien illusoires.

Les phénomènes manifestés par les êtres vivants peuvent se ramener à plusieurs catégories superposées aujourd'hui, mais qui se sont lentement succédé dans le temps : 1° phénomènes vitaux (nutrition, respiration, etc.); 2° phénomènes affectifs (sentiments, passions, etc.); 30 phénomènes intellectuels (réflexion, raisonnement, etc.). Ces derniers apparurent très tard dans l'histoire de l'humanité.

La vie organique, la vie affective et la vie intellectuelle constituent ainsi trois sphères d'activités fort distinctes ; mais bien que séparées les unes des autres elles agissent sans cesse les unes sur les autres. Il est impossible pour cette raison de comprendre les dernières sans étudier la première. C'est donc très à tort que les psychologues laissent de côté l'examen des phénomènes vitaux et l'abandonnent aux physiologistes.

Nous montrerons leur rôle fondamental en étudiant dans une autre partie de cet ouvrage les phénomènes régis par la logique biologique. Il ne sera traité dans le présent chapitre que de cette étape primitive de la vie psychique : l'activité inconsciente de l'esprit. Son importance est prépondérante, car dans ce terrain se trouvent les racines de nos opinions et de notre conduite.

§ 2. - La psychologie inconsciente et les sources de l'intuition.

Les sentiments n'entrent dans la conscience qu'après une élaboration automatique accomplie dans cette très obscure zone

Les grands ressorts de l'activité des êtres. Le plaisir et la douleur.

de l'inconscient qualifié aujourd'hui de subconsciente et dont l'exploration est à peine commencée.

Les états intellectuels conscients étant les seuls facilement accessibles, la, psychologie n'en connut pas d'abord d'autres. Par des voies indirectes, mais assez sûres, la science moderne a prouvé que les phénomènes inconscients jouent dans la vie mentale un rôle souvent plus important que les phénomènes intellectuels. Les premiers sont le substratum des seconds. On peut comparer la vie intellectuelle à ces petits îlots, sommets d'immenses montagnes sous-marines invisibles. Les immenses montagnes représentent l'inconscient.

L'inconscient est en grande partie un résidu ancestral. Sa puissance tient à ce qu'il représente l'héritage d'une longue série de générations qui chacune y ajoutèrent quelque chose.

Son rôle, inconnu autrefois, est devenu si prépondérant aujourd'hui que certains philosophes, W. James et Bergson notamment, y cherchent l'explication de la plupart des phénomènes psychologiques.

Sous leur influence, a pris naissance un mouvement anti-intellectualiste très marqué. Les adeptes de la nouvelle école finissent même par oublier un peu que la logique rationnelle seule permit d'édifier les progrès scientifiques et industriels, générateurs de nos civilisations.

Les recherches qui sont arrivées à doter le subconscient d'une telle importance ne dérivent pas de spéculations pures, mais de certaines expériences, accomplies d'ailleurs dans un autre but que celui de soutenir des argumentations philosophiques. Je mentionnerai, parmi elles, les études sur l'hypnotisme, la désagrégation morbide des personnalités, le somnambulisme, les actes des médiums, etc. Le mécanisme des effets observés demeure d'ailleurs ignoré. En matière de psychologie inconsciente, aussi bien du reste que de psychologie consciente, il faut le plus souvent se borner à de simples constatations.

L'inconscient nous guide dans l'immense majorité des actes de la vie journalière. Il est notre maître, mais un maître pouvant devenir serviteur s'il est convenablement orienté. La pratique d'un métier ou d'un art s'accomplissent aisément dès que l'inconscient, suffisamment dressé, les dirige. Une morale sûre, c'est de l'inconscient bien dressé.

L'inconscient représente un vaste magasin d'états affectifs et intellectuels constituant un capital psychique *qui* peut. s'affaiblir, mais ne meurt jamais tout entier.

S'il fallait, même s'en rapporter à, l'observation de certains états pathologiques, on pourrait dire que les éléments entrés dans le domaine de l'inconscient s'y maintiennent fort longtemps, sinon toujours. C'est du moins, de cette façon seulement, que s'expliquent certains phénomènes constatés chez des médiums ou des malades se mettant à parler des langues qu'ils n'ont pas apprises, mais entendu parler pendant leur jeunesse.

L'intuition, origine des inspirations, qui à un niveau exceptionnel, constituent le génie, sort tout entière d'un inconscient préparé par l'hérédité et une culture convenable. Les inspirations du grand capitaine remportant des victoires et dominant le destin, celles du puissant artiste qui nous révèle la splendeur des choses, du savant illustre qui en pénètre les mystères, apparaissent sous forme d'éclosions spontanées, mais l'inconscient d'où elles naissent en avait lentement élaboré la floraison.

Bien qu'ils puissent être provoqués par certaines représentations mentales d'origine purement intellectuelle, les sentiments se forment dans le domaine de l'inconscient. Leur lente élaboration peut, avoir pour terminaison des manifestations soudaines, éclatant comme un coup de foudre, les conversions religieuses ou politiques, par exemple.

Les sentiments élaborés dans l'inconscient n'arrivent pas toujours à la conscience ou n'y parviennent qu'après diverses excitations, et c'est pourquoi nous ignorons parfois nos sentiments réels à l'égard des êtres ou des, choses *qui* nous entourent. Souvent même les sentiments, et par conséquent les opinions et les croyances qui en résultent, sont tout à fait différents de ceux que nous supposions. L'amour ou la haine existent quelquefois dans notre âme, avant d'être soupçonnés. Ils se révèlent seulement lorsque nous sommes obligés d'agir. L'action, en effet, constitue le seul critérium indiscutable des sentiments. Agir, c'est apprendre à se connaître. Les opinions formulées restent de vaines paroles tant qu'elles n'ont

Les grands ressorts de l'activité des êtres. Le plaisir et la douleur.

pas l'acte pour sanction.

§ 3. - Les formes de l'inconscient.
L'inconscient intellectuel et l'inconscient affectif.

On peut, je crois, établir trois catégories distinctes dans le monde de l'activité inconsciente.

Tout d'abord, se trouve l'inconscient organique qui régit tous les phénomènes de la vie : respiration, circulation, etc. Stabilisé depuis longtemps par des accumulations héréditaires, il fonctionne avec une admirable régularité et complètement à notre insu, dirige la vie et nous fait passer de l'enfance à la vieillesse et à la mort, sans que nous puissions comprendre son action.

Au-dessus de l'inconscient organique se place l'inconscient affectif. De formation plus récente, il est un peu moins stable, mais cependant encore beaucoup, C'est pourquoi, si nous pouvons changer les sujets sur lesquels s'exercent nos sentiments, notre action sur eux est très faible.

Au sommet de cette échelle, se trouve l'inconscient intellectuel. Apparu fort tard dans l'histoire du monde, il ne, possède pas de profondes racines ancestrales. Alors -que l'inconscient organique et affectif ont fini par créer des instincts transmis par l'hérédité, l'inconscient intellectuel ne se manifeste .encore que sous forme de prédispositions et de tendances, et l'éducation doit le compléter à chaque génération.

L'éducation a beaucoup de prise sur l'inconscient intellectuel précisément parce qu'il est moins fixé que les autres formes de l'inconscient. Elle en exerce au contraire très peu sur les sentiments, éléments fondamentaux de notre caractère, fixés depuis longtemps.

L'inconscient affectif est souvent un maître impérieux, indifférent aux décisions de la raison. C'est pourquoi tant d'hommes très sages dans leurs écrits et leurs discours deviennent, dans leur conduite, de simples automates, disant ce qu'ils ne voudraient pas dire et faisant ce qu'ils ne voudraient pas faire.

Il résulte des explications précédentes que l'intelligence n'est pas, ainsi qu'on l'a cru longtemps, le facteur le plus important de la vie mentale. L'inconscient élabore, et les résultats de cette élaboration arrivent tout formés à l'intelligence, comme les mots qui se pressent sur les lèvres de l'orateur.

La grande force de l'inconscient est de marquer d'une précision particulière tout ce qu'il exécute. Aussi doit-on lui confier le plus de fonctions possible. L'apprentissage d'un métier ou d'un art n'est complet que lorsque des exercices répétés ont chargé l'inconscient de l'exécution du travail à accomplir. L'éducation, je l'ai écrit ailleurs, est l'art de faire passer le conscient dans l'inconscient.

Mais nos limites d'action sur l'inconscient ne sont pas très étendues. La biologie moderne a banni depuis longtemps avec raison la finalité de l'univers, et cependant les choses se passent souvent comme si elle dominait leur enchaînement. Toutes nos explications rationnelles laissent la nature pleine d'impénétrable. A en juger par les résultats, il semblerait que l'inconscient - forme moderne de la finalité - abrite de subtils génies désireux de nous aveugler en nous faisant sacrifier sans cesse nos intérêts individuels à ceux de l'espèce. Les génies de la finalité inconsciente sont sans doute de simples nécessités sélectionnées et fixées par le temps.

Quoi qu'il en soit, l'inconscient nous domine souvent et nous aveugle toujours. Ne le regrettons pas trop car une claire vision du sort à venir rendrait l'existence bien misérable. Le bœuf ne brouterait plus tranquillement l'herbe du chemin qui le conduit à l'abattoir, et la plupart des êtres reculeraient d'horreur devant leur destinée.

Chapitre IV
Le moi affectif et le moi intellectuel.

§ 1. - Le moi affectif et le moi intellectuel.

En recherchant les motifs déterminants de nos opinions et de nos croyances, nous verrons qu'elles sont régies par des formes de logiques très distinctes bien que confondues jusqu'ici.

Avant d'aborder leur examen, j'insisterai sur une division fondamentale des éléments psychiques qui domine toutes les

Les grands ressorts de l'activité des êtres. Le plaisir et la douleur.

autres. Ils se présentent en effet sous deux formes bien différentes : les éléments affectifs, les éléments intellectuels. Cette première classification facilitera la compréhension des chapitres qui seront consacrés aux diverses formes de logiques.

La distinction entre le sentiment et la raison dut s'établir assez tard dans l'histoire. Nos lointains ancêtres sentaient vivement, agissaient beaucoup, mais raisonnaient très peu.

Lorsque, parvenu à une phase déjà avancée de son évolution, l'homme tenta de philosopher, la différence entre les sentiments et la raison apparut nettement.

Mais à une époque très récente seulement il devint évident que les sentiments supposés régis par nos caprices, obéissaient à une logique spéciale, absolument différente de la logique rationnelle. L'ignorance de cette distinction est une des sources d'erreur 'les plus fréquentes de nos jugements. Des légions de politiciens ont voulu fonder sur des raisonnements ce qui ne peut l'être que sur des sentiments. Des historiens aussi peu éclairés crurent pouvoir expliquer par la logique intellectuelle des faits complètement étrangers à son influence. La genèse des facteurs les plus importants de l'histoire, telle que la naissance et la propagation des croyances, reste pour cette raison fort peu connue.

D'illustres philosophes furent victimes de la même confusion entre la logique affective et la logique rationnelle. Kant prétendait édifier la morale sur la raison. Or, parmi ses sources diverses, la raison ne figure presque jamais.

Le plus grand nombre des psychologues persiste encore dans les mêmes errements. Ribot le fait très justement remarquer en parlant des « incurables préjugés intellectualistes des psychologues voulant tout ramener à l'intelligence, tout expliquer par elle. Thèse insoutenable, car de même que physiologiquement la vie végétative précède la vie animale qui s'appuie sur elle ; de même psychologiquement la vie affective précède la vie intellectuelle qui s'appuie sur elle ».

Il était nécessaire, pour atteindre le but de cet, ouvrage, de bien insister sur cette différence entre l'affectif et le rationnel. La négliger serait se condamner à ignorer toujours la genèse des opinions et des croyances.

Gustave Le Bon

Tâche difficile, cependant, de délimiter nettement la séparation du rationnel et de l'affectif. Les classifications indispensables dans l'étude des sciences établissent forcément, dans l'enchaînement des choses, des coupures que la nature ignore, mais toute science serait impossible si nous n'avions pas, appris à créer du discontinu dans le continu.

La séparation entre l'affectif et l'intellectuel appartient à une période avancée de l'évolution des êtres. Les phénomènes affectifs ayant précédé les phénomènes intellectuels, il est probable que les seconds sont sortis des premiers.

Les animaux possèdent des sentiments souvent aussi développés que les nôtres, mais leur intelligence est beaucoup plus faible. C'est surtout par le développement de son intelligence que l'homme se sépare d'eux.

Les sentiments appartiennent à cette catégorie de choses connues de chacun quoique malaisées à définir. On ne peut les interpréter en effet qu'en termes intellectuels. L'intelligence sert à connaître, les sentiments à sentir ; or sentir et connaître sont des manifestations que ne saurait exprimer un même langage. L'intelligence a pu se créer une langue assez précise, mais celle des sentiments est très vague encore. *la pense et le langue des sentiments*

Le moi affectif et le moi rationnel, bien qu'agissant sans cesse l'un sur l'autre, possèdent une existence indépendante. Le moi affectif évoluant malgré nous et souvent contre nous, la vie, pour cette raison, est pleine de contradictions. Il est possible quelquefois de refréner nos sentiments, non de les faire naître ou disparaître.

C'est donc bien à tort que nous reprochons à un individu d'avoir changé. Ce reproche sous-entend l'idée très fausse que l'intelligence peut modifier un sentiment. Complète erreur. Quand l'amour, par exemple, devient indifférence on antipathie, l'intelligence assiste à ce changement, mais n'en est pas cause. Les raisons qu'elle imagine pour expliquer de tels revirements n'ont aucun rapport avec leurs vrais motifs. Ces motifs, nous les ignorons.

Souvent même, nous ne connaissons pas mieux nos vrais sentiments que les mobiles qui les font naître. « Fréquemment, dit Ribot, on s'imagine ressentir pour une personne un attachement profond et solide (amour, amitié); l'absence, ou la nécessité d'une rupture en démontrent la réelle fragilité. Inversement, l'absence ou la rupture nous révèlent une profonde affection qui semblait tiède et proche de l'indifférence. »

Il est donc impossible, comme le fait justement remarquer le même auteur, de juger avec le moi intellectuel la conduite du moi affectif.

Bien que la vie affective et la vie intellectuelle soient trop hétérogènes pour être réductibles l'une à l'autre, on agit toujours sans tenir compte de la différence qui sépare les sentiments de l'intelligence. Tout notre système d'éducation latine en est une preuve. La persuasion que le développement de l'intelligence par l'instruction développe aussi les sentiments, dont l'association constitue ; le caractère, est un des plus dangereux préjugés de notre université. Les éducateurs anglais savent depuis longtemps que l'éducation du caractère ne se fait pas avec des livres.

Le moi affectif et le moi intellectuel étant distincts il n'est pas étonnant qu'une intelligence très haute puisse coexister avec un caractère très bas [1]. Sans doute l'intelligence et l'instruction montrant que certains actes malhonnêtes coûtent plus qu'ils ne rapportent, on verra rarement un homme instruit, pratiquer de vulgaires cambriolages, mais s'il possède une âme de cambrioleur il la gardera malgré tous ses diplômes, et l'utilisera dans des opérations aussi peu morales mais moins dangereuses et d'un profit plus sûr.

Visible dans, la plupart des individus, la distinction entre le moi affectif et le moi intellectuel l'est également chez certains peuples. Mme de Staël faisait remarquer que chez les Allemands le sentiment et l'intelligence « paraissent n'avoir aucune communication; l'une

1 Parmi les nombreux exemples qu'en fournit l'histoire, un des plus typiques est celui de l'illustre chancelier Bacon. Nul homme de son temps ne posséda une intelligence aussi haute, mais bien peu révélèrent une âme aussi basse. Il commença, dans l'espérance d'obtenir un emploi de la reine Élisabeth, par trahir son unique bienfaiteur, le comte d'Essex, qui eut la tête tranchée. Il dut attendre, cependant, le règne de Jacques 1er pour obtenir sur la recommandation du duc de Buckingham, qu'il trahit également bientôt, la place de sollicitor général, puis de chancelier. Il s'y montra plat courtisan et voleur impudent. Ses concussions forent telles qu'il fallut le poursuivre. Vainement tenta-t-il d'attendrir ses juges par une humble confession écrite dans laquelle il avouait ses fautes, et « renonçait à toute défense ». Il fut condamné à la perte de toutes ses places et à une prison perpétuelle.

Gustave Le Bon

ne peut pas souffrir de bornes, l'autre se soumet à tous les jougs ».

Dans les collectivités transitoires, la même distinction entre l'affectif et l'intellectuel est plus facilement observable encore. Les éléments qu'elles mettent en commun et qui dictent leurs actes, sont les sentiments et jamais l'intelligence. J'en ai donné les raisons dans un autre ouvrage. Il suffira de rappeler ici que l'intelligence, variant considérablement d'un sujet à l'autre et n'étant pas comme les sentiments contagieuse, ne peut jamais revêtir une forme collective. Les individus d'une même race possèdent au contraire certains sentiments communs fusionnés facilement lorsqu'ils sont. en groupe.

Le moi affectif constitue l'élément fondamental de la personnalité. Très lentement élaboré par des acquisitions ancestrales, il évolue chez les individus et les peuples beaucoup moins vite que l'intelligence.

affect est plus héréditaire

Cette thèse paraît au premier abord contredite par l'histoire. Il semblerait qu'à certains moments naissent des sentiments nouveaux fort différents de ceux antérieurement observés. Belliqueuse à une époque, une nation se montre pacifique plus tard. Le besoin d'égalité succède à l'acceptation de l'inégalité. Le scepticisme remplace la foi ardente. Nombreux sont les exemples du même genre.

Leur analyse, montre que ces créations de sentiments nouveaux sont de simples apparences. En réalité, ils existaient, sans se manifester ; les variations de milieux ou les circonstances n'ont fait que modifier leur, équilibre. Tel sentiment d'abord refréné devient prépondérant à une époque et domine d'une façon plus ou moins durable les autres états affectifs. L'homme en société est bien forcé de plier ses sentiments aux nécessités successives que les circonstances et surtout l'ambiance sociale lui imposent. Des exemples de ces transformations apparentes seront donnés dans un prochain chapitre.

Les sentiments semblent parfois changer alors qu'ils n'ont fait que s'appliquer à des sujets différents. L'espérance mystique guidant l'ouvrier moderne vers les fumeuses tavernes où des apôtres d'un évangile nouveau lui promettent un paradis prochain est le même sentiment qui conduisait ses pères dans les vieilles cathédrales où, derrière les vapeurs de l'encens, s'ouvraient les portes d'or de lumineuses régions pleines d'une félicité éternelle.

§ 2. - Les diverses manifestations de la vie affective.
Émotions, sentiments, passions.

Les manifestations de la vie affective sont indifféremment désignées par les auteurs sous les noms d'émotions ou de sentiments. Je crois plus commode pour leur description de les répartir en trois classes: émotions, sentiments, passions.

1) L'émotion est un sentiment instantané plus ou moins éphémère. Elle naît d'un phénomène brusque : accident, annonce d'une catastrophe, menace, injure, etc. La colère, la peur, la terreur, sont des émotions.

2) Le sentiment représente un état affectif durable, tel que la bonté, la bienveillance, etc.

3) La passion est constituée par des sentiments ayant acquis une grande intensité et pouvant momentanément en annuler d'autres : haine, amour, etc.

Tous ces états affectifs correspondent à des variations physiologiques de notre organisme. Nous n'en connaissons que certains effets généraux : rougeur du visage, altération de la circulation, etc.

Une modification physique ou chimique des cellules nerveuses et les sentiments qu'elle engendre représentent une relation dont les termes ultimes seuls sont connus. La transformation en sentiment ou en pensée d'un processus chimique organique est complètement inexplicable maintenant.

Sentiments et émotions varient suivant l'état physiologique du sujet ou l'influence de divers excitants : café, alcool, etc.

Le sentiment le plus simple est toujours très complexe, mais dès qu'il devient irréductible à un autre par l'analyse, nous devons, pour la facilité du langage, le traiter comme s'il était simple. Le chimiste lui aussi, qualifie de corps simples ceux qu'il ne sait pas décomposer.

Les psychologues parlent quelquefois de sentiments intellectuels.

Gustave Le Bon

Ce terme, dit Ribot : « désigne des états affectifs agréables ou mixtes qui accompagnent l'exercice des opérations de l'intelligence ».

Je ne saurais admettre cette théorie qui confond une cause avec son effet. Un sentiment peut être produit par des influences aussi diverses que l'action d'un aliment agréable, ou celle d'une découverte scientifique, mais il reste toujours un sentiment. Tout au plus peut-on dire que nos idées ont un équivalent émotionnel. Les chiffres eux-mêmes en auraient un, comme le fait justement observer Bergson : « Les marchands, dit-il, le savent bien, et au lieu d'indiquer le prix d'un objet par un nombre rond de francs, ils marqueront le chiffre immédiatement inférieur, quittes à intercaler ensuite un nombre suffisant de centimes ».

Le sentiment devenu prépondérant et persistant prend, nous l'avons dit, le nom de passion. Les psychologues n'ont réussi encore ni à les définir, ni à les classer. Spinoza en admettait trois : le désir, la joie et la tristesse, d'où il déduisait toutes les autres. Descartes en admettait six primitives : l'admiration, l'amour, la haine, le désir, la joie et la tristesse. Ce sont là évidemment pures formes de langage, impuissantes à rien expliquer et ne résistant pas à la discussion.

On la logique de passion disparaît

Une passion peut naître brusquement, comme un coup de foudre, ou par une lente incubation. Constituée, elle domine toute la vie affective, et aussi la vie intellectuelle. La raison est généralement sans action sur elle et ne fait que se mettre à son service.

On sait à quel point les passions transforment nos opinions et nos croyances, nous aurons à y -revenir bientôt.

Les grandes passions sont d'ailleurs rares. Éphémères le plus souvent, elles disparaissent aussitôt atteint l'objet convoité. Dans la passion amoureuse, cette règle est assez constante. Les amours célèbres ont généralement eu pour héros des êtres que les circonstances empêchaient de trop se rencontrer.

Les passions qui durent longtemps sont des passions constamment ravivées, les haines politiques par exemple. *les passions qui durent sont mauvaise ou se prolongeront*

La passion disparaît le plus souvent par simple extinction, mais quelquefois par voie de transformation, et alors se modifient en même temps les opinions qu'elle avait fait naître. *amour érotique en amour agape*

« L'amour humain, fait observer Ribot, peut se transformer en amour divin ou inversement... L'amour déçu a peuplé les cloîtres...

Le fanatisme religieux peut se changer en fanatisme politique et social. Ignace de Loyola était un paladin qui se mit au service de J.-C. }.

Quand l'intelligence réussit à exercer une influence inhibitrice sur la passion, cette dernière n'était pas bien forte. L'intelligence ne peut guère agir contre une passion qu'en opposant la représentation mentale d'un sentiment à un autre. La lutte existe alors, non pas entre représentations intellectuelles et représentations affectives, mais uniquement entre des représentations affectives mises en présence par l'intelligence.

§ 3. - La mémoire affective

La mémoire des sentiments existe comme celle de l'intelligence, mais à un degré beaucoup moindre. Le temps l'affaiblit très vite.

L'infériorité habituelle de la mémoire affective sur la mémoire intellectuelle est généralement considérable. La persistance de cette dernière est telle quand on l'exerce que, pendant des siècles, des ouvrages volumineux tels que les Védas ou les chants d'Homère, furent transmis de génération en génération à l'aide seulement de la mémoire. A l'époque où les livres étaient rares et coûteux, an XIIIe siècle par exemple, les étudiants savaient retenir les cours qui leur étaient dictés. Atkinson assure « que si les classiques chinois venaient à être détruits aujourd'hui, plus d'un million de Chinois pourraient les reconstituer de mémoire ».

Si la mémoire des sentiments était aussi tenace que la mémoire intellectuelle, le souvenir persistant de nos douleurs rendrait la vie insupportable.

À la théorie du peu de durée de la mémoire affective, ou pourrait objecter la persistance des haines de classes et de races perpétuées durant de longues générations. Cette durée apparente n'est qu'un renouvellement incessant produit par des causes toujours répétées. Une haine non entretenue ne subsiste pas. Celle des Allemands contre les Français aurait disparu depuis longtemps, si les journaux germaniques ne l'attisaient sans cesse. L'aversion des Hollandais pour les Anglais, qui leur prirent jadis leurs colonies, persiste seulement parce que des faits nombreux, notamment la guerre contre les colons hollandais du Transvaal, viennent la raviver et parce que la Hollande se croit toujours menacée.

L'alliance russe et l'entente franco-anglaise montrent avec quelle rapidité des peuples, jadis ennemis, oublient les haines non entretenues. Lorsque l'Angleterre devint notre amie, nous n'étions pourtant pas loin de la terrible humiliation de Fachoda.

Cette notion essentielle du peu de durée de la mémoire affective explique bien des phénomènes de la Nie des peuples. Il ne faut guère compter sur leur reconnaissance, mais on ne doit pas non plus trop redouter leur haine.

§ 4. - Les associations affectives et intellectuelles.

Nous étudierons quelques éléments caractéristiques de l'intelligence dans le chapitre de cet ouvrage consacré à l'examen de la logique rationnelle. On ne les mentionne ici que pour montrer comment s'associent et s'influencent les éléments rationnels et affectifs.

L'intelligence est surtout caractérisée par la faculté de réfléchir d'où découle celle de raisonner, c'est-à-dire de saisir, en suivant certaines règles, les rapports visibles ou cachés des choses.

Les enchaînements de la logique affective ont également leurs lois. S'exerçant dans une région inconsciente elles ne parviennent dans le conscient que sous forme de résultats.

Notre vie psychique se composant d'une partie affective et d'une partie intellectuelle, comment ces deux sphères agissent-elles l'une sur l'autre ?

Nos représentations mentales peuvent être d'ordre affectif ou d'ordre intellectuel. Il est parfois possible de se représenter des sentiments disparus, mais beaucoup moins que les idées intellectuelles.

On sait que, d'après la théorie associationniste, les idées peuvent s'associer suivant deux procédés différents: 1° associations par ressemblance; 2° associations par contiguïté.

Dans les associations par ressemblance, l'impression actuelle ravive les impressions antérieures analogues. Dans les associations

Les grands ressorts de l'activité des êtres. Le plaisir et la douleur.

par contiguïté, l'impression nouvelle en fait revivre d'autres éprouvées en même temps, mais sans analogie entre elles.

Les états affectifs paraissent s'associer entre eux comme les états intellectuels. Ils s'associent également à ces derniers, en sorte que l'apparition des tins peut évoquer celle des autres.

La différence entre les associations affectives et les associations intellectuelles est caractérisée par ce fait que les associations affectives se faisant le plus souvent d'une façon inconsciente, échappent à notre action.

Nous verrons bientôt comment, malgré leur distinction de nature, le moi affectif et le moi intellectuel peuvent., grâce aux associations qui viennent d'être indiquées, s'influencer.

<hr>

Chapitre V

Les éléments de la personnalité.
Combinaisons de sentiments formant le caractère.

§ 1. - Les éléments du caractère.

Le caractère est constitué par un agrégat d'éléments affectifs auxquels se superposent, en s'y mêlant fort peu, quelques éléments intellectuels. Ce sont toujours les premiers qui donnent à l'individu sa véritable personnalité.

Les éléments affectifs étant nombreux, leur association formera des caractères variés : actifs, contemplatifs, apathiques, sensitifs, etc. Chacun d'eux agira différemment sous l'action des mêmes excitants.

Les agrégats constitutifs du caractère peuvent être fortement ou, au contraire, faiblement cimentés. Aux agrégats solides correspondent les individualités fortes qui se maintiennent malgré les variations de milieu et de circonstances. Aux agrégats mal cimentés correspondent les mentalités molles, incertaines et changeantes. Elles se modifieraient à chaque instant sous les influences les plus légères, si certaines nécessités de la vie quotidienne ne les orientaient comme les berges d'un fleuve cana lisent son cours.

Si stable que soit le caractère, il reste toujours lié cependant à l'état de nos organes. Une névralgie, un rhumatisme, un trouble intestinal, transforment la gaieté en mélancolie, la bonté en méchanceté, la volonté en nonchalance. Napoléon malade à Waterloo n'était plus Napoléon. César dyspeptique n'eût sans doute pas franchi le Rubicon.

Les causes morales agissent aussi sur le caractère ou tout au moins sur son orientation. A la suite d'une conversion, l'amour profane deviendra amour divin. Le clérical fanatique et persécuteur finira parfois en libre penseur tout aussi fanatique et non moins persécuteur.

Les opinions et les croyances étant moulées sur notre caractère, suivent naturellement ses variations.

Il n'existe, je l'ai déjà montré, aucun parallélisme entre le développement du caractère et celui de l'intelligence. Le premier semble, au contraire, tendre à s'affaiblir à mesure que la dernière se développe. De grandes civilisations furent détruites par des éléments intellectuellement inférieurs, doués de Volonté forte.

Les esprits hardis et décidés ignorent les obstacles signalés par l'intelligence. La raison ne fonde pas les grandes religions et les puissants empires. Dans les sociétés brillantes par l'intelligence, mais de caractère faible, le pouvoir finit souvent par tomber entre les mains d'hommes bornés et audacieux. J'admets volontiers, avec Faguet, que l'Europe, devenue pacifiste, sera conquise « par le dernier peuple resté militaire et relativement féodal ». Ce peuple-là réduira les autres en esclavage et fera travailler à son profit des pacifistes chargés d'intelligence, mais dénués de l'énergie que donne la volonté.

§ 2. - Les caractères collectifs dés peuples.

Chaque peuple possède des caractères collectifs, communs à la plupart de ses membres, ce qui fait, des diverses nations de véritables espèces psychologiques. Ces caractères créent chez elles, nous le verrons bientôt, des opinions semblables sur un certain nombre de sujets essentiels.

Les grands ressorts de l'activité des êtres. Le plaisir et la douleur.

Les caractères fondamentaux d'un peuple n'ont pas besoin d'être nombreux. Bien fixés ils tracent sa destinée. Considérons les Anglais, par exemple. Les éléments orientant leur histoire peuvent être résumés en peu de lignes : culte de l'effort persistant qui empêche de reculer devant l'obstacle et de considérer un malheur comme irrémédiable, respect religieux des coutumes et de tout ce qui est validé par le temps; besoin d'action et dédain des vaines spéculations de la pensée, mépris de la faiblesse, sentiment très intense du devoir, contrôle sur soi-même envisagé comme qualité essentielle et entretenu soigneusement par une éducation spéciale.

Certains défauts de caractère, insupportables chez les individus, deviennent des vertus quand ils sont collectifs, l'orgueil par exemple. Ce sentiment est fort différent de la vanité, simple besoin de briller en public et exigeant des témoins, alors que l'orgueil n'en demande aucun. L'orgueil collectif fut un des grands stimulants de l'activité des peuples. Grâce à lui, le légionnaire romain trouvait une récompense suffisante à faire partie d'un peuple dominant l'univers. L'inébranlable courage des Japonais, dans leur dernière guerre, provenait d'un orgueil semblable.

Ce sentiment est, en outre, une source de progrès. Dès qu'une nation est convaincue de sa supériorité, elle porte à son maximum les efforts nécessaires pour la maintenir.

Le caractère et non l'intelligence différencie les peuples et crée entre eux des sympathies ou des antipathies irréductibles. L'intelligence est de même espèce pour tous. Le caractère offre, au contraire, de fortes dissemblances. Des peuples distincts étant diversement impressionnés par les mêmes choses se conduiront naturellement de façons différentes dans des circonstances paraissant identiques. Qu'il s'agisse, d'ailleurs, de peuples ou d'individus, les hommes sont toujours plus divisés par les oppositions de leur caractère que par celles de leurs intérêts ou de leur intelligence.

§ 3. - Évolution des éléments du caractère,

Les sentiments fondamentaux formant la trame du caractère évoluent très lentement dans le cours des âges, comme, le prouve la persistance des caractères nationaux. Les agrégats psychologiques qui les constituent sont aussi stables que les agrégats anatomiques.

Mais, autour des caractères fondamentaux, se trouvent, comme pour toutes les espèces vivantes, des caractères secondaires pouvant varier suivant le moment, le milieu, etc.

Ce sont surtout - je l'ai fait remarquer dans le précédent chapitre - les sujets sur lesquels les sentiments s'exercent qui changent. L'amour de la famille, puis de la tribu, de la cité et enfin de la patrie sont des adaptations d'un sentiment identique à des groupements différents, et non la création de sentiments nouveaux, L'internationalisme et le pacifisme représentent les dernières extensions de ce même sentiment.

Il y a un siècle à peine, le patriotisme allemand était inconnu, l'Allemagne restait divisée en provinces rivales. Si le pangermanisme actuel constitue une vertu, cette vertu n'est que l'extension de sentiments anciens à des catégories d'individus nouvelles.

Les états affectifs sont choses si stables que leur simple adaptation à, des sujets nouveaux exige d'immenses efforts. Pour acquérir, par exemple, un peul - très peu - cette forme d'altruisme, qualifiée de tolérance, il fallut, dit justement M. Lavisse : « que des martyrs mourussent par milliers dans des supplices, et que le sang coulât en fleuve sur des champs de bataille ».

C'est un grand danger pour un peuple de vouloir créer, au moyen de la raison, des sentiments contraires, à ceux fixés par la nature dans son âme. Semblable erreur pèse sur nous depuis la Révolution. Elle a engendré le développement du socialisme qui prétend changer le cours naturel des choses et refaire l'âme des nations.

N'objectons pas à la fixité des sentiments, les brusques transformations de personnalité observées parfois. Tels la prodigalité devenant avarice, l'amour changé en haine, le fanatisme religieux en fanatisme irréligieux, etc. Ces revirements constituent simplement l'adaptation de mêmes. sentiments à des sujets différents.

Bien des causes diverses, les nécessités économiques, par exemple, peuvent aussi déplacer nos sentiments sans pour cela les changer.

Ces influences économiques sont puissantes. La diffusion de la propriété, par exemple, a pour conséquence l'abaissement de

Les grands ressorts de l'activité des êtres. Le plaisir et la douleur.

la natalité, par suite de l'égoïsme familial du propriétaire, peu soucieux de voir diviser son bien. Si tous les citoyens d'un pays devenaient propriétaires, la population diminuerait probablement dans d'énormes proportions.

Les sentiments constituant le caractère ne peuvent subir de changement d'orientation sans que la vie sociale soit bouleversée. Guerres de religions, croisades, révolutions, etc., résultent de pareils changements.

Et si, actuellement, l'avenir apparaît très sombre, c'est que les sentiments des classes populaires tendent à subir une orientation nouvelle. Sous la poussée des illusions socialistes, chacun, de l'ouvrier au professeur, est devenu mécontent de son sort et persuadé qu'il mérite une autre destinée. Tout travailleur se croit exploité par les classes dirigeantes et rêve de s'emparer de leurs richesses au moyen d'un coup de force. Dans le domaine de l'affectif, les illusions ont une puissance qui les rend fort dangereuses parce que la raison ne les influence pas.

Chapitre VI

La désagrégation du caractère et les oscillations de la personnalité.

§ 1. - Les équilibres des éléments constitutifs du caractère.

Nous venons de dire que la stabilité des agrégats formant le caractère est aussi grande que celle des agrégats anatomiques. Les premiers peuvent cependant, comme les seconds, subir des troubles morbides divers et même une désagrégation complète.

Ces phénomènes qui ne ressortent pas exclusivement du domaine de la pathologie ont, sur la formation -des opinions et des croyances, une influence considérable. La genèse de certains faits historiques est à peu, près incompréhensible sans la connaissance des transformations que peut accidentellement subir le caractère.

Nous verrons, dans un autre chapitre, que les mobiles créateurs de nos opinions, de nos croyances et. de nos actes, sont comparables à des poids posés sur les deux plateaux d'une balance. Le plus chargé fléchit toujours.

En réalité, les choses ne se passent pas si simplement. Les poids, représentés par les motifs, peuvent s'altérer sous l'influence de troubles divers modifiant les combinaisons qui forment le caractère. Alors, notre sensibilité change, nos échelles de valeurs se déplacent, l'orientation de la vie devient différente. La personnalité est renouvelée.

De telles variations s'observent surtout lorsque, le milieu social venant à changer brusquement, l'équilibre établi entre les éléments affectifs et ce milieu éprouve une perturbation notable.

La notion d'équilibre entre le milieu qui nous enveloppe et les éléments qui nous composent est capitale. Nullement spéciale à la psychologie, elle domine la chimie, la physique et la biologie. Un être quelconque, matière brute ou matière vivante, résulte d'un certain état d'équilibre entre son milieu et lui. Le second ne saurait changer sans que se transforme aussitôt le premier. Une barre d'acier rigide peut, sous l'influence d'une modification de milieu convenable, devenir une légère vapeur.

Le degré d'aptitude à la dissociation des agrégats psychiques formant le caractère dépend de la stabilité de ces derniers comme aussi de l'importance des changements de milieu auxquels ils sont soumis. Elle variera également suivant les impressions antérieurement subies. Les observations faites sur les agrégats anatomiques le sont aussi sur les agrégats psychologiques. La diminution de sensibilité des premiers à l'influence de certaines actions extérieures par des procédés divers s'appelle, on le sait, l'immunisation. L'étude future de la pathologie des caractères comprendra aussi celle de leur immunisation.

Le véritable homme d'État possède l'art, encore mystérieux, de savoir modifier au besoin l'équilibre des éléments du caractère national en faisant prédominer ceux utiles aux nécessités du moment.

§ 2. - Les oscillations de la personnalité.

Les considérations précédentes tendent à montrer que notre

personnalité peut devenir assez variable. Elle dépend, en effet, on vient de le voir, de deux facteurs inséparables, l'être lui-même et son milieu.

Prétendre que notre personnalité est mobile et parfois susceptible de grands changements choque un peu les idées traditionnelles sur la stabilité du moi. Son unité fut pendant longtemps un dogme indiscuté. Trop de faits sont venus prouver combien elle était fictive.

Notre moi est un total. Il se compose de l'addition d'innombrables moi cellulaires. Chaque cellule concourt à l'unité du moi comme chaque soldat à l'unité d'une armée. L'homogénéité des milliers d'individualités qui la composent résulte seulement d'une communauté d'action que de nombreuses causes peuvent détruire.

Inutile d'objecter que la personnalité des êtres semble généralement assez stable. Si elle ne varie guère, en effet, c'est que le milieu social reste à peu près constant. Qu'il vienne à se modifier brusquement, comme en temps de révolution, et la personnalité d'un même individu pourra se transformer entièrement. C'est ainsi qu'on vit, pendant la Terreur, de bons bourgeois réputés par leur douceur devenir dos fanatiques sanguinaires. La tourmente passée et, par conséquent, l'ancien milieu reprenant son empire, ils retrouvèrent leur personnalité pacifique. Depuis longtemps, j'ai développé cette théorie et montré que la vie des personnages de la Révolution était incompréhensible sans elle.

De quels éléments se compose le moi dont la synthèse constitue notre personnalité ? La psychologie reste muette sur ce point. Sans prétendre préciser beaucoup, nous dirons que les éléments du moi résultent d'un résidu de personnalités ancestrales, c'est-à-dire créés par toute la série de nos existences antérieures. Le moi, je le répète, n'est pas une unité, mais le total des millions de vies cellulaires dont l'organisme est formé. Elles peuvent enfanter de nombreuses combinaisons.

Des excitations émotionnelles violentes, certains états pathologiques observables chez les médiums, les extatiques, les sujets hypnotisés, etc., font varier ces combinaisons et, par conséquent, engendrent, au moins momentanément, chez le même individu, une personnalité différente [1], inférieure ou supérieure à la personnalité ordinaire. Nous possédons tous des possibilités d'action dépassant notre capacité habituelle et que certaines circonstances viendront éveiller.

§ 3. - Les éléments fixateurs de la personnalité.

Les résidus ancestraux forment la couche la plus profonde et la plus stable du caractère des individus et des peuples. C'est par leur moi ancestral qu'un Anglais, un Français, un Chinois diffèrent si profondément.

Mais à ces lointains atavismes se superposent des éléments engendrés par le milieu social (caste, classe, profession, etc.), par l'éducation et par bien d'autres influences encore. Ils impriment à notre personnalité une orientation assez constante. C'est le moi un peu artificiel ainsi formé que nous extériorisons chaque jour.

De tous les éléments formateurs de la personnalité, le plus actif, après la race, est celui que détermine le groupement social auquel nous appartenons.

Coulées dans un même moule par les idées, les opinions, la conduite semblables qui leur sont imposées, les individualités d'un groupe : militaires, magistrats, prêtres, ouvriers, marins, etc., présentent nombre de caractères identiques.

Leurs opinions et leurs jugements sont généralement voisins, parce que chaque groupe social étant très niveleur, l'originalité n'y est pas tolérée. Quiconque veut se différencier de son groupe l'a tout entier pour ennemi.

Cette tyrannie des groupes sociaux, sur laquelle nous reviendrons, n'est pas inutile. Si les hommes n'avaient pas les opinions et la conduite de, leur entourage pour guide, où trouveraient-ils la direction mentale nécessaire à la plupart ? Grâce au groupe qui les encastre, ils possèdent une façon d'agir et de réagir assez constante. Grâce à lui encore, les natures un peu amorphes sont orientées et soutenues dans la vie.

---

1 L'action de certaines substances toxiques sur l'organisme petit avoir aussi pour résultat de désagréger la personnalité. J'en ai jadis publié, dans un journal de médecine, un curieux exemple qui fut utilisé en Amérique par nu romancier.

Les grands ressorts de l'activité des êtres. Le plaisir et la douleur.

Ainsi canalisés, les membres d'un groupe social quelconque possèdent, avec une personnalité momentanée, ou durable, mais bien définie, une puissance d'action que ne rêverait jamais aucun des individus qui le composent. Les grands massacres de la Révolution ne furent pas des œuvres individuelles. Leurs auteurs agissaient en groupes : Girondins, Dantonistes, Hébertistes, Robespierristes, Thermidoriens, etc. Ces groupes beaucoup plus que des individus se combattaient, alors. Ils devaient donc apporter dans leurs luttes la férocité furieuse et le fanatisme borné, caractéristiques des manifestations collectives violentes.

§ 4. - Difficulté de prévoir la conduite résultant d'un caractère déterminé.

Notre moi étant variable, et dépendant des circonstances, jamais un homme ne doit prétendre en connaître un autre. Il peut seulement affirmer que les circonstances ne variant pas, la conduite de l'individu observé ne changera guère. Le chef de bureau, rédigeant d'honnêtes rapports depuis vingt ans, continuera sans doute à les rédiger avec la même honnêteté, mais il ne faut pas trop l'affirmer. Des circonstances nouvelles venant à surgir, une passion forte envahissant son entendement, un danger menaçant son foyer, l'insignifiant bureaucrate pourra devenir un scélérat ou un héros.

Les grandes oscillations de la personnalité s'observent presque exclusivement dans la sphère des sentiments. Dans celle de l'intelligence, elles sont très faibles. Un imbécile restera tel toujours.

Les variations possibles de la personnalité, qui empêchent de connaître à fond nos semblables, empêchent aussi de se connaître soi-même. L'adage « Nosce te ipsum » des anciens philosophes constitue un irréalisable conseil. Le moi extériorisé représente habituellement un personnage d'emprunt mensonger. Il l'est, non pas seulement, parce que nous nous supposons beaucoup de qualités et ne reconnaissons guère nos défauts, mais encore parce que si le moi contient une petite portion d'éléments conscients, à la rigueur connaissables, il est, en grande partie, formé d'éléments inconscients presque inaccessibles à l'observation.

Le seul moyen de découvrir son moi réel est, nous l'avons dit., l'action. On ne se connaît un peu qu'après avoir observé sa conduite dans des circonstances déterminées. Prétendre savoir d'avance comment nous agirons dans une situation donnée est fort chimérique. Le maréchal Ney jurant à Louis XVIII de lui amener Napoléon dans une cage de fer était de très bonne foi, mais il ne se connaissait pas. Un simple regard du maître suffit à dissoudre sa résolution. L'infortuné maréchal paya de sa vie l'ignorance de sa propre personnalité. Plus familier avec les lois de la psychologie, Louis XVIII lui eût probablement pardonné.

Les théories exposées dans cet ouvrage relativement au caractère peuvent parfois sembler contradictoires. D'une part, en effet, nous avons insisté sur la fixité des sentiments qui forment le caractère, et de l'autre montré les variations possibles de la personnalité.

Ces oppositions disparaissent en se remémorant les points suivants :

1° Les caractères sont formés d'un agrégat d'éléments affectifs fondamentaux à peu près invariables, auxquels s'ajoutent des éléments accessoires changeant facilement. Ces derniers correspondent aux modifications que l'art de l'éleveur fait subir à une espèce sans modifier pour cela ses caractères essentiels.

2° Les espèces psychologiques sont, comme les espèces anatomiques, sous l'étroite dépendance de leur milieu. Elles doivent s'adapter à tous les changements de ce milieu et s'y adaptent en effet quand ils ne sont ni trop considérables, ni trop brusques.

3° Les mêmes sentiments peuvent paraître changer quand ils s'appliquent à des sujets différents, et cependant leur nature réelle n'a subi aucune modification. L'amour humain devenant amour divin dans certaines conversions est un sentiment qui a changé de nom, mais pas de nature.

Toutes ces constatations ont un intérêt très pratique, puisqu'elles sont à la base même de plusieurs problèmes modernes importants, celui de l'éducation notamment.

Observant que cette dernière modifie l'intelligence, ou du moins la somme des connaissances individuelles, on en a conclu qu'elle pouvait modifier également les sentiments. C'était oublier entièrement que les états affectifs et intellectuels n'ont pas une évolution parallèle.

Plus on approfondit le sujet, plus on est obligé de reconnaître que l'éducation et les institutions politiques jouent un rôle assez faible dans la destinée des individus et des peuples.

Cette doctrine, contraire d'ailleurs à nos croyances démocratiques, semble parfois contredite aussi par les faits observés chez certains peuples modernes et c'est ce qui l'empêchera toujours d'être admise facilement.

Dans l'introduction qu'il a bien voulu écrire point la traduction japonaise [1] de mes ouvrages, un des plus éminents hommes d'État, de l'Extrême-Orient, le baron Motono, ambassadeur à Saint-Pétersbourg, m'objecte plusieurs changements produits dans la mentalité japonaise par l'influence des idées européennes. Je ne crois pas cependant qu'ils prouvent une modification réelle de cette mentalité. Les idées européennes sont simplement entrées dans l'armature ancestrale de l'âme japonaise, sans modifier ses parties essentielles. La substitution de la fronde au canon changerait complètement la destinée d'un peuple, sans transformer pour cela ses caractères nationaux.

Il semble résulter de ce chapitre que les opinions et la conduite étant déterminées par des causes assez étrangères à, la volonté, notre liberté serait très restreinte. Elle l'est en effet. Nous verrons cependant qu'il est possible de lutter utilement contre les fatalités qui pèsent sur nos sentiments et nos pensées.

---

1 Publiée par la Société qu'a fondée le comte Okuma, ministre des affaires étrangères pour la traduction des plus célèbres ouvrages classiques parus en Europe.

Gustave Le Bon

Livre III
Les formes diverses de logiques régissant les opinions et les croyances

Chapitre 1
Classification des diverses formes de logiques.

§ 1. - Existe-t-il diverses formes de logiques ?

La logique a été Considérée jusqu'ici comme l'art de raisonner et de démontrer. Mais, vivre c'est agir et ce n'est pas le plus souvent la démonstration qui fait agir.

Nous montrerons dans ce chapitre et les suivants que les diverses sphères d'activités vitale et psychologique, précédemment énumérées, sont gouvernées par des formes de logiques différentes.

L'action constituant d'après nous le seul critérium d'une logique, nous considérerons comme diverses les logiques conduisant à des résultats dissemblables.

Dans un acte quelconque le psychologue ne doit rechercher isolément ni le but poursuivi, ni les moyens employés, ni le succès ni l'insuccès. Les seuls éléments l'intéressant sont les mobiles générateurs de cet acte. Il y a des actions vertueuses ou criminelles, habiles ou malhabiles, il n'y en a pas d'illogiques. Elles sont simplement issues de logiques différentes et nulle ne peut servir exclusivement à juger les autres.

La logique rationnelle, par exemple, est trop différente des logiques mystique et affective pour pouvoir les interpréter ni même les comprendre. Conduisant à des actes souvent opposés, elles doivent être séparées. De même pour la logique collective et la logique affective.

Considérer comme diverses des logiques génératrices de résultats dissemblables, est simplement appliquer la règle de classification qui fait placer dans des catégories différentes les phénomènes trop distincts pour être confondus.

§ 2. - Les cinq formes de logiques.

On peut, croyons-nous, établir cinq formes de logiques : 1°
logique biologique ; 2° logique affective; 3° logique collective; 4°
logique mystique; 5° logique rationnelle. Nous nous bornerons
maintenant à en résumer brièvement les caractères, devant
consacrer des chapitres spéciaux à chacune d'elles.

Logique biologique. - Les motifs qui nous ont fait établir cette
forme de logique seraient trop longs à énumérer ici. Nous
les donnerons dans le chapitre consacré à son étude. Disons
simplement maintenant que la logique biologique, qui préside à
l'entretien des êtres et à la création de leurs formes, ne porte nulle
trace d'influence de nos volontés, mais produit des adaptations,
dirigées dans un sens déterminé, par des forces que nous ne
connaissons pas. Elles semblent agir, ces forces, comme si elles
possédaient une raison supérieure à la nôtre et n'ont rien de
mécanique puisque leur action varie à chaque instant suivant le
but à remplir.

L'adjonction aux autres formes de logiques de la logique
biologique, qui domine de très haut la plupart des autres, ne
fera que combler une lacune dissimulée par les vieilles théories
métaphysiques.

Logique affective. - Les psychologues connaissaient uniquement
jadis la logique rationnelle. lis commencent à y ajouter la logique
affective ou des sentiments, absolument distincte de la logique
rationnelle. Ces deux formes de logiques diffèrent surtout en
ceci que, les associations intellectuelles peuvent être conscientes,
tandis que celles des états affectifs restent inconscientes. La logique
affective dirige la plupart de nos actions.

Logique collective. - Cette forme de logique ne doit pas être
confondue avec la précédente. Nous avons montré, voici bien
des années, déjà, que l'homme en foule se conduit différemment
de l'homme isolé. Il est donc guidé par une logique spéciale,
puisqu'elle implique l'existence d'éléments observables seulement,
dans les foules.

Logique mystique. - Cette forme de logique est le résultat d'un état
particulier de l'esprit, dit mystique. Universel aux premiers temps

de l'humanité il paraît fort répandu encore. Pour les mentalités mystiques l'enchaînement des choses n'a rien de régulier ; il dépend d'êtres ou de forces supérieures dont nous subissons simplement les volontés.

La logique mystique a déterminé et détermine toujours un grand nombre des actes de l'immense majorité des hommes. Elle diffère, nous le verrons, de la logique inconsciente des sentiments, non seulement parce qu'elle est consciente et comporte une délibération, mais surtout parce que son influence peut engendrer des actions diamétralement contraires à celles que dicterait la logique affective.

Logique rationnelle. - Cette logique est l'art d'associer volontairement des représentations mentales et de percevoir leurs analogies et leurs différences, c'est-à-dire leurs rapports. Elle est à peu près la seule dont se soient occupés les psychologues. Depuis Aristote, d'innombrables livres lui ont été consacrés.

§ 3. - Coexistence des diverses formes de logiques.

Toutes les formes de logiques qui précèdent peuvent se superposer, se fusionner ou se combattre chez les mêmes êtres. Suivant le temps et les races, l'une d'elles arrive parfois à prédominer, mais sans jamais éliminer entièrement les autres.

La logique affective conduisait un général athénien, jaloux de ses rivaux, à leur déclarer la guerre. La logique mystique lui faisait consulter les oracles sur la date utile des opérations à entreprendre. La logique rationnelle guidait sa tactique. Pendant tous ces actes la logique biologique le faisait vivre.

L'étude qui va suivre, des diverses formes de logiques précédemment énumérées, en fera mieux comprendre les caractères. Le lecteur ne devra pas s'attendre à voir révéler leur mécanisme. Il est fort peu connu, aussi bien d'ailleurs pour la logique rationnelle, la plus étudiée cependant, que pour les autres.

L'existence des diverses formes de logiques n'est démontrée que par leurs résultats. Elles représentent des postulats vérifiés seulement par les conséquences qui en découlent. Les sciences les plus exactes, la physique par exemple, sont obligées également de mettre à leur base de pures hypothèses transformées en vérités probables quand leur nécessité est démontrée.

Toutes les explications de la lumière, de la chaleur, de l'électricité, c'est-à-dire la physique presque entière, reposent sur l'hypothèse de l'éther. A cette substance totalement inconnue, il a fallu attribuer des propriétés incompréhensibles et même inconciliables, telle par exemple une rigidité supérieure à celle de l'acier, bien que les corps matériels s'y meuvent sans difficulté. Un phénomène nouveau oblige les physiciens à donner à l'éther des propriétés nouvelles souvent contraires à celles déjà admises. C'est ainsi qu'après lui avoir supposé une densité infiniment plus faible que celle des gaz, on lui en accorde maintenant une des millions de fois supérieure à celle des plus lourds métaux.

Si l'étude de sciences aussi précises que la physique nécessite des hypothèses, on ne saurait s'étonner de nous voir procéder de la même façon dans une science beaucoup plus compliquée, la psycho

Le physicien n'affirme pas que l'éther existe. Il dit simplement que les choses se passent comme si l'éther existait et que tout phénomène resterait incompréhensible sans cette existence supposée.

Nous n'affirmons pas davantage qu'il existe des formes de logiques constituant des entités distinctes, nous disons seulement qu'elles sont nécessaires et que les choses se passent comme si elles existaient réellement.

Chapitre II
La logique biologique.

§ 1. - Rôle de la logique biologique.

Les phénomènes vitaux les plus simples en apparence, tels ceux observés chez les êtres vivants constitués par une seule cellule, sont toujours d'une extrême complication. Leurs manifestations dépendent d'enchaînements rigoureux analogues à ceux auxquels on donne le nom de logique, quand ils s'appliquent à des éléments intellectuels. Nul motif de ne pas les désigner par le même terme.

La logique biologique régit tous les phénomènes de la vie organique. Les actes accomplis par les diverses cellules du corps, en dehors de toute participation consciente, n'ont aucun caractère de fatalité mécanique et varient suivant les nécessités journalières. Ils semblent guidés par une raison particulière très différente de la nôtre et souvent beaucoup plus sûre. Pour le montrer, il suffira de rappeler ce que j'ai écrit à ce sujet, dans mon livre sur l'*Évolution de la Matière* :

« Les édifices atomiques qu'arrivent à fabriquer des cellules microscopiques comprennent non seulement les plus savantes Opérations de nos laboratoires : éthérification, oxydation, réduction, polymérisation, etc., mais beaucoup d'autres plus difficiles que nous ne saurions imiter. Par des moyens insoupçonnés, les cellules vitales construisent ces composés compliqués et variés : albuminoïdes, cellulose, graisses, amidon, etc., nécessaires à l'entretien de la vie. Elles savent décomposer les corps les plus stables comme le chlorure de sodium, extraire l'azote des sels ammoniacaux, le phosphore des phosphates, etc.

« Toutes ces oeuvres si précises, si admirablement adaptées à un but, sont dirigées par des forces dont nous n'avons aucune idée et qui agissent exactement comme si elles possédaient une clairvoyance bien supérieure à notre raison. L'œuvre qu'elles accomplissent à chaque instant de l'existence, plane très au-dessus de ce que peut réaliser la science la plus avancée.

« Le savant capable de résoudre avec son intelligence les problèmes résolus à toute heure par les, humbles cellules d'une intime créature, serait tellement supérieur aux autres hommes qu'on pourrait le considérer comme un dieu. »

Les actes de la vie biologique montrent la nécessité où ils se trouvent de varier sans cesse. Qu'un corps inutile ou dangereux soit introduit dans l'organisme, il sera neutralisé ou rejeté. L'élément utile est, au contraire, expédié à des organes différents et subit des transformations physiques très savantes. Ces milliers de petites opérations partielles s'enchevêtrent sans se nuire, parce qu'elles sont orientées avec une précision parfaite. Dès que la rigoureuse logique directrice des centres nerveux s'arrête, c'est la mort.

Ces centres nerveux constituent donc ce que l'on pourrait appeler des centres de raisonnement biologique. Ils dirigent la vie et la protègent en créant suivant les circonstances des éléments de défense variés. Comme le dit très justement le Dr Bonnier : « Mieux qu'aucun physiologiste, aucun médecin, ils savent ce qui convient à l'organe malade. Réveiller leur torpeur quand elle se produit est le seul rôle possible de la science la plus avancée ».

Lorsqu'une cellule évolue vers une certaine forme, lorsque l'animal régénère entièrement un organe amputé, avec nerfs, muscles et vaisseaux, nous constatons que la logique biologique crée pour ces accidents imprévus, une série de phénomènes qu'aucun effort de la logique rationnelle ne saurait imiter ni même comprendre.

C'est encore la logique biologique qui enseigne à l'oiseau le mécanisme du vol et comment il doit le modifier suivant les circonstances. De longs siècles furent nécessaires à l'homme pour que sa logique rationnelle lui permît de l'imiter un peu.

Cette précision des actes vitaux, leur adaptation journalière à des conditions constamment changeantes, leur aptitude à défendre l'organisme contre les atteintes imprévues du monde extérieur, nous ont fait considérer l'expression, logique biologique, comme nécessaire [1].

La logique biologique règle la durée de l'individu et celle de l'espèce

1 L'adaptation constante à des éléments toujours variables, la précision des méthodes employées par les organes agissant sous l'influence de là logique biologique sont nettement marquées dans le tableau suivant du Dr S. Artault, que je résume un peu, de la lutte de l'organisme contre les microbes.

Deux armées sont en présence : l'une dans son enceinte fortifiée (l'organisme), l'autre qui vient l'investir (bactéries, etc.). Dès que les premiers ouvrages de défense sont enlevés, et que l'ennemi a pénétré par quelque brèche dans la place, le général en chef (centre sympathique) commence par faire à ses troupes une distribution de stimulants (opsonines). Ainsi mises en appétit, les troupes (leucocytes) se portent sur le point attaqué; c'est alors le combat corps à corps, la destruction des envahisseurs, dont les cadavres sont dévorés sur place (phagocytose). Le général organise alors la défense territoriale, en dispersant ses vétérans aguerris et avertis, qui réduisant à néant toute tentative nouvelle de cet ennemi connu (immunisation).

« Mais parfois la lutte se prolonge, les troupes locales plus ou moins fatiguées, se replient ou cantonnent sur place. Alors l'armée d'investissement restée aussi sur ses positions, leur envoie des bordées d'obus asphyxiants (toxines, antigènes). Le plus souvent, sous cette attaque insidieuse, les tissus ripostent par une décharge de produits qui anéantissent ou neutralisent les premiers (antitoxines, anticorps).

à laquelle il appartient. La vie individuelle est très éphémère; celle de l'espèce beaucoup plus longue, mais non éternelle, puisqu'aucune des espèces géologiques dont nous retrouvons les débris, n'a subsisté jusqu'à nos jours. Elles furent précédées et suivies par d'autres, de durée également limitée.

Les espèces semblent disparaître lorsque, trop stabilisées par un lourd héritage ancestral, elles ne peuvent plus s'adapter aux variations de milieu. Cette histoire du monde végétal et animal fut aussi celle de bien des peuples.

L'enfance d'une espèce, d'un individu ou d'un peuple se caractérise par une plasticité excessive lui permettant de s'adapter à toutes les variations de milieu. Sa vieillesse s'accompagne au contraire d'une rigidité empêchant l'adaptation.

On comprend donc, facilement, que les transformations de milieu capables de faire évoluer un être aux débuts de son existence, le fassent périr à son déclin. Et ceci nous. explique pourquoi, les peuples trop vieux disparaissent lorsqu'ils ne peuvent plus changer.

Si la logique biologique se bornait à régler les fonctions de la vie, nous pourrions à la rigueur en négliger l'étude. Mais elle tient aussi sous son domaine d'importants facteurs des opinions, des croyances et par conséquent de la conduite.

Les sentiments ayant la vie pour soutien, on conçoit que la logique biologique non seulement influence la logique affective, mais puisse sembler parfois se confondre avec elle. Toutes deux n'en demeurent pas moins nettement séparées, la vie biologique étant simplement le terrain sur lequel la vie affective vient germer.

Il reste donc inexplicable que les psychologues ignorent la logique biologique. Elle est la plus importante de toutes les formes de logiques parce que la plus impérieuse. Quand elle commande, les autres obéissent.

§ 2. - La logique biologique et les instincts.

Les différences des logiques biologique et affective sont révélées encore par l'étude des Phénomènes variés, confondus habituellement sous le nom d'instinct. Bergson a raison de séparer l'instinct de l'intelligence, mais il n'a que partiellement raison. Une foule d'instincts sont des habitudes intellectuelles ou affectives accumulées par l'hérédité. Pour tes phénomènes biologiques, non seulement les plus simples comme la faim et l'amour, mais encore ceux fort compliqués observés chez les insectes, la séparation avec l'intelligence semble complète.

L'étude de certaines formes d'instincts est extrêmement difficile. Pour y jeter quelque lumière il faut délaisser toutes les idées de la psychologie classique.

On doit admettre, en effet, que par des procédés inconnus mais indéniables puisque nous les constatons, les créatures les plus inférieures peuvent agir dans certains cas comme le ferait l'homme guidé par une raison très haute.

Et cette raison n'apparaît pas seulement chez des êtres relativement élevés, tels que les insectes, mais dans un organisme aussi primitif que celui de ces monocellulaires, sans sexe et sans forme, qui marquent l'aurore de la vie. Une amibe, c'est-à-dire un simple globule de protoplasma formé lui-même de granulations vivantes, voulant s'emparer d'une proie, exécute des actes adaptés au but à remplir, et variant suivant les circonstances, comme si cette ébauche d'être pouvait effectuer certains raisonnements.. En constatant les soins minutieux pris par certains insectes pour protéger les œufs d'où sortiront des larves d'une forme très différente de la leur et que le plus souvent ils ne verront jamais, Darwin déclarait: « qu'il est infructueux de spéculer sur ce sujet ».

Les lois de la logique biologique demeurent incompréhensibles assurément, mais nous devons soigneusement en Constater les effets pour montrer qu'ils ne sont nullement conditionnés par cette sorte de force aveugle à laquelle on applique le terme d'instinct.

Rien de plus clairvoyant, au contraire, que les enchaînements de la logique biologique. Son mécanisme reste ignoré, mais le sens de son effort est accessible. Il a toujours pour but de créer chez l'individu les moyens nécessaires soit à sa perpétuité par reproduction, soit à son adaptation aux conditions extérieures.

Ces moyens sont d'une ingéniosité qui nous dépasse. De nombreux naturalistes, Blanchard, Fabre, etc., ont montré la perfection des actes des insectes, comme aussi leur discernement et leur aptitude à changer de conduite avec les circonstances. Ils savent, par exemple, modifier la qualité des matières alimentaires préparées pour leurs larves, suivant qu'elles doivent être mâles ou femelles. Certains insectes nullement carnivores, mais dont les larves ne peuvent se nourrir que de proies vivantes, les paralysent, de façon qu'elles puissent attendre sans se décomposer l'éclosion des êtres qui les dévoreront. Déterminer une paralysie semblable serait une opération difficile pour un anatomiste exercé. Elle n'embarrasse cependant jamais l'insecte. Il sait attaquer les seuls coléoptères dont les centres nerveux moteurs soient rapprochés jusqu'à se toucher, ce qui permet de provoquer la paralysie d'un seul coup d'aiguillon. Parmi le nombre immense des coléoptères, deux groupes seulement, les Charançons et les Buprestes, remplissent ces conditions. Fabre reconnaît qu'à l'instinct général de l'insecte le dirigeant dans les actes immuables de son espèce se superpose quelque chose « de conscient et de perfectible par l'expérience. N'osant appeler cette aptitude rudimentaire intelligence, titre trop élevé pour elle, je l'appellerai, dit-il, discernement. »

Ce que Fabre qualifie « discernement » produit des résultats qu'atteindrait bien difficilement le savant le plus habile. Aussi est-il obligé de conclure que : « l'insecte nous émerveille et nous épouvante par sa haute lucidité ».

De nombreux faits de même ordre observés chez les fourmis et les abeilles par un savant académicien, Gaston Bonnier, l'ont conduit à attribuer aux insectes une faculté appelée par lui le raisonnement collectif.

Il montre les abeilles obéissant rigoureusement aux injonctions décrétées par le « comité directeur de la ruche », et variables suivant les renseignements rapportés par les chercheuses, déléguées tous les matins dans les environs. Parti de la ruche avec tel ou tel ordre, l'insecte l'exécute ponctuellement. Si, par exemple, le comité l'envoie chercher de l'eau dans un bassin, vainement répandrait-on à côté des gouttes de sirop ou de miel, l'insecte n'y touchera pas. Ceux préposés à la récolte du nectar ne s'occuperont pas de recueillir le pollen, etc.

L'organisation sociale de ces petits êtres est rigoureusement réglée. Une ruche, dit le même auteur, « offre un exemple parfait de la constitution égalitaire du socialisme d'État. Ni amour, ni dévouement, ni pitié, ni charité; tout est immolé à la société et à sa conservation par un travail incessant. Pas de gouvernement, pas de chefs, une discipline sans subordination. C'est l'idéal du collectivisme réalisé. »

Ces-faits, multipliés par l'observation, embarrassent de plus en plus les adeptes de la vieille psychologie rationaliste. On avait autrefois, pour les interpréter, un mot précieux, l'instinct; mais il faut bien constater que sous ce vocable usé s'abrite tout un ordre de phénomènes profondément inconnus.

Jadis, l'instinct était considéré comme une sorte de faculté immuable, accordée par la nature aux animaux au moment même de leur formation, pour les guider à travers les actes de la vie, comme le berger mène son troupeau. Descartes jugeait les animaux de simples automates et cet automatisme merveilleux lui paraissait très simple.

Les animaux ayant été mieux étudiés, il fallut reconnaître la variabilité de ces instincts prétendus immuables. L'abeille, par exemple, sait parfaitement transformer sa ruche dès que cela devient nécessaire. Dans une note intitulée *Gradation et perfectionnement de l'instinct chez les guêpes solitaires d'Afrique*, insérée dans les comptes rendus de l'Académie des sciences du 19 octobre 1908, M. Roubaud montre entre les espèces du genre synagris « des différences des plus remarquables, à ce point qu'on y peut suivre les étapes principales d'une évolution insoupçonnée de l'instinct des solitaires vers celui des guêpes sociales ». Les nids d'abord solitaires, avant de se rapprocher, représentent sans doute la forme primitive des colonies de guêpes sociales.

Les faits observés chez les insectes, se constatent également chez des 1 animaux supérieurs. Ils sont capables d'actes qui impliqueraient une science élevée, si la logique rationnelle devait les dicter. Tel par exemple l'emmagasinement d'une provision de force vive pour s'élever dans l'air sans travail. Ce résultat est réalisé par beaucoup d'oiseaux : hirondelles, faucons, etc., qui, en poursuivant leurs proies, descendent d'une grande hauteur. Ils replient alors leurs ailes, se laissent tomber suivant une trajectoire parabolique et utilisent, pour remonter dans l'atmosphère, la force vive produite par leur chute. Elle est considérable, étant représentée par la moitié du produit de la masse par le carré de sa vitesse. L'oiseau sait aussi capter l'énergie qu'il trouve dans les courants d'air descendants, et s'adapter immédiatement par des mouvements appropriés aux changements brusques de direction du vent.

Le terme de logique biologique, que nous avons créé. ne saurait assurément constituer une explication, mais il a du moins l'avantage de montrer que tous les actes, prétendus instinctifs, des animaux doivent être soustraits à ce domaine des forces aveugles où l'on avait essayé de les enfouir jusqu'ici.

Renoncer aux explications purement mécaniques comme celles de Descartes, c'est comprendre en même temps qu'il existe une sphère immense de la vie psychique, complètement inexplorée, et dont nous entrevoyons à peine l'existence.

Les faits qui précèdent semblent un peu éloignés du but de cet ouvrage. Ils en constituent cependant une partie essentielle.

Lorsque nous étudierons les facteurs de nos opinions et de nos croyances, nous ne devrons pas oublier que sous la surface des choses se cache un monde de forces inaccessibles à notre raison, plus puissantes que cette raison et qui souvent la conduisent.

Restant dans le domaine des vérités abordables, nous résumerons ce-chapitre, en disant que la logique biologique précéda toutes les autres et que la vie aurait été impossible sans elle. Si son action s'arrêtait, notre planète redeviendrait un morne désert, en proie aux forces aveugles de la nature, c'est-à-dire aux forces non organisés encore.

Chapitre III
La logique affective et la logique collective.

§ 1. - La logique affective.

On a su distinguer depuis longtemps dans l'âme humaine la sphère du sentiment et celle de la raison. Depuis une époque récente seulement, on parle de la logique des sentiments.

Avant d'arriver à différencier la logique intellectuelle et celle des sentiments, il fallait d'abord reconnaître que la vie affective possède une existence auto-nome indépendante de la vie intellectuelle.

Cette dernière apparut fort tard dans l'histoire du monde, alors que l'existence affective et la logique qu'elle implique ont guidé les êtres vivants depuis les âges géologiques. Tous ont senti avant de connaître. Conduits seulement par la logique biologique et la logique affective, les animaux ont parfaitement vécu et rempli leur destinée. Une simple poule sait élever ses poussins, les diriger, leur apprendre à ne nourrir, les protéger contre leurs ennemis. Ces opérations sont un peu méprisées des psychologues, qui s'évitent ainsi les efforts nécessaires pour les comprendre.

Lorsqu'on ne connaissait que la logique rationnelle, tous nos jugements paraissaient d'origine purement intellectuelle. Il en est ainsi dans les questions scientifiques, mais bien rarement dans les sujets usuels formés au cours de la vie journalière. Le plus souvent alors, c'est la logique affective qui leur sert de base et devient ainsi notre vrai guide.

On constate de plus en plus l'exactitude de cette proposition fondamentale à mesure que l'influence des éléments affectifs est mieux comprise. Dans ce domaine éclairé par des lumières qui ne sont pas celles de la raison, les choses s'enchaînent suivant des règles rigoureuses très étrangères à notre logique rationnelle.

Abandonnée jusqu'ici aux fantaisies des romanciers et des poètes, la logique affective, est destinée à jouer un rôle prépondérant dans la psychologie de l'avenir. Comme le dit très justement Ribot, « la place des influences affectives dans la vie psychique est la première. La connaissance apparaît non comme une maîtresse, mais comme une servante. »

§ 2. - Comparaison de la logique affective et de la logique rationnelle.

Les caractères respectifs de la logique rationnelle et de la logique affective vont être mis en évidence par leur comparaison.

La logique rationnelle régit le cycle de l'activité mentale

consciente. La logique affective domine celui de l'activité mentale inconsciente.

Les enchaînements de la logique affective étant inconscients, l'évolution de nos sentiments reste peu accessible. Nous sommes maîtres de notre vie intellectuelle, non de notre vie affective. Sympathie et antipathie se refrènent mais ne se commandent pas.

Logique affective et logique rationnelle sont trop distinctes pour avoir une commune mesure. Il est donc impossible, je l'ai dit déjà, d'exprimer exactement les éléments affectifs en termes intellectuels. La logique rationnelle ne saurait ni comprendre, ni traduire, ni juger les actes dictés par la logique des sentiments.

Les mots par lesquels nous essayons de représenter les sentiments les traduisent fort mal. Ils n'y parviennent un peu que par voie d'association. L'habitude de lier les sentiments au son de certains mots donne à ces derniers le pouvoir d'évoquer des représentations mentales affectives.

La musique, véritable langage des sentiments, les évoque beaucoup mieux que les mots, mais, faute de précision, elle ne permet que des relations très vagues entre les êtres.

La logique affective ignorant la logique rationnelle, impose le plus souvent une résolution avant que cette dernière ait fini de délibérer. La première ne tient compte ni des raisons, ni des contradictions, ni des principes.

La logique rationnelle s'appuie sur des éléments objectifs tirés de l'expérience et de l'observation. Ces éléments sont constitués par des faits précis, isolés, susceptibles de mesure. La logique sentimentale n'a pour soutiens que des éléments subjectifs formés en nous-mêmes et dont aucune mesure ne permet d'apprécier exactement la valeur. Les représentations mentales conscientes que crée, la logique affective demeurent pour cette raison toujours imprécises.

Dans la logique rationnelle, les idées peuvent s'associer suivant certaines règles universellement admises. Dans la logique affective, les sentiments se groupent généralement en dehors de notre volonté et selon un mécanisme précis mais mal connu. Tout au plus pouvons-nous dire que certains sentiments en font surgir d'autres qui se combinent avec eux. La douleur engendre la tristesse, l'amour crée la joie, la colère le désir de la vengeance, etc.

En raison de leur caractère objectif, les règles de la logique rationnelle sont appliquées de la même façon par tous les hommes arrivés à un certain degré de culture. C'est pourquoi, sur les sujets scientifiques, ils finissent toujours par s'accorder. La logique affective varie au contraire d'un sujet à un autre parce que les sentiments des individus sont fort différents. Dans tous les domaines qu'elle régit : croyances religieuses, morales, politiques, etc., l'accord est, pour cette raison, impossible.

Les règles de la logique affective ne pouvant être universelles comme celles de la logique rationnelle, un traité de logique affective vrai pour un individu ou une certaine catégorie d'individus ne le serait pas pour les autres. Un livre de logique rationnelle possède au contraire une valeur invariable pour tous.

Les considérations précédentes montrent que les mêmes choses envisagées du point de vue de la logique intellectuelle ou de la logique affective, apparaissent nécessairement différentes. L'erreur générale est de vouloir juger avec la raison des phénomènes régis par la logique des sentiments.

Bien que les lois de la logique affective soient très peu connues, l'expérience a enseigné certaines règles empiriques souvent utilisées par les grands orateurs. Sans perdre leur temps à enchaîner des raisons capables tout au plus de convaincre sans faire agir, ils éveilleront progressivement des émotions, s'ingénieront à les varier, sachant fort bien que la sensibilité produite par un excitant déterminé s'épuise vite. Par des gradations habiles, des mots évocateurs, des gestes, des intonations, ils forment l'atmosphère sentimentale où leurs conclusions pourront être acceptées.

Les sentiments constituant les vrais mobiles de nos actions, il, est tout naturel que leur logique nous conduise. En soulevant les passions dés hommes, on change leur conduite. En subjuguant les cœurs, on contraint les volontés.

La seule utilité de la logique rationnelle pour un orateur consiste à créer des cadres lui permettant d'ordonnancer ses discours.

Les éléments affectifs interviennent perpétuellement dans nos conceptions du monde et sont à la base de nos idées morales, religieuses, politiques et sociales. Les vérités scientifiques elles-mêmes en sont imprégnées dans leurs théories.

La logique affective ne nous gouverne pas heureusement toujours. Par un mécanisme que nous étudierons bientôt, la logique intellectuelle réussit à dominer quelquefois ses impulsions.

Domination peu facile d'ailleurs, puisque après des accumulations de siècles elle est faible encore. On voit néanmoins le chemin parcouru en constatant par l'étude des sauvages ce que furent les primitifs dominés par la sentimentalité pure.

Ces primitifs, sur lesquels la logique intellectuelle est sans prise, obéissent à toutes leurs impulsions. Dès que la faim les pousse, ils se précipitent sur leur proie. Inspirés par la haine, ils se ruent sur leur ennemi. Telle était l'existence des premiers hommes que les philosophes de la Révolution nous offraient pour modèles.

§ 3. - La logique collective.

La logique affective est un des soutiens de la logique collective. Nous n'étudierons pas maintenant cette dernière, devant nous en occuper dans le chapitre consacré aux opinions et aux croyances collectives.

Nous rappellerons seulement que logique affective et logique collective ne peuvent être confondues, la dernière ne se manifestant que dans les foules et pouvant Provoquer des actes contraires à ceux inspirés par la logique affective.

On verra plus loin comment l'âme collective momentanément créée par une foule représente un agrégat très spécial où l'impossible n'existe pas, où la prévoyance est ignorée, où la sensibilité apparaît toujours hypertrophiée et où la logique rationnelle est entièrement dépourvue d'action.

Nous venons de montrer dans ce chapitre, que la logique affective constitue, avec la logique mystique qui va être étudiée maintenant, le vrai mobile de nos actes. Pour agir, il faut d'abord sentir. Dès que nous mous senti, cette logique intervient.

Son influence domina tous les âges. Très tard seulement, l'homme apprit à se soustraire un peu à sa puissance. L'heure n'a pas sonné encore où la logique rationnelle dominera la logique affective au lieu d'être dominée par elle.

Chapitre IV

La logique mystique.

§ 1. - Les caractéristiques de la logique mystique.

La logique rationnelle est une logique consciente qui apprend à raisonner, délibérer, faire des démonstrations et des découvertes.

La logique des sentiments est une logique inconsciente, source habituelle de notre conduite et dont les enchaînements échappent le plus souvent à l'action de l'intelligence.

La logique mystique, dont nous allons nous occuper maintenant, correspond à une étape supérieure de la vie mentale. Les animaux ne la connaissent pas, alors qu'ils possèdent un grand nombre de nos sentiments.

Inférieure à la logique rationnelle, phase d'évolution plus élevée encore, la logique mystique a joué cependant un rôle prépondérant dans l'histoire des peuples par les croyances qu'elle engendra. Elle est l'origine d'interprétations, étrangères à la raison, sans doute, mais qui constituèrent de puissants mobiles d'action. Si la logique rationnelle avait remplacé jadis la logique mystique, le cours de l'histoire eût changé.

Ainsi que la logique affective, la logique mystique accepte les contradictions, mais n'est pas inconsciente comme la première et implique souvent une délibération.

Le critérium qui nous a servi à classer les diverses formes de la logique, l'action, montre nettement la distinction entre la logique mystique et la logique affective. Cette dernière, en effet, inspire souvent des actes contraires à nos intérêts les plus évidents, que ne dicterait jamais la logique affective. L'histoire politique des peuples en contient de nombreux exemples, et leur histoire religieuse davantage encore.

Salis doute, dans des cas analogues à ceux auxquels je fais allusion et où l'on voit s'évanouir des états affectifs aussi forts que la pudeur et l'amour maternel, il est possible d'objecter que cet évanouissement peut résulter de la simple substitution d'un sentiment à un autre. Mais quelle est alors la cause de cette substitution ?

Il ne faut assurément pas la chercher dans la logique rationnelle, car aucune raison ne conseillerait des actes semblables. Il faut la chercher moins encore dans la logique affective. On doit donc forcément invoquer un mécanisme psychologique différent. C'est ce mécanisme qui constitue la logique mystique.

En examinant son rôle dans l'histoire de la civilisation, nous verrons apparaître plus clairement encore les divergences qui la séparent de la logique affective.

Dans la logique mystique, les causes naturelles - les seules acceptées par la logique rationnelle - sont remplacées par les volontés capricieuses d'êtres ou de forces supérieures intervenant dans tous nos actes et qu'il faut redouter et se concilier.

La logique mystique régna exclusivement dans phase primitive de l'humanité, et malgré les progrès de la logique rationnelle, son influence est très vivante encore.

Le pouvoir de la logique mystique s'observe surtout chez des esprits qu'on a justement qualifiés de mystiques, terme qui nous a servi à définir leur logique.

La mentalité mystique se révèle par l'attribution à un être, à un objet déterminé ou à une puissance ignorée, d'un pouvoir magique indépendant de toute action rationnelle.

Les conséquences de cette mentalité varieront suivant les esprits. Pour les uns elle servira de soutien à des croyances religieuses définies, aux contours précisés sous forme de divinités. Pour d'autres, les forces supérieures demeureront vagues mais également puissantes. L'esprit mystique se manifestera alors par une superstition quelconque. Un athée peut être aussi mystique qu'un parfait dévot. Il l'est même souvent davantage.

On fait preuve d'esprit mystique en attribuant à une amulette, un nombre, une eau miraculeuse, un pèlerinage, une relique, certaines propriétés surnaturelles. Il se manifeste encore en supposant à telle ou telle institution politique ou sociale le pouvoir de transformer les hommes.

Le mysticisme change sans cesse de forme, mais il garde pour fond immuable le rôle attribué à des pouvoirs mystérieux. Le temps qui fait varier l'objet du mysticisme le laisse intangible.

Indifférent à toute critique, le mysticisme engendre chez ses adeptes une crédulité illimitée. Beaucoup d'hommes qui se qualifient de libres penseurs parce qu'ils rejettent les dogmes religieux, croient fermement aux pressentiments, aux présages, à la puissance magique de la corde de pendu ou du nombre treize. Pour eux, le monde est peuplé de choses portant bonheur ou malheur. Pas de joueurs dont la conviction sur ce point ne soit solidement établie.

La foi du mystique étant sans bornes, aucune absurdité rationnelle ne peut le choquer. Il est imperméable à la raison, à l'observation et à l'expérience. L'insuccès de ses prévisions ne lui prouve rien, les puissances surnaturelles invoquées étant par définition capricieuses et ne subissant aucune loi.

À mesure que l'homme se civilise, l'esprit mystique, universel chez tous les sauvages, se circonscrit graduellement et se localise à certains sujets. Pour ces derniers, la mentalité du civilisé ne se distingue guère de celle du primitif, car aucun argument scientifique n'ébranle leur foi. Ce fait d'observation contribuera à nous faire saisir la genèse des croyances occultistes adoptées par certains savants éminents.

Les progrès de la raison seront sans doute impuissants à ébranler le mysticisme car il aura toujours pour refuge le domaine de l'au delà inabordable à la science. Les esprits curieux de cet au delà sont naturellement innombrables.

§ 2. - Le mysticisme comme base des croyances.

C'est dans le mysticisme que germent les croyances religieuses et toutes celles qui, sans porter ce nom, revêtent les mêmes formes, certaines croyances politiques notamment.

Les conséquences de la logique mystique s'observent surtout chez les sauvages. Dénués de toute notion de lois naturelles, ils vivent dans un monde peuplé d'esprits qu'on doit sans cesse conjurer. Derrière chaque réalité visible, ils supposent toujours une puissance invisible qui la détermine.

Chez l'homme civilisé, les croyances sont moins rudimentaires parce que la notion de lois nécessaires lui est imposée par toute son éducation. Il ne saurait les nier mais admet cependant que des prières peuvent déterminer les puissances surnaturelles à en arrêter l'action. La logique mystique et la logique rationnelle subsistent ainsi parfois simultanément dans le même esprit sans se pénétrer.

La crédulité du vrai croyant est généralement illimitée et aucun miracle ne pourrait le surprendre puisque la puissance du Dieu qu'il invoque est infinie. On voit dans la cathédrale d'Orviedo un coffret, qui, dit la notice distribuée aux visiteurs, fut instantanément transporté de Jérusalem à travers les airs. Il contient : « du lait de la mère de J.-C.; les cheveux dont sainte Madeleine essuya les pieds du Sauveur, la verge avec laquelle Moïse divisa la mer Rouge, le portefeuille de saint Pierre, etc. »

Ce document, analogue à des milliers d'autres, montre à quel point le fétichisme mystique est toujours vivant. Si nous considérons qu'il reste indépendant de la qualité de son objet, nous mettrons dans la même famille le gri-gri du nègre, la relique enfermée dans le coffret d'or d'une majestueuse cathédrale et la corde de pendu. On doit les regarder avec une sympathie indulgente, d'abord parce qu'ils sont des créateurs d'espérance de bonheur, et ensuite parce qu'ils correspondent à certains besoins indestructibles de l'esprit.

En suivant l'action de la logique mystique à travers tous les éléments de l'existence sociale, nous la verrions s'exercer dans les arts, la littérature, la politique et même jusque dans l'art de guérir. L'époque littéraire, dite romantique, en est une manifestation. Les artistes n'ont guère que des convictions mystiques. Les méthodes de l'analyse rationnelle restent généralement ignorées d'eux.

Mais c'est en politique surtout qu'apparaît l'influence de l'esprit mystique. Radicaux, anticléricaux, francs-maçons, et tous les sectaires de nuances extrêmes, vivent en plein mysticisme. La classe ouvrière est dominée également par un mysticisme intense. Les régions où la science a pu pénétrer demeurant très limitées alors que nos aspirations sont sans bornes, la logique mystique dominera sans doute l'humanité longtemps encore.

Créatrice des lois, des coutumes, des religions, elle fit surgir toutes les illusions qui guidèrent l'humanité jusqu'ici. Son pouvoir est assez grand pour transformer l'irréel en réel. Sous son action, des. millions d'hommes connurent la joie, la douleur ou l'espérance. Tout idéal est sorti de son sein.

Logique mystique, logique sentimentale et logique rationnelle représentent trois formes de l'activité mentale irréductibles l'une à l'autre. Inutile, par conséquent, de les mettre en conflit.

Chapitre V
La logique intellectuelle.

§ 1. - Les éléments fondamentaux de la logique Intellectuelle.

La logique intellectuelle a fait l'objet d'écrits innombrables d'utilité d'ailleurs médiocre. Si nous en parlons ici, c'est d'abord qu'elle joue quelquefois un certain rôle dans la genèse des opinions, et ensuite, pour bien préciser encore en quoi elle diffère des autres formes de logiques étudiées dans !es précédents chapitres.

Commençons par indiquer quelques-uns des éléments sur lesquels est fondé l'exercice de la logique rationnelle : la volonté, l'attention et la réflexion.

La volonté. - Elle est la faculté de se déterminer à un acte et comprend généralement trois phases : délibération, détermination, exécution. Une détermination s'appelle volition; une résolution se qualifie aussi de décision.

1) La volonté est à la fois d'origine affective et rationnelle. D'origine affective parce que tous les mobiles de nos actes ont un substratum affectif. D'origine rationnelle parce que, grâce à l'attention et à la réflexion, nous pouvons combiner dans l'esprit des représentations mentales capables de s'annuler.

Contrairement à ce qu'enseigne la psychologie, nous dirons que la volonté peut être consciente ou inconsciente. Les volontés inconscientes sont même les plus fortes. Les animaux n'en possèdent pas d'autres, et la plupart des hommes également.

Si l'on constate difficilement les formes inconscientes de la volonté, c'est que la raison intervenant après coup pour expliquer les actes accomplis, on s'imagine qu'elle les a dictés.

Descartes, suivi en cela par plusieurs philosophes modernes, faisait de la volonté une sorte d'entité opposée à l'intelligence et constituant le principe de nos croyances.

Croire, suivant lui, c'est donner ou refuser volontairement son assentiment à une idée proposée par l'intelligence. Cette théorie, très défendue encore, sera combattue dans cet ouvrage, où j'espère montrer que la croyance n'est presque jamais volontaire.

Aristote se rapprochait beaucoup plus que Descartes des idées exposées ici, lorsqu'il fondait sa psychologie sur la distinction entre les facultés sensitives et les facultés intellectuelles. De leur combinaison résultait pour lui la volonté. Elle serait ainsi un effet et non plus une cause.

Aristote, on le voit, opposait la sensibilité à l'intelligence alors que Descartes dressait devant elle la volonté.

Loin de représenter des subtilités vaines ces, distinctions sont, au contraire, importantes. La théorie, toujours prédominante, que la croyance est volontaire et rationnelle repose sur des concepts analogues à ceux de Descartes.

L'attention. - L'attention est l'acte par lequel, sous l'action d'un 2) excitant ou de la volonté, l'esprit se concentre sur un objet à l'exclusion des autres, ou sur la représentation mentale de cet objet, ou encore sur les idées qu'il fait naître.

L'attention permet d'éliminer des états de conscience étrangers et aussi d'isoler du chaos des choses le sujet qui nous intéresse.

Divers auteurs considèrent l'attention comme une forme de la volonté. Elle est sûrement sous la dépendance de la volonté, mais ne doit pas être identifiée avec elle.

L'attention ne saurait être confondue davantage avec l'intelligence. Elle n'est qu'un des éléments utilisés par cette dernière.

Les objets qui nous entourent impressionnent tous nos sens. Si nous les percevions également, comme le fait l'objectif photographique par exemple, le cerveau serait encombré d'images inutiles. Grâce à l'attention, nous ne percevons les choses, que proportionnellement à nos besoins, et pouvons concentrer sur un seul sujet toute notre capacité intellectuelle sans la disséminer au hasard.

Les animaux sont capables d'attention, mais cette faculté est chez eux involontaire, alors que chez l'homme elle peut être volontaire.

De son développement résulte en grande partie notre puissance intellectuelle. L'enfant, le sauvage possèdent très peu d'attention volontaire. Plus l'homme est susceptible d'attention, et par conséquent de réflexion, plus sa force intellectuelle est considérable. Un Newton sans grande capacité d'attention n'est pas concevable. L'intuition géniale qui apparaît brusquement a toujours été précédée d'une attention patiente et d'une longue réflexion.

La réflexion.- La naissance de la réflexion engendre chez l'homme la faculté de raisonner. Elle est constituée par l'aptitude à ramener dans l'esprit et fixer au moyen de l'attention les représentations mentales dérivées des sensations ou des mots qui en sont les signes. On peut alors les combiner, les comparer et former ainsi des jugements. Ils nous font connaître non pas les choses en elles-mêmes, mais leurs rapports, seul but accessible de la science.

L'aptitude à réfléchir implique toujours l'aptitude à l'attention. Capacité d'attention faible comporte faculté de réflexion médiocre.

La réflexion permet de raisonner convenablement, à condition que les logiques affective et mystique n'interviennent pas. Dès que les sujets sur lesquels on veut raisonner tombent dans le champ de la croyance, la réflexion perd son pouvoir critique.

§ 2. - Rôle de la logique rationnelle.

La logique rationnelle procède en associant par la réflexion, et suivant le mécanisme précédemment indiqué, des représentations mentales ou les mots qui les traduisent.

Elle fut considérée longtemps comme base de nos croyances. Nous admettons au contraire que la logique rationnelle n'en a engendré aucune. Son seul rôle possible est d'achever de les ébranler lorsqu'elles ont été usées par le temps.

Mais si le rôle de la logique rationnelle est nul dans la genèse de la croyance, il est capital au contraire dans la constitution de la connaissance. Tout l'édifice des sciences et le colossal développement de l'industrie moderne qui en a été la conséquence, reposent sur elle.

On ne saurait donc exagérer sa puissance, mais il faut cependant savoir reconnaître aussi les limites qu'elle n'a pas dépassées encore. Les phénomènes de la vie et de la pensée lui demeurent toujours fermés. Son domaine est celui de la matière brute, c'est-à-dire momentanément stabilisée par la mort ou par le temps. Sur les phénomènes représentant un écoulement constant comme la vie, elle n'a projeté que de très incertaines lumières.

La science régnant visiblement sans rivale dans le domaine de la connaissance, on a cru longtemps que la logique intellectuelle d'où elle dérive servirait à expliquer la genèse et l'évolution des croyances. Cette erreur a persisté pendant des siècles et la psychologie commence à en sortir à peine.

L'observation aurait dû montrer cependant que les êtres agissent avant de raisonner et de comprendre, et, par conséquent, qu'ils sont guidés dans leurs, actes par d'autres formes de logiques.

Pénétré de cette évidence, sur laquelle je reviens souvent parce qu'elle est fort neuve encore, on reconnaît que la logique rationnelle joue un rôle assez secondaire dans la vie des individus et des peuples.

Il n'est pas nécessaire de raisonner pour agir, et moins encore de comprendre. Le plus modeste insecte agit comme il le doit, sans se préoccuper de notre logique.

La compréhension et la raison sont des formes de l'activité des êtres tout à fait indépendantes de l'action. Elles ne font souvent que l'entraver en montrant trop ses dangers.

Grâce à leurs impulsions affectives et mystiques, les hommes les plus ordinaires peuvent agir sans rien soupçonner de la genèse de leurs actes. Inutile d'essayer sur eux des arguments d'ordre intellectuel, En raison de leur faible faculté de compréhension, ils considèrent avec un mépris catégorique tout ce qui les dépasse. Vouloir leur inculquer certaines idées rationnelles serait imiter l'enfant cherchant à introduire une orange dans un dé à coudre. Il faut savoir mesurer la capacité, généralement restreinte, du dé cérébral des individus et des peuples avant de chercher à y introduire quelques vérités rationnelles.

Le rôle de la logique rationnelle dans le gouvernement des peuples fut toujours très faible et ne se manifeste guère que dans les discours. Ce n'est pas, je le redis, la raison, mais le sentiment qui les émeut et par conséquent qui les mène. Pour mouvoir, il faut émouvoir.

Nous montrerons bientôt que, dans la lutte entre la logique rationnelle et la logique affective, la première est presque toujours vaincue. Les psychologues arrivent à le reconnaître de plus en plus : « Supposer, écrit Ribot, qu'une idée toute mie, toute sèche, qu'une conception abstraite sans accompagnement affectif, semblable à une notion géométrique, ait la moindre influence sur la conduite humaine est une absurdité psychologique. »

L'heure est lointaine où le monde sera conquis par le raisonnement philosophique. Il a toujours été, au contraire, jusqu'ici bouleversé par des croyances méprisées de la logique rationnelle, mais qu'elle reste impuissante à combattre.

§ 3. - Tardive apparition de la logique rationnelle.

Elle n'est pas l'œuvre de la nature, mais a été créée contre la nature.

J'ai déjà fait observer que la logique rationnelle était apparue la dernière. Les autres formes de logiques suffirent à guider tous les êtres, des âges géologiques presque jusqu'à nos jours.

La logique rationnelle n'est nullement œuvre de la nature, mais de l'homme contre la nature. Grâce à cette création de son intelligence, il subit de moins en moins les forces qui l'enveloppent et réussit chaque jour davantage à les asservir. Ce fut là une capitale conquête.

Pour reconnaître que la logique rationnelle n'est pas un produit de la nature, mais une création de l'homme contre la nature, il faut observer que ses efforts consistent surtout à lutter contre les actions naturelles.

Totalement indifférente au sort de l'individu, la nature ne s'occupe que de celui de l'espèce. Devant elle tous les êtres sont

Gustave Le Bon

égaux. L'existence du plus pernicieux microbe est entourée d'autant de soins que celle du plus grand génie.

Grâce à l'acquisition de la logique rationnelle, nous avons pu combattre les lois féroces de l'univers et arriver parfois à en triompher.

Le véritable but de la science est cette lutte constante contre les iniquités naturelles. Nous ne les subissons déjà plus que jusqu'aux limites précises où s'arrête notre connaissance. Le jour où les mécanismes des logiques biologique et affective seront connus, nous saurons les dominer entièrement. L'homme aura alors la puissance attribuée à ses anciens dieux.

La science n'en est pas évidemment encore là. Elle en reste même fort loin. Quoique circonscrivant un peu plus chaque jour le fatal pouvoir de la nature, nous sommes bien obligés de la subir en nous y adaptant.

Ce pouvoir immense est peut-être plus grand encore que la science ne le suppose. Nous subissons la nature, mais ne subirait-elle pas elle-même, suivant le mot attribué par Eschyle à Prométhée enchaîné sur son rocher, les nécessités qui règlent le destin et auxquelles les dieux eux-mêmes doivent obéir? La Philosophie n'est pas assez avancée pour répondre à de telles questions.

Livre IV
Les conflits des diverses formes de logiques

Chapitre I
Le conflit des éléments affectifs, mystiques et intellectuels.

§ 1. - Les conflits des diverses logiques dans la vie journalière.

Les facteurs des opinions et des croyances sont interprétés par les diverses formes de logiques que nous avons décrites. Étant différentes, elles doivent entrer souvent en conflit. Comment se résout ce conflit ?

En fait, il ne se manifeste qu'exceptionnellement, Dans la vie journalière s'établit une sorte d'équilibre entre les impulsions contraires des diverses logiques et suivant le temps, le milieu et le moment, notre mentalité se laisse dominer par l'une ou par l'autre.

L'équilibre que nous venons d'indiquer n'est pas une fusion, mais une superposition des diverses formes de logiques conservant chacune leur action indépendante.

Cette superposition de logiques dissemblables, chez le même individu, donne immédiatement la solution d'un problème toujours embarrassant. Comment des esprits supérieurs, habitués à des méthodes scientifiques rigoureuses, peuvent-ils accepter des croyances religieuses, politiques, spirites, occultistes, etc., qui, devant la logique rationnelle dégagée de tout élément étranger, ne supportent pas l'examen ?

La réponse est, en réalité, bien simple.

Dans leurs conceptions scientifiques, ces esprits sont guidés par la logique rationnelle. Dans leurs croyances, ils obéissent aux lois de la logique mystique ou de la logique affective.

Un savant passe de la sphère de la connaissance à celle de la croyance, comme il changerait de demeure. L'erreur dont il est souvent victime consiste à vouloir appliquer aux interprétations des logiques mystique ou affective les méthodes de la logique intellectuelle, afin de baser scientifiquement ses croyances.

Gustave Le Bon

L'équilibre entre les diverses formes de logiques étant rompu, elles entrent en lutte. Rarement, dans ce conflit, la logique rationnelle l'emporte. Elle se laisse assez facilement torturer, d'ailleurs, pour se mettre au service des plus enfantines conceptions. C'est pourquoi, en matière de croyance, religieuse, politique ou morale, toute contestation est inutile. Discuter rationnellement avec autrui une opinion d'origine affective ou mystique n'a d'autre résultat que de l'exalter. La discuter avec soi-même ne l'ébranle pas davantage, sauf quand elle est arrivée à un degré d'usure lui ayant retiré sa force Les résultats d'une lutte entre la logique mystique et la logique rationnelle ne sauraient mieux être mis en évidence que par l'exemple de Pascal, examiné en détail dans un autre chapitre de cet ouvrage. Il serait inutile d'y insister maintenant.

Nous nous bornerons donc, dans ce qui va suivre, à étudier le conflit entre la logique affective et la logique rationnelle. La lutte est moins inégale que dans le cas précédent, l'intelligence pouvant, par divers artifices, non pas lutter directement contre es sentiments, mais opposer des sentiments à des sentiments pour essayer de dominer ceux qu'elle veut combattre.

§ 2. - Conflit des éléments affectifs et intellectuels. Action des idées sur les sentiments.

Les sentiments qui nous mènent agissent beau coup sur les idées, alors que ces dernières agissent assez peu sur eux. L'idée n'est généralement que la conclusion d'un sentiment dont l'évolution demeure inconsciente et, par conséquent, ignorée.

C'est justement parce que cette vie des sentiments reste inconnue que l'intelligence a une si faible action sur elle. Il suffit de nous observer pour connaître à quel point nos facultés affectives évoluent en dehors de notre volonté. Elles présentent une sorte de germination lente, analogue à celle fort bien décrite par le poète philosophe Sully Prudhomme, dans son célèbre sonnet le Vase brisé. Un mot, un geste, presque insignifiants sur le moment, peuvent à la longue transformer l'amitié en indifférence, quelquefois même en antipathie.

Le véritable rôle de l'intelligence sur l'agrégat de sentiments qui forment le caractère est d'en isoler quelques-uns, les intensifier par le moyen d'une représentation mentale soutenue, et les rendre ainsi capables de dominer certaines impulsions. Elle peut arriver, par cette prédominance d'un état affectif sur un autre, à élever l'individu au-dessus de lui-même, au moins momentanément.

Grâce à son pouvoir d'associer les représentations mentales affectives et intellectuelles, l'intelligence peut donc parfois utiliser des sentiments, comme un architecte, avec les mêmes pierres, saura construire des édifices divers.

Cette action de l'intelligence sur les sentiments n'est pas illimitée et semble même assez restreinte. L'observation montre, en effet, que si ces derniers sont très intenses, la première perd tout pouvoir. La puissance de certains sentiments peut devenir telle, que, non seulement l'intelligence, mais encore les intérêts les plus évidents de l'individu restent sans influence. Nous en donnerons plusieurs exemples dans le chapitre des croyances.

Si les sentiments ne se transforment pas directement en idées, ils sont cependant des créateurs d'idées, évocatrices à leur tour d'autres sentiments. C'est ainsi que tout en conservant leur indépendance, ces deux sphères de l'activité mentale agissent constamment l'une sur l'autre.

Les idées exercent donc, bien qu'indirectement, une action indéniable sur notre vie individuelle et collective; mais, je le répète, leur rôle n'est possible qu'à la condition de s'appuyer sur un substratum affectif.

Les idées surgissant des sentiments, les luttes entre idées ne sont, en réalité, que des luttes entre sentiments. Les peuples, qui semblent combattre pour des idées, luttent pour les sentiments dont ces idées dérivent.

Les états affectifs qui n'ont pas occasion de s'extérioriser perdent, non leur existence, mais leur force, comme tous les organes sans usage. Ainsi les fonctions, remplies jadis par les noblesses anglaise et française, maintenaient des qualités de caractère qui disparurent avec la cessation des fonctions. Ces classes sociales ayant perdu leurs qualités morales, sans acquérir l'intelligence, qu'elles n'avaient pas eu occasion d'exercer, devinrent inférieures aux classes dominées jadis. Il était donc inévitable que l'influence de la noblesse, après avoir été détruite en F rance par la Révolution, soit aujourd'hui très ébranlée en Angleterre.

Cette loi, trop ignorée de nos éducateurs, qu'un sentiment non exercé s'étiole, paraît d'une application générale. L'histoire des peuples en fournit maints exemples. Nos instincts guerriers, si développés à l'époque de la Révolution et de l'Empire, ont fini par faire place à un pacifisme et un antimilitarisme chaque jour plus répandu, non seulement dans les masses, mais encore chez les intellectuels. Il en résulte cet étrange contraste : à mesure que les nations deviennent plus pacifiques, leurs gouvernements ne cessent d'augmenter les armements.

La raison de cette apparente anomalie est simple. Les individus obéissent à leur égoïsme personnel; alors que les gouvernants sont obligés de se préoccuper de l'intérêt collectif. Mieux éclairés que les foules et leurs rhéteurs, ils savent, par de séculaires expériences, que toute nation qui s'affaiblit est bientôt envahie et pillée par ses voisins [1]. Les nations modernes n'ont pas plus échappé à cette loi que leurs devancières des civilisations antiques. Polonais, Turcs, Égyptiens, Serbes, etc., n'ont évité les invasions destructives qu'en se laissant dépouiller de tout ou partie de leurs territoires.

L'évolution ou mieux la transposition des sentiments, dont nous venons de montrer quelques conséquences, s'opère sous des influences variées. Le milieu social est une des plus importantes. Pour s'y adapter, l'individu est forcé de laisser sommeiller certains états affectifs et d'en utiliser d'autres que l'exercice fortifie constamment. Tel devrait être le rôle d'une éducation bien entendue, c'est-à-dire soucieuse de développer les qualités fondamentales du caractère, et notamment l'initiative. le courage et la volonté, que d'autres sentiments naturels peuvent contre-

---

1 Le chancelier de l'empire d'Allemagne a fort bien exprimé nette vérité dans un discours prononcé en mars 1911 devant le Reichstag et dont voici un extrait :
« La question du désarmement est, pour tout observateur sérieux, insoluble, autant que les hommes resteront des hommes et les États des États. Quoi *que fassent les* faibles, ils seront toujours la *proie des* forts. Le peuple qui ne veut pas dépenser pour son armement tombe au deuxième rang et un plus fort prend sa place. »
Comme l'a très bien fait remarquer le même homme d'État « les dispositions d'où peuvent naître aujourd'hui la guerre ont leurs racines dans des sentiments populaires qui se laissent influencer facilement ».

balancer. En s'opposant à l'initiative, la crainte des responsabilités l'annule ; entravé par l'égoïsme individuel, le dévouement à l'intérêt collectif s'évanouit bientôt, etc.

§ 3. - Lutte des sentiments contre les sentiments. Les actions inhibitrices.

Tous les primitifs : sauvages, animaux, etc., tendent constamment à laisser agir leurs instincts. Cependant, dès que les premiers vivent en tribu et que les seconds sont domestiqués, la nécessité leur apprend à en refréner quelques-uns.

Ils n'y parviennent qu'en opposant un sentiment très fort, - crainte du châtiment, espoir de la récompense, par exemple, - à un autre sentiment dont on serait tenté de suivre les impulsions.

L'aptitude à dominer les impulsions affectives représente un élément fondamental de la civilisation. Aucune vie sociale n'est possible sans cette base essentielle de toute morale.

Les actions inhibitrices maintenues par la coutume, la morale et les codes représentent non une lutte entre les sentiments et la raison, mais, comme je l'ai montré, entre des sentiments divers que la raison met en présence.

Les codes civils ou religieux ont toujours eu pour but principal d'exercer une action inhibitrice sur les manifestations de certains sentiments.

Toute civilisation implique gêne et contrainte. En apprenant, sous la loi rigoureuse des premières obligations sociales, à maîtriser un peu ses impulsions, le primitif se dégagea de l'animalité pure et atteignit la barbarie. Forcé de se refréner davantage, il s'éleva jusqu'à la civilisation. Cette dernière ne se maintient qu'autant que persiste la domination de l'homme sur lui-même.

Pareille contrainte exige un effort de tous les instants. Il serait presque impossible si des habitudes que l'éducation peut fixer ne finissaient par le faciliter en le rendant inconscient.

Suffisamment développée, la discipline interne peut arriver ainsi à remplacer la discipline externe; mais lorsqu'on n'a pas su créer l'une, il faut se résigner a» subir l'autre. Refuser l'une et

Gustave Le Bon

l'autre, c'est retourner aux âges de barbarie. Les sentiments nous mèneront toujours, mais aucune société n'a pu subsister sans que ses membres apprissent à les maintenir dans les limites au-dessous desquelles commencent l'anarchie et la décadence.

Les sentiments refrénés par les nécessités sociales que codifient les lois ne sont pas pour cela détruits. Délivrées de leurs entraves, les impulsions naturelles primitives reparaissent toujours. Ainsi s'expliquent les violences qui accompagnent les révolutions. Le civilisé est retourné à la barbarie.

Chapitre II
Le conflit des diverses formes de logiques dans la vie des peuples.

§ 1. - Conséquences de la destruction des actions inhibitrices des sentiments dans la vie sociale.

La nécessité de refréner les sentiments nuisibles à la société au moyen d'autres sentiments fixés par l'éducation, la morale et les codes, constitue, nous venons de le dire, le principe fondamental do la vie collective, et jamais en vain les peuples le méconnaissent.

On ne libère pas des sentiments que le milieu social avait péniblement réussi à contenir, sans créer de l'anarchie. Son premier symptôme est un rapide accroissement de la criminalité, tel que celui constaté en France aujourd'hui. Il est favorisé d'ailleurs par le développement de l'humanitarisme, qui paralyse la répression et tend, par conséquent, à détruire tous les freins.

Notre démocratie actuelle expérimente de plus en plus les conséquences de la suppression de ces actions inhibitrices qui, seules, pouvaient contrebalancer les sentiments antisociaux.

La haine des supériorités et l'envie, qui sont devenues les fléaux de la démocratie et menacent son existence, dérivent de sentiments trop naturels pour n'avoir pas subsisté toujours. Mais, dans les sociétés hiérarchisées du passé, leur manifestation était difficile.

Ayant acquis aujourd'hui libre essor, encouragés sans cesse par des politiciens avides de popularité et des universitaires mécontents de leur sort, ces sentiments exercent constamment leur désastreuse tyrannie.

Il a fallu une bien grande dissociation des actions inhibitrices, à peu près fixées par l'hérédité, pour qu'aient pu se produire des actes comme la révolte des postiers, celle des cheminots et finalement de plusieurs villes d'un grand département.

Ces désagrégations sociales ne sont d'ailleurs devenues possibles que par les capitulations répétées de gouvernants, dominés par la faiblesse qu'engendre inévitablement la peur. Devant l'impuissance des codes s'est progressivement créée cette notion, qu'employer la menace et l'action directe était un. moyen sûr pour faire plier des lois jadis considérées comme inviolables.

Et si les gouvernants en sont arrivés à tant de lâches concessions, c'est par une méconnaissance profonde de certaines notions psychologiques qu'aucun homme d'État ne devrait ignorer et que, jadis, ils n'ignoraient pas.

De ces notions, une des plus fondamentales est la suivante :

Une société subsiste grâce au maintien de cette conviction héréditaire, qu'il faut respecter religieusement les lois sur lesquelles l'organisme social est fondé.

La force que possèdent les codes pour se faire obéir est surtout morale. Aucune puissance matérielle ne réussirait à; faire respecter une loi que tout le monde violerait.

Si un génie malfaisant voulait détruire une société en quelques jours, il n'aurait qu'à suggérer à tous ses membres le refus d'obéir aux lois. Le désastre serait beaucoup plus grand qu'une invasion suivie de conquête. Un conquérant se borne généralement, en effet, à changer le nom des maîtres qui détiennent le pouvoir, mais son intérêt est de conserver soigneusement les cadres sociaux dont l'action est toujours plus efficace que celle des armées.

Détruire la croyance dans la nécessité du respect des freins sociaux, représentés par les lois, c'est préparer une révolution morale infiniment plus dangereuse qu'une révolution matérielle. Les monuments saccagés se rebâtissent vite, mais, pour refaire l'âme d'un peuple, il faut souvent des siècles.

Nous avons déjà subi de ces désagrégations mentales à divers âges de notre histoire, et dans son livre sur Jeanne d'Arc, Hanotaux en a marqué une en termes frappants :

« Quand toute hiérarchie est abolie, quand le commandement a dissipé lui-même son autorité, quand, par ses fautes, il a laissé se perdre le respect, quand l'organisme social jonche la terre, le champ est libre aux initiatives individuelles. Elles surgissent, et, selon les lois naturelles, cherchent leur-croissance et leur floraison dans la déliquescence des institutions détruites. »

Les sectaires combattant la tradition au nom du progrès et rêvant de détruire la société pour s'emparer de ses richesses, comme Attila rêvait de piller Rome, ne voient pas que leur vie est un étroit tissu d'acquisitions ancestrales sans lesquelles ils ne vivraient pas un seul jour.

On sait comment finissent toujours de pareilles tentatives. Il faudra cependant les subir encore sans doute, puisque seule l'expérience répétée instruit. Les vérités formulées dans les livres sont de vaines paroles. Elles ne pénètrent profondément l'âme des peuples qu'à la lueur des incendies et au bruit des canons.

§ 2. - Les éléments mystiques et affectifs
dans la vie des peuples

Le rôle de la logique rationnelle, si prépondérant dans l'évolution des sciences et parfois dans la vie des individus, est extrêmement faible dans l'existence des peuples.

Sans doute, à n'examiner que la superficie des choses sans essayer de découvrir leurs ressorts cachés, le récit des faits paraît infirmer la thèse précédente. Les historiens font perpétuellement intervenir la raison dans leurs explications. A s'en tenir uniquement aux temps modernes, n'entend-on pas répéter partout que la Révolution eut pour origine les dissertations des philosophes et que son but principal fut le triomphe d'idées rationnelles ?

A aucune époque, en effet, la raison ne fut tant invoquée. On arriva même à la déifier et lui bâtir un temple. En réalité, il n'existe pas de période où elle ait joué un plus faible rôle. On le découvrira sûrement lorsque, dégagés des atavismes qui nous aveuglent, il deviendra possible d'écrire une psychologie de la Révolution française.

Même à ses débuts, la Révolution n'eut pour sou tiens que des éléments affectifs. Les bourgeois qui en furent les premiers instigateurs étaient surtout guidés par un sentiment de jalousie intense contre une classe qu'ils croyaient avoir égalée.

Sans doute, le peuple ne songeait pas d'abord à envier certaines situations trop éloignées de lui pour qu'il espérât jamais les atteindre; cependant il accueillit le mouvement révolutionnaire avec enthousiasme. Sentiment bien naturel, car la destruction légale des contraintes sociales et les promesses qu'on faisait luire à ses yeux lui ouvraient la perspective d'être, l'égal de ses anciens maîtres et de s'emparer de leurs richesses. Dans la devise révolutionnaire, rappelée sur nos monnaies et sur nos murs, un seul terme, celui d'Égalité, passionna les, esprits comme il 'les Passionne encore. De fraternité on ne parle plus guère aujourd'hui, la lutte des classes étant devenue la devise des temps nouveaux. Quant à la liberté, les foules n'en comprirent jamais le sens et la refusèrent toujours.

Si les révolutions séduisent tant les peuples, c'est surtout parce qu'elles libèrent des sentiments que les nécessités sociales obligent à refréner, mais qui ne le sont jamais que péniblement et incomplètement.

J'ai montré dans un précédent chapitre le rôle fondamental des actions inhibitrices sur les sentiments, et leur importance. Elles se montrent surtout nécessaires chez les peuples à impulsions vives et mobiles.

Si l'éducation, la tradition, les codes ne parviennent pas à canaliser ces impulsions et les actes qui en résultent, un tel peuple sera la proie non seulement des meneurs, mais encore de tous les ennemis extérieurs qui sauront exploiter sa sensibilité. L'histoire en fournit des preuves à chaque page. La guerre de 1870, par exemple, est remplie d'enseignements à cet égard. L'Empereur malade, le roi de Prusse âgé voulaient éviter à tout prix le conflit. Dans son désir de l'empêcher, le roi de Prusse avait fini par renoncer à la candidature de son parent au trône d'Espagne et la paix paraissait assurée.

Mais, derrière ces esprits incertains et de volonté faible, un cerveau puissant, à la volonté énergique, tenait les fils du destin.

Gustave Le Bon

En supprimant adroitement quelques mots d'une dépêche, il sut exaspérer jusqu'à la fureur la sentimentalité d'un peuple trop sensible et l'obligea, sans préparation militaire, à déclarer la guerre à des ennemis depuis longtemps préparés. Utilisant ensuite les sentiments de chaque nation, il parvint à maintenir la neutralité nécessaire à ses desseins. Aveuglée par les sentiments que ce profond psychologue avait fait vibrer, l'Angleterre refusa de s'associer à un projet de congres, sans prévoir ce que lui coûterait plus tard la formation d'une puissance militaire prépondérante, son cauchemar aujourd'hui. Obéir aux impulsions affectives condamne à être dominé par ceux qui savent les faire surgir. Connaître l'art de manier les sentiments des hommes, c'est devenir leur maître.

§ 3. - Les équilibres et les ruptures des diverses formes de logiques dans la vie des peuples.

Nous avons vu qu'à l'état normal s'établissait chez les individus une sorte d'équilibre entre les impulsions diverses issues des logiques qui les guident. Il en est généralement de même dans la vie des peuples.

Lorsque, sous certaines influences, cet équilibre vient à être troublé, des perturbations profondes se manifestent et une révolution est proche. Cette dernière constitue le plus souvent une véritable maladie mentale, résultant du défaut d'équilibre entre les impulsions de diverses logiques dont l'une est devenue trop dominante.

C'est surtout la prépondérance de la logique mystique qui produit les grands bouleversements de l'humanité. Croisades, guerres de religion, Révolution française, en fournissent des exemples. De tels mouvements représentent des crises de ce mysticisme toujours puissant auxquelles les peuples, comme les individus, ne sauraient échapper.

Du conflit des diverses formes de la logique, résultent la plupart des oscillations de l'histoire. Quand l'élément mystique prédomine, ce sont les luttes religieuses avec leur impérieuse violence. Lorsque l'élément affectif l'emporte, on constate, suivant le facteur sentimental développé, soit les grandes entreprises guerrières, soit au contraire la floraison de l'humanitarisme et du pacifisme, don les conséquences finales ne sont pas moins meurtrières. Les guerres civiles et religieuses sont des luttes entre logiques différentes, dont l'une devient momentanément trop prépondérante.

Lorsque la logique rationnelle prétend intervenir exclusivement dans la vie d'un peuple les bouleversements ne sont pas moins profonds. La raison n'est guère alors qu'un vêtement d'emprunt, dissimulant des impulsions affectives ou mystiques.

De nos jours, les foulés et leurs meneurs restent, nous l'avons montré, aussi saturés de mysticisme que leurs plus lointains ancêtres. Des mots et des formules doués de pouvoir magique ont hérité de la puissance attribuée aux divinités adorées de nos pères. L'hallucinant espoir de paradis enchanteurs vit toujours.

Avec un fond invariable, le mysticisme modifie fréquemment son aspect. Il a pris actuellement une forme rationaliste. C'est au nom de la raison pure que les apôtres des fois nouvelles prétendent reconstruire les sociétés et les hommes.

Le pouvoir de transformation sociale attribué aujourd'hui à la raison s'explique facilement. Les progrès réalisés par elle dans les sciences étant considérables, il devenait naturel de supposer que des méthodes ayant engendré de tels résultats, pouvaient transformer les sociétés et créer le bonheur universel.

Une psychologie plus éclairée montre malheureusement que les sociétés n'évoluent pas avec des raisons mais sous l'influence d'impulsions affectives et mystiques sur lesquelles la raison est sans prise.

La tâche difficile des conducteurs des peuples actuels est de concilier les impulsions des diverses logiques, qui les mènent en réalité, avec celles de la logique rationnelle aspirant à les diriger d'une façon exclusive. La traditionnelle Angleterre elle-même commence à subir ce conflit. Les institutions politiques qui firent sa grandeur sont maintenant en butte aux attaques rationalistes de partis avancés prétendant rebâtir l'édifice au nom de la raison, c'est-à-dire de leur raison.

Le rôle des grands hommes d'État est de savoir orienter la destinée des peuples, en utilisant les impulsions affectives et mystiques qui les mènent et non en essayant de détruire ces dernières au nom de la raison.

Les conflits des diverses formes de logiques ne durent pas toujours. lis tendent, nous l'avons vu, vers l'équilibre. Les contradictions subsistent mais on arrive à ne plus les apercevoir. L'élément intellectuel se résigne le plus souvent à subir les influences affectives et mystiques, sans consentir cependant à s'avouer sa défaite. C'est même pourquoi nous renonçons généralement à discuter nos affections et nos croyances. Leur analyse serait du reste bien difficile; on n'est pas toujours pris aux mensonges des autres mais très aisément à ses propres mensonges. L'adage antique: « Connais-toi toi-même », est heureusement d'une réalisation impossible, car nous connaissant nous-mêmes, découvrant les luttes perpétuelles dont notre entendement est le siège, notre existence sombrerait dans un chaos d'incertitudes. S'ignorer vaut mieux parfois que se connaître.

Retenons de toutes les considérations précédentes que des éléments mystiques et affectifs, ayant leurs lois spéciales, persistent toujours dans l'esprit et servent de base à la conduite des individus et des peuples.

Bien que souvent contraires, toutes nos impulsions finissent par s'équilibrer et agir chacune dans leur domaine si on ne les trouble pas et surtout si l'on ne tente pas entre elles d'impossibles conciliations. Vérités affectives, vérités mystiques et vérités rationnelles sont filles de logiques trop différentes pour se fusionner jamais.

Chapitre III
La balance des motifs.

§ 1. - La balance mentale. L'action.

Les impulsions contraires des diverses logiques qui nous mènent font hésiter souvent sur la conduite à suivre. Les cas les plus simples comportent un choix entre plusieurs solutions. Il faut bien choisir, puisque les nécessités de la vie obligent à agir. Comment s'effectue notre détermination ?

Un exemple expliquera facilement son mécanisme.

Plaçons au hasard des objets quelconques sur les plateaux d'une balance. L'opération achevée, l'aiguille traduisant leurs mouvements s'infléchit d'un côté, si les plateaux sont inégalement chargés, et resté verticale s'ils le sont également.

En dehors des balances matérielles, existent des balances mentales dont le mécanisme est analogue. Les poids sont nos motifs d'action. L'aiguille représente l'acte que la fixation du plateau dans sa position d'équilibre fait accomplir.

Ces mobiles d'action peuvent être quelquefois des raisons, mais aux mobiles conscients d'ordre intellectuel, s'ajoutent le plus souvent les mobiles inconscients déjà décrits et qui pèsent lourdement dans l'un des plateaux.

En dernière analyse, les motifs sont des énergies en lutte. Les plus fortes l'emportent.

Lorsque les énergies contraires sont à peu près de même intensité, les plateaux oscillent longtemps avant de se fixer à une position définitive. Caractères incertains, hésitants. Quand les énergies en conflit sont très inégales, un des plateaux trouve de suite son équilibre. Caractères décidés passant rapidement à la résolution et à l'action.

§ 2. - Rôle de la volonté dans la balance des motifs.

Les poids de la balance mentale sont souvent à notre disposition, c'est-à-dire que nous pouvons en ajouter ou en retrancher. Les héros intrépides qui, pour la première fois, franchirent les Alpes et la Manche à travers les airs, éliminèrent certainement des plateaux de la balance, les nombreux motifs rationnels capables de les arrêter dans la dangereuse entreprise qu'aucun -être humain n'avait tentée avant eux.

Notre volonté, cependant, ne se charge pas toujours de placer les poids dans la balance des motifs. Les éléments de la vie affective ou mystique s'y introduisent tout seuls. C'est ce qui arrive dans certains actes instantanés résultant d'une émotion intense, se jeter à l'eau l'hiver, par exemple, pour en retirer un inconnu. Si la réflexion s'était exercée, son action aurait certainement contre-balancé celle des éléments affectifs et l'inclinaison de l'aiguille eût changé de côté. Voilà pourquoi si les grands héroïsmes spontanés sont fréquents, on observe beaucoup plus rarement de petits actes d'héroïsme journaliers, tels que se priver des jouissances de la vie, pour soigner un parent infirme. C'est très justement, que les académies chargées de distribuer des prix de vertu, les accordent de préférence aux petits héroïsmes continus.

La volonté consciente peut donc influencer les plateaux de la balance des motifs, mais lorsque cette volonté est inconsciente, comme dans les croyances, son rôle est à peu près nul. La logique mystique opère alors en dehors de nous, au besoin malgré nous et contre nous.

Nous sommes moins désarmés quand la logique affective intervient seule, car si les sentiments ne sont pas trop forts, l'intelligence peut disposer de quelques-uns des poids qui représentent les, motifs.

Notre faible puissance contre les impulsions de la logique affective ne doit pas être beaucoup regrettée. Sans doute elles ont souvent des conséquences désastreuses, mais parfois aussi deviennent génératrices d'actes très utiles à l'humanité.

Quand l'homme sait associer ses impulsions affectives et mystiques aux découvertes que seule la logique rationnelle peut accomplir, il parvient, comme dans le cas des valeureux aviateurs cités plus haut, à reculer les bornes du possible.

Dans la balance des motifs, où s'établit la genèse des opinions, des croyances et des actes, se trouvent, on le voit, beaucoup de mobiles indépendants de notre volonté. S'ils l'étaient toujours, on pourrait dire, et plusieurs écoles de philosophie l'enseignent encore, qu'un fatalisme rigide nous gouverne.

Le fatalisme, en effet, domina une longue période de l'histoire humaine. Impuissants à se conduire eux-mêmes, les êtres obéissaient aux lois fatales de logiques étrangères à la raison.

§ 3. - Comment la logique rationnelle peut agir sur la balance des motifs.

Avec la lente apparition de la logique rationnelle, une force nouvelle surgit dans le monde. Elle permit à l'homme d'agir souvent sur les plateaux, jadis inaccessibles pour lui, de la balance des motifs.

En étudiant, dans un précédent ouvrage, la dissociation des fatalités, nous avons montré comment, guidée par une volonté forte, la logique rationnelle devient le grand facteur de cette dissociation. Grâce à son pouvoir, l'homme peut influencer le cours des choses. Cessant d'être dominé exclusivement par les forces inconscientes qui le menaient jadis, il apprend chaque jour davantage à les maîtriser et à régir leur empire.

Et Si la logique rationnelle soutenue par la volonté ne saurait encore fixer le destin, c'est que la plupart des facteurs des événements nous demeurent ignorés, et que beaucoup de nos actes portent des conséquences réalisables seulement dans un avenir toujours chargé, d'imprévu.

Cet imprévu condamne à risquer, c'est-à-dire à introduire dans la balance des motifs, des poids de valeur inconnue. Les vrais maîtres du sort des peuples, les hommes de génie, dont chaque siècle vit surgir un si petit nombre, surent accumuler le plus de chances possible dans un des plateaux, et cependant beaucoup risquer. Bismarck, que nous avons plusieurs fois cité à cause de sa psychologie très instructive, illustre clairement cette nécessité du risque. Une idée maîtresse, l'unité de sa patrie le guidait, mais dans sa vie, que de risques courus, de chances contraires,' d'obstacles entassés dont sa volonté eut à subir le choc! Il fat lait d'abord détruire la puissance militaire de l'Autriche, à laquelle un prestigieux passé conférait tant de force. La victoire de Sadowa, en 1866, fut très péniblement gagnée, et grâce seulement à l'incapacité excessive du général ennemi. Ce difficile triomphe obtenu, il fallut risquer de combattre Napoléon III dont les armées passaient pour invincibles, et qui l'eussent été peut-être si l'alliance probable de la France et de l'Autriche s'était réalisée. Un grand homme pouvait préparer toutes ces combinaisons, mais non en affirmer le succès. Un caractère hardi, une vaste intelligence, éclairée par les intuitions supérieures du génie, permettaient seuls d'affronter de tels risques. Il fallait les affronter, pourtant, puisque les innombrables facteurs qui nous encerclent, et dont l'ensemble constitue ce qu'on appelle le hasard, restent inaccessibles.

C'est la logique affective surtout qui encourage à risquer. Elle est le premier soutien d'une entreprise que la logique rationnelle doit guider aussi. De grands risques s'offraient dans la traversée de la Manche et des Alpes en aéroplane, mais la logique rationnelle étayait une volonté inspirée par l'espoir de la gloire, le plaisir de lutter contre des difficultés et autres éléments d'origine exclusivement affective.

Icare qui, au dire de la légende, tenta un essai analogue avec sa seule volonté pour lui, périt victime de son effort. Il faut être solidement armé pour défier la nature et les dieux.

Les maîtres de l'histoire visible ou invisible, savants éminents, profonds penseurs, illustres capitaines, doivent leur grandeur à ce qu'ils surent utiliser, sans en négliger aucune, les formes diverses de logiques qui gouvernent l'homme et manier, grâce à elles, la balance des motifs où se règle l'avenir.

Ce n'est pas avec les foules, jouets aveugles de leurs instincts, que les civilisations progressent, mais par la petite élite qui sait penser pour elles et les orienter. En essayant de mettre la logique intellectuelle au service de la logique collective, pour justifier toutes ses impulsions, la terrible légion des politiciens n'a fait que créer une profonde anarchie.

Résumant ce chapitre et ceux qui le précèdent, nous dirons que les événements de l'histoire résultent de l'équilibre et du conflit des diverses logiques. Dans la balance des motifs où se pèsent nos destinées, toutes ont leur rôle. Que l'une d'elles vienne à prédominer et le sort des hommes est changé.

Trop de logique affective conduit à céder sans réflexion à des impulsions souvent funestes. Trop de logique mystique engendre les existences religieuses, dominées par l'égoïste préoccupation de leur salut, et sans utilité sociale. Trop de logique collective fait prédominer les éléments inférieurs d'un peuple et le ramène à la barbarie. Trop de logique rationnelle conduit au doute et à l'inaction.

Livre V
Les opinions et les croyances individuelles

Chapitre I
Les facteurs internes des opinions et des croyances.
(Le caractère, l'idéal, les besoins, l'intérêt, les passions, etc.).

§ 1. - Influence des divers facteurs des opinions et des croyances.

Le journal anglais *Commentator* écrivait récemment, à propos de la psychologie politique : « Il naîtra peut-être, un jour, un livre merveilleux sur l'art de persuader. Si on suppose que la psychologie arrive à être une science aussi avancée que la géométrie et la mécanique, il sera possible de prédire les effets d'un argument sur l'esprit de l'homme aussi sûrement que nous pouvons prédire maintenant une éclipse de lune. Une psychologie développée à ce point possédera une série de règles permettant de convertir un individu à une opinion quelconque. Le mécanisme d'un esprit sera alors comparable à une machine à écrire, où il suffit d'appuyer sur un levier pour voir sortir immédiatement la lettre demandée. Une science aussi puissante, et, par conséquent, aussi dangereuse, deviendrait nécessairement un monopole du gouvernement ».

On peut admettre théoriquement l'existence de cette science future, dont les grands hommes d'État et les meneurs connaissent déjà quelques fragments, mais le pouvoir de la créer complètement appartiendra sûrement à une humanité d'intelligence fort supérieure à la nôtre.

La raison en est évidente. Un des problèmes les plus difficiles de l'astronomie, et dont elle n'a pu donner encore qu'une solution partielle, est celui dit des trois corps, impliquant la détermination des trajectoires de trois Mobiles agissant simultanément les uns sur les autres. Or, les éléments psychologiques pouvant entrer dans une détermination sont non seulement en nombre bien plus considérable, mais encore leur action varie suivant la sensibilité de chacun.

Si les prévisions de la conduite des êtres ne sont pas cependant toujours impossibles, c'est que dans l'agrégat complexe des sentiments formant le caractère, se trouvent souvent des éléments prépondérants qui orientent les autres. Tels l'avarice, l'égoïsme, l'amour-propre, l'orgueil, etc. Les hommes ainsi dominés sont les plus faciles à manier, car on sait sur quelle touche affective il faut frapper. Un individu bien équilibré et n'offrant aucune note dominante., est, au contraire, peu aisé à pénétrer et à conduire.

Tous les facteurs que nous énumérerons n'entrent pas dans la genèse d'une opinion. Tel agissant sur l'un restera sans action sur l'autre. Ce qui passionne un peuple laissera indifférent le peuple voisin.

En fait, la formation de la plupart des opinions comprend assez peu de facteurs. La race, le milieu et la contagion pour les grandes croyances, les impressions et l'intérêt personnel pour les opinions journalières suffisent. Nous sommes obligés cependant d'en étudier d'autres et de les mettre presque sur le même plan, parce que si tous n'agissent pas toujours, il n'en est aucun qui ne puisse, à un moment donné, intervenir.

§ 2. - Le caractère.

Sur le fond commun des caractères de races se superposent les caractères variables des individus. Leur rôle dans la genèse des opinions et des croyances est considérable. Le philosophe le plus sage n'échappe pas à leur influence. Ses doctrines optimistes ou pessimistes résultent de son Caractère, beaucoup plus que de son intelligence. W. James assure donc, avec raison, que « l'histoire de la philosophie est, dans une grande mesure, celle du conflit des tempéraments humains. Cette différence particulière des tempéraments, ajoute-t-il, est toujours entrée en ligne de compte dans le domaine de la littérature, de l'art, du gouvernement et des mœurs, tout autant que dans celui de la philosophie. S'agit-il des mœurs : nous y rencontrons, d'une part, les gens qui font des façons, et de l'autre ceux qui n'en font pas. S'agit-il du gouvernement : il y a les autoritaires, et il y a les anarchistes. En littérature, il y a les puristes ou les gens épris du style académique, et il y a les réalistes».

Pénétrés de cette influence du caractère individuel sur les opinions, nous concevrons aisément pourquoi certains hommes sont conservateurs et d'autres révolutionnaires.

Ces derniers tendent toujours à se révolter, uniquement par tempérament, contre ce qui les entoure, quel que soit l'ordre des choses établi. Ils se recrutent généralement chez des caractères dont la stabilité ancestrale a été dissociée par des influences diverses. Ils ne sont plus, par conséquent, adaptés à leur milieu. Beaucoup d'entre eux appartiennent à la grande famille des dégénérés qui relèvent surtout du domaine de la pathologie. Devenus inadaptés à l'état social, ils lui sont nécessairement aussi hostiles que le sauvage plié de force à une civilisation.

L'armée des révolutionnaires se recrute surtout, aujourd'hui, dans cette foule -de dégénérés, dont l'alcoolisme, la syphilis, le paludisme, le saturnisme, etc., peuplent les grandes cités. C'est un résidu dont les progrès de la civilisation grossissent chaque jour le nombre. Un des plus redoutables problèmes de l'avenir sera de soustraire les sociétés aux furieuses attaques de cette armée d'inadaptés.

Leur rôle dans l'histoire fut parfois considérable, car leur faculté de persuasion s'exerce puissamment sur l'âme des peuples. Des demi-aliénés comme Pierre l'Ermite et Luther ont bouleversé lé monde.

§ 3. - L'idéal.

L'idéal d'un peuple détermine un grand nombre de ses opinions et de ses croyances. Il représente la synthèse de ses aspirations communes, de ses besoins et de ses désirs. Cette synthèse est déterminée par sa race, son passé et bien d'autres facteurs dont je n'ai pas à m'occuper maintenant. J'ai montré ailleurs sa force et fait voir qu'il ne peut être ébranlé sans que le soient aussi les fondements de l'édifice social soutenu par lui. Si tant d'hommes sont hésitants aujourd'hui dans leurs opinions, leurs croyances et obéissent aux impulsions les plus contraires, c'est qu'avec une intelligence parfois très haute, ils n'ont plus qu'un idéal très faible.

La puissance des fanatiques tient précisément à ce qu'ils obéissent rigoureusement à leur idéal dangereux. On peut l'observer aujourd'hui pour l'idéal socialiste, le seul qui séduise encore les multitudes. Il pèse sur toute notre vie nationale et engendre une foule de lois destructives de sa prospérité.

Un idéal n'est donc nullement une conception théorique, dont on puisse négliger l'action, Devenu général, il exerce une influence prépondérante dans les moindres détails de la vie. Ceux-là mêmes qui ignorent son influence la subissent.

Croyances religieuses morales ou politiques n'acquièrent de pouvoir qu'après s'être concrétisées dans un idéal universellement accepté. Quand ce dernier s'adapte aux nécessités et aux possibilités du moment, il détermine la grandeur d'une nation. Contraire au cours naturel des choses, il provoque sa décadence.

§ 4. - Les besoins.

Les besoins figurent parmi les grands générateurs de nos opinions, de notre conduite et de toute l'évolution sociale. La faim est le plus puissant d'entre eux. Elle conduisit nos lointains ancêtres des primitives cavernes à l'aurore de la civilisation et la très immense majorité des hommes ne travaille que pour la satisfaire. C'est, elle qui, chassant les barbares de leurs steppes, les précipita sur Rome et changea le cours de l'histoire. De nos jours, son rôle n'est pas moindre. On a dit, avec raison, que le socialisme est une question d'estomac.

Les progrès de la civilisation ajoutent sans cesse des besoins nouveaux à la liste déjà longue des anciens. Besoins de se nourrir, de se reproduire et de se vêtir, besoins religieux, besoins moraux, besoins esthétiques et bien d'autres, sont tous des expressions des nécessités biologiques et affectives, qui nous mènent et que maintiennent les deux grands facteurs irréductibles de l'activité des êtres, le plaisir et la douleur.

Créer des besoins nouveaux dans les foules, c'est susciter des opinions nouvelles. Les hommes d'État éminents savent provoquer des besoins utiles à leur pays. Celui de l'unité de l'Allemagne, et plus tard d'une puissante marine de guerre furent des besoins artificiellement imposés.

L'évolution scientifique de l'industrie a engendré des besoins nouveaux devenant bientôt, comme les chemins de fer et le téléphone, des nécessités indispensables. Malheureusement ces besoins ont grandi plus vite que les moyens de les satisfaire. Ils représentent une des sources du mécontentement qui développe le socialisme.

Ils sont aussi le vrai motif des armements de plus en plus ruineux de l'Europe. Les besoins des peuples ayant considérablement grandi et la lutte pour l'existence devenant de plus en plus âpre, chacun a le secret espoir de s'enrichir aux dépens de ses voisins. Le Germain d'il y a cinquante ans, modeste mangeur de choucroute, était pacifique, parce que sans désirs. Ses besoins ayant soudain augmenté, il est devenu guerrier et menaçant. Sa population s'accroissant en outre rapidement et devant bientôt dépasser le chiffre que le pays peut nourrir, le moment approche où, sous un prétexte quelconque, et même sans d'autre prétexte que lé droit du plus fort, l'Allemagne envahira, pour vivre, les nations voisines. Cette seule raison pouvait la décider aux écrasantes dépenses nécessaires pour accroître sa marine et son armée.

§ 5. - L'intérêt

Il ne sera pas nécessaire d'insister sur le rôle de l'intérêt dans la formation de nos opinions. C'est un sujet sur lequel chacun est fixé.

La plupart des choses peuvent être considérées à des points de vue fort différents : intérêt général ou intérêt particulier notamment. Notre attention, concentrée naturellement sur le côté qui nous est profitable, empêche d'apercevoir les autres.

L'intérêt possède, comme la passion, le pouvoir de transformer en vérité ce qui lui est utile de croire. Il est donc souvent plus fort que la raison, même sur des questions où elle semblerait devoir être l'unique guide. En économie politique, par exemple, les convictions sont tellement inspirées par l'intérêt personnel qu'on peut généralement savoir d'avance, suivant la profession d'un individu, s'il est partisan ou non du libre échange.

Les variations d'opinions suivent naturellement les variations d'intérêt. En matière politique, l'intérêt personnel constitue le principal facteur. Tel ayant énergiquement combattu à un certain moment l'impôt sur le revenu, le défendra non moins énergiquement plus tard s'il espère devenir ministre. Les socialistes enrichis finissent généralement en conservateurs et les mécontents d'un parti quelconque se transforment facilement en socialistes.

L'intérêt sous toutes ses formes n'est pas seulement générateur d'opinions. Aiguillonné par des besoins trop intenses, il affaiblit vite la moralité. Le magistrat avide d'avancement, le chirurgien en présence d'une opération inutile mais fructueuse, l'avoué qu'enrichira des complications de procédure qu'il pourrait éviter, verront rapidement leur morale fléchir si des besoins impérieux de luxe stimulent leur intérêt. Ces besoins peuvent constituer, chez les natures supérieures, un élément d'activité et de progrès, mais chez des natures médiocres ils engendrent sou-vent, au contraire, une dégénérescence morale accentuée.

L'intérêt moral est fréquemment un facteur d'opinions aussi puissant que l'intérêt matériel. L'amour-propre blessé, par exemple, fait naître des haines intenses et toutes les opinions qui en découlent. La haine des bourgeois de la Révolution contre la noblesse et leurs sanguinaires vengeances, provenaient surtout d'humiliations jadis éprouvées. Marat se vengeait de son ancienne situation sociale. Hébert, libelliste du Père *Duchesne,* qui fit couper tant de têtes, fut d'abord ardent royaliste. Ayant assez vécu pour être pourvus de places, ou de titres sous l'Empire, ils fussent devenus sans doute, comme tant de leurs émules, de fervents conservateurs.

§ 6. - Les passions.

Les sentiments fixes et à forme obsédante qualifiés de passions constituent, eux aussi, de puissants facteurs d'opinions, de croyances et, par conséquent, de conduite. Certaines passions contagieuses deviennent, pour cette raison, facilement collectives. Leur action est alors irrésistible. Elles précipitèrent bien des peuples les uns contre les autres aux divers âges de l'histoire.

Les passions peuvent exciter notre activité, mais elles altèrent le plus souvent la Justesse des opinions, en empêchant de voir les choses comme elles sont et d'en comprendre la genèse. Si les livres d'histoire fourmillent d'erreurs, c'est que, le plus souvent, les passions en ont dicté le récit. On ne citerait guère, je crois, d'historien ayant impartialement raconté la Révolution.

Le rôle des passions est, nous le voyons, très considérable sur nos opinions et, par suite, sur la genèse des événements. Ce ne sont pas, malheureusement, les plus recommandables qui ont exercé le plus d'action. Kant a dû constater la grande force sociale des pires passions. La méchanceté serait, selon lui, un puissant levier du progrès humain. Il semble malheureusement bien certain que si les hommes avaient suivi les préceptes de l'Évangile « Aimez-vous les uns les autres », au lieu d'obéir à celui de la Nature qui leur dit de se détruire les uns les autres, l'humanité végéterait encore au fond des primitives cavernes.

Chapitre II

Les facteurs externes
des opinions et des croyances.

(La suggestion, les premières impressions, le besoin d'explications, les mots et les images, les illusions, la nécessité, etc.)

§ 1. - La suggestion.

La grande majorité de nos opinions et de nos croyances, politiques, religieuses et sociales sont le résultat de suggestions.

« Ce terme suggestion, écrit James, désigne le pouvoir qu'exercent les idées sur les croyances et la conduite. »

Cette définition semble peu correcte. La suggestion est, en réalité, le pouvoir de persuasion exercé non seulement par (les idées, mais par une cause quelconque : affirmation, prestige, etc. Les idées seules et surtout le raisonnement ont, au contraire, une vertu suggestive très faible.

Convaincre n'est nullement suggérer. Une suggestion fait obéir. Un raisonnement peut persuader, mais n'oblige pas à céder.

Les modes de suggestion sont très variés : milieu, livres, journaux, discours, action individuelle, etc. La parole représente un des plus actifs. Parler c'est déjà suggérer, affirmer c'est suggérer davantage, répéter l'affirmation avec passion, c'est porter à son, maximum l'action suggestive.

Les effets de la suggestion sont d'une intensité fort variable. Elle s'étend depuis l'action légère du vendeur, cherchant à nous faire acquérir une marchandise, jusqu'à celle exercée par l'hypnotiseur sur le névropathe, obéissant aveuglément à toutes ses volontés. En politique, l'hypnotiseur s'appelle meneur. Son influence est considérable.

Les effets d'une suggestion dépendent de l'état mental du sujet qui la. reçoit. Sous une influence passionnelle intense : haine, amour, etc., rétrécissant le champ de sa conscience, il sera très suggestionnable et ses opinions se transformeront facilement.

L'esprit le plus éminent n'est pas soustrait à la suggestion. Jules Lemaître, dans ses conférences sur Fénelon, nous a montré l'illustre prélat dominé par une névropathe, Mme Guyon, qui, l'ayant pris d'abord pour directeur, devint rapidement sa directrice. Elle réussit à lui faire admettre l'exactitude de ses rêveries sur l'absurde dogme du quiétisme professant l'indifférence au salut et aux actes. Fénelon fut si complètement suggestionné qu'il n'hésita pas à soumettre cette doctrine à un congrès d'évêques présidé par Bossuet. Ce dernier découvrit bien vite la suggestion exercée sur l'illustre prélat. « Je me retirai, dit-il, étonné de voir un si bel esprit dans l'admiration d'une femme dont les lumières étaient si courtes, le mérite si léger, les illusions si, palpables, et qui faisait la prophétesse. » Les personnes au courant de l'histoire contemporaine n'éprouveront pas le même étonnement. Des affaires retentissantes (Humbert, Dupray de la Mahérie, etc.) ont prouvé que des banquiers habiles, des avocats et des hommes d'affaires retors pouvaient être suggestionnés au point d'abandonner leur fortune entre les mains de vulgaires escrocs, n'ayant pour eux que leur puissance fascinatrice.

Cette fascination est une irrésistible forme de suggestion. On la subit comme l'oiseau celle du serpent. Il est incontestable que certains êtres, d'ailleurs fort rares., possèdent un pouvoir de fascination s'exerçant même sur les animaux, comme ont pu l'observer toutes les personnes s'occupant de dressage. Plusieurs crimes eurent pour origine cette action fascinatrice. La fameuse comtesse Tarnowska suggérait sans difficulté des meurtres à ses adorateurs. Sa puissance était telle qu'on dut sans cesse changer les carabiniers qui l'accompagnaient et les gardes de sa prison.

Des exemples analogues peuvent être rapprochés de faits présentés par certains médiums ou des fakirs suggérant à ceux qui les entourent la croyance en des phénomènes ne possédant aucune existence. Des savants illustres furent ainsi victimes des suggestions exercées Par le célèbre médium Eusapia, ainsi que je le montrerai dans une autre partie de cet ouvrage.

Le rôle des foules devenant de plus en plus prépondérant et ces foules n'étant guère influençables que par suggestion, l'influence des meneurs s'accroît chaque Jour. Un gouvernement prétendu populaire, n'est en réalité qu'une oligarchie de meneurs dont l'influence tyrannique se manifeste à tout instant. Ils ordonnent des grèves, obligent les ministres à leur obéir et imposent des lois absurdes,

Leur pouvoir de suggestion est assez grand pour forcer les foules à une obéissance servile. A la dernière fête annuelle du personnel de la Compagnie d'Orléans, son directeur fit remarquer que ses employés s'étaient mis en grève au moment précis où il venait d'accepter toutes leurs demandes d'amélioration. « Cependant, ajoute-t-il, la grève eut nécessairement une cause. Oui, elle eut une cause : elle fut l'œuvre d'un petit noyau d'agitateurs dont le procédé, toujours le même, consiste à remplacer l'argument par la menace, par l'injure et par l'outrage. »

L'action de ces meneurs n'avait rien de dissimulé, puisque dans ce même discours sont reproduits des passages de leurs articles. Une psychologie plus sûre eût fait comprendre au directeur l'action suggestive de ces entraîneurs et il l'aurait paralysée en les expulsant de sa Compagnie. L'exemple est non seulement un frein énergique, mais encore un moyen de suggestion puissant. Étant d'ordre affectif, la suggestion ne peut être combattue que par la suggestion. Céder aux meneurs comme on le fait sans cesse, fortifie leur influence.

§ 2. - Les premières impressions.

Les premières impressions sont celles ressenties tout d'abord en présence d'un être, d'un événement, d'un objet inconnus.

L'élaboration d'un jugement étant lente et pénible, on se contente généralement des premières impressions, c'est-à-dire des suggestions de l'intuition pure.

Les femmes, les enfants, les primitifs et beaucoup d'hommes très civilisés même, se fient entièrement à leurs premières impressions.

Dans certains éléments de la vie sociale, les impressions s'associent quelquefois à des raisonnements. Mais il en est d'autres, les sujets artistiques et littéraires notamment, où nos premières impressions restent à peu près les seuls guides. Et comme elles dépendent d'une sensibilité toujours variable, les concepts dérivés d'elles se transforment facilement. On les voit, en effet, différer avec les époques, les individus et les races. Les premières impressions produites par les mêmes choses sur un baron féodal, un pasteur calviniste, un lettré, un homme du peuple, un savant, etc., ne peuvent évidemment avoir rien de commun.

Sur les questions de science pure, qui échappent généralement au domaine de l'affectif, ces divergences s'observent peu, parce que les jugements ne se forment pas sous l'influence des impressions premières. Canalisée par d'indiscutables évidences notre sensibilité est alors obligée d'accepter ce qui parfois la choque le plus.

Nos premières impressions sont parfois subitement détruites par des impressions contraires, mais il arrive aussi qu'elles soient assez fortes pour ne disparaître que lentement par simple usure. Les jugements fondés sur elles persistent alors, très longtemps.

Les impressions premières devraient être considérées comme de vagues indications, toujours à vérifier. S'y abandonner sans examen, ainsi qu'on le fait trop souvent, condamne à traverser la vie dans l'erreur. Elles n'ont, en effet, pour soutiens que des sympathies et des antipathies instinctives que n'éclaire aucune raison.

Et c'est pourtant sur d'aussi fragiles bases que s'édifient le plus souvent nos conceptions du juste et de l'injuste, du bien et du mal, de la vérité et de l'erreur.

§ 3. - Le besoin d'explications.

Aussi irréductible que le besoin de croire, le besoin d'explications accompagne l'homme du berceau à la tombe. Il a contribué à créer ses dieux et détermine journellement la genèse d'un grand nombre d'opinions.

Ce besoin intense se satisfait aisément. Les plus rudimentaires réponses suffisent. La facilité avec laquelle il est contenté fut l'origine d'un grand nombre d'erreurs.

Toujours avide de certitudes définitives l'esprit humain conserve longtemps les opinions fausses fondées. sur le besoin d'explications et considère comme ennemis de son repos ceux qui les combattent.

Le principal inconvénient des opinions, basées sur des explications erronées, est que les tenant pour définitives on n'en cherche plus d'autres. S'imaginer connaître les raisons des choses est un moyen sûr de ne pas les découvrir. L'ignorance de notre ignorance a retardé les progrès des sciences pendant de longs siècles et les restreint d'ailleurs encore.

La soif d'explications est telle qu'on en a toujours trouvé pour les phénomènes les moins compréhensibles. L'esprit est plus satisfait d'admettre que Jupiter lance la foudre que de s'avouer ignorant des causes qui la font éclater. Plutôt que de confesser son ignorance de certains sujets, la science elle-même se contente souvent d'explications analogues.

§ 4. - Les mots, les formules et les images.

Les mots et les formules sont de grands générateurs d'opinions et de croyances. Puissances redoutables, ils ont fait périr plus d'hommes que les canons.

La force-des mots tient à ce qu'ils évoquent les groupes de sentiments qui leur ont été longtemps associés. J'ai montré dans d'autres ouvrages leur rôle fondamental en politique [1].

1 Dans un article da 29 janvier 1911, le journal *Le Temps* s'exprimait à ce propos de la façon suivante.

« Dans les ouvrages si profonds qu'il a consacrés à l'étude de la psychologie politique et sociale, le Dr Gustave Le Bon a signalé avec une sagacité rare l'influence qu'exerce sur les foules et sur les assemblées, parlementaires ou autres, la magie des mots. La Chambre vient de l'éprouver une fois de plus. Depuis quelques jours, elle s'est vue sous le charme d'un superbe projet de « décentralisation ». C'est

La puissance évocatrice de certaines formules est considérable sur une assemblée. C'est avec des mots que les politiciens éveillent des sentiments. Président du conseil et paraissant alors tout-puissant, M. Clemenceau fut instantanément renversé par un mot qui réveilla, chez les membres du Parlement, les sentiments d'humiliation subis à l'époque, de Fachoda. Son successeur faillit succomber pour la même cause, Une phrase très juste, mais malheureuse parce qu'elle était l'évocation d'inquiétantes images, provoqua dans l'auditoire des hurlements d'indignation devant lesquels il manqua d'être renversé.

Certains mots, comme le fit exactement observer à ce propos M. Barrès, ont une sonorité mystique. Jouissent de cette propriété les termes favoris des politiciens: capitalisme, prolétariat, etc.

Les mots sont de tels souverains des choses, que leur empire s'exerce parfois sur les hommes les plus réfléchis. En présence d'un phénomène incompréhensible, l'esprit se satisfait en inventant une formule. Ignorant tout du mystère de la vie, incapables de dire pourquoi le gland devient chêne, comment les êtres se transforment, les savants acceptent des formules tenant lieu d'explications. Les progrès des sciences obligent à en changer souvent. L'adaptation a remplacé le principe vital. L'inaccessible électron s'est substitué au non moins inaccessible atome. Ces mots plaqués sur de l'inconnu accordent une-satisfaction suffisante à notre besoin d'explications.

Les mots évoquent des images mentales, mais les images figurées sont plus puissantes encore. J'ai montré, dans ma *Psychologie politique,* quelle action considérable avaient eue les affiches illustrées dans les dernières élections anglaises. Elles précisent les sentiments en arrêtant leurs contours. Les industriels et les éditeurs emploient chaque jour ce procédé pour frapper l'attention.

Les gouvernants eux-mêmes ont fini par utiliser le rôle psychologique des images dans la genèse des opinions. Devant l'abaissement rapide des engagements volontaires dans la cavalerie, un psychologue militaire avisé eut, il y a quelques années, l'idée de faire apposer partout des affiches illustrées en couleurs représentant des cavaliers élégants, accomplissant diverses sortes d'exercices. Au-

---

à propos de l'organisation des retraites ouvrières et paysannes qu'a retenti, à la tribune, la grande formule évocatrice, des idées de simplification administrative. »

dessous figurait l'énumération des avantages accordés aux engagés et rengagés. Les résultats furent tels que, dans plusieurs régiments, les colonels durent, faute de place, refuser les engagements.

§ 5. - Les illusions.

Tracer le rôle des illusions dans la genèse des opinions et des croyances serait refaire l'histoire de l'humanité.

De l'enfance à la mort, l'illusion nous enveloppe. Nous ne vivons que par elle et ne poursuivons qu'elle. Illusions de l'amour, de la haine, de l'ambition, de la gloire, toutes ces formes diverses d'un bonheur sans cesse espéré, maintiennent notre activité. Elles nous abusent Sur DOS sentiments aussi bien que sur ceux des autres, et nous voilent les duretés du sort.

Les illusions intellectuelles sont relativement rares, les illusions affectives journalières. Elles s'accroissent de ce fait que nous persistons toujours à vouloir interpréter rationnellement des sentiments souvent encore ensevelis dans les ténèbres de l'inconscient. L'illusion affective persuade parfois que nous aimons des êtres et des choses en réalité indifférents. Elle laisse croire aussi à la perpétuité de sentiments que l'évolution de notre personnalité condamne à bientôt disparaître.

Toutes ces illusions font vivre et embellissent la route conduisant à l'abîme éternel. Ne regrettons pas qu'elles soient si rarement soumises à l'analyse. La raison ne réussit à les dissoudre qu'en paralysant du même coup d'importants mobiles d'action. Pour agit il ne faut pas trop savoir. La vie est pleine d'illusions nécessaires.

Les motifs de ne pas vouloir se multiplient avec les discussions des causes du vouloir. On flotte alors dans l'incohérence et l'hésitation. « Tout voir et tout comprendre, écrivait Mme de Staël, est une grande raison d'incertitude ». Une intelligence possédant le pouvoir, attribué aux dieux, d'embrasser d'un coup d'œil le présent et l'avenir, ne s'intéresserait plus à rien et ses mobiles d'action seraient paralysés pour toujours.

Ainsi envisagée, l'illusion apparaît comme le vrai soutien de l'existence des individus et des peuples, le seul sur lequel on puisse toujours compter. livres de philosophie l'oublient parfois un peu.

§ 6. - La nécessité.

Au-dessus des fantaisies des despotes ou des législateurs, légiférant sans trêve pour réformer la société, règne un maître souverain : la Nécessité. Insoucieuse de nos délibérations elle représente le destin antique auquel les dieux eux-mêmes devaient se soumettre.

Le désaccord entre les prescriptions de législateurs aveugles et les nécessités qui gouvernent les choses s'accentue chaque jour. La société française actuelle vit malgré ses lois et non par ses lois.

L'illusion du pouvoir absolu qu'ils s'imaginent posséder enlève aux législateurs le sens des possibilités. Il leur suffit qu'une chose paraisse juste pour devenir possible.

Mais tôt ou tard la nécessité écarte de son bras de fer toutes les chimères. Dès que son action se fait sentir, les plus solides théories humanitaires s'évanouissent. On en trouvera un frappant exemple dans les mesures féroces édictées en Australie contre des grèves menaçant l'existence de ce pays et le conduisant à la ruine. Son gouvernement était cependant composé de socialistes avancés [1].

La nécessité représente sans doute la synthèse des forces ignorées qui nous mènent et dont nous commençons seulement à savoir combattre quelques-unes.

Quoique très brève, l'énumération des facteurs d'opinions et de croyances précédemment exposée suffit à prouver combien sont lourdes les fatalités dont l'âme humaine est chargée.

La nature semble avoir voulu canaliser étroitement nos

---

1 « Voici, écrit le *Petit Temps* du 26 mars 1911, à quelles mesures draconiennes le gouvernement dut recourir : la grève et même l'excitation à le grève sous quelque forme que ce fût furent déclarées non plus délits, mais crimes passibles d'une amende de 2,500 francs et par-dessus le marché, de travaux forcés pour un an. La police reçut le droit de pénétrer partout où elle soupçonnait des conciliabules en faveur d'une grève criminelle; elle pot saisir tous lés documents qui paraissaient la concerner, moyen facile de désorganiser les caisses de grève en s'emparant des comptes de leurs trésoriers; on alla jusqu'à menacer d'impliquer dans les poursuites quiconque se risquait à souscrire un secours en faveur des familles de grévistes; en quelques jours les agitateurs furent maîtrisés et les plus enragés d'entre eux en prison. »

sentiments, nos pensées et par conséquent notre conduite. L'élite des penseurs parvenus dans le cours des âges à conquérir quelque liberté, en maîtrisant un peu les forces invisibles qui nous régissent, demeura toujours très restreinte. À en juger par son histoire il ne faut pas regretter, peut-être, que l'humanité ait possédé si peu d'indépendance.

Chapitre III

Pourquoi les opinions diffèrent et pourquoi la raison ne réussit pas à les rectifier

§ 1. - Différences de mentalités créant des différences d'opinions.

Sur tous les sujets où une démonstration scientifique rigoureuse est impossible, les divergences d'opinions surgissent innombrables. Basées principalement sur des éléments affectifs ou mystiques, elles dépendent uniquement de réactions individuelles que le milieu, le caractère, l'éducation, l'intérêt, etc., modifient sans cesse.

Mais ces variations laissent cependant subsister des orientations générales, poussant toujours les mêmes individus vers certains groupes d'opinions. D'où dérivent ces pôles d'orientation divers ?

On le découvre en constatant qu'un peuple n'est pas seulement formé d'individus, différenciés par l'éducation, le caractère, etc., mais surtout par des héritages ancestraux dissemblables.

A ses débuts une société Se compose d'êtres peu différenciés. Ils n'ont guère d'autre mentalité que celle de leur tribu.

Les facteurs d'évolution et de sélection agissant bientôt, les individus se séparent graduellement. Alors que les uns progressent très vite, les autres avancent d'une marche inégale et restent à des étapes différentes de la même route.

Il en résulte qu'à une certaine période de son évolution une société contient des représentants de toutes les phases qu'elle a successivement franchies. La mentalité de chacun d'eux ne dépassant pas celle de l'époque qu'ils synthétisent ne saurait s'adapter à une autre période.

En perfectionnant les hommes, la civilisation ne les a donc pas transformés également. Loin de marcher vers l'égalité comme nos illusions démocratiques actuelles tâchent de le persuader, ils tendent au contraire vers une inégalité croissante. L'égalité, qui fut la loi des premiers âges, ne saurait être celle du présent et moins encore de l'avenir.

Donc, par le seul fait de son ascension progressive, la civilisation a réalisé l'œuvre d'un magicien ressuscitant au même moment, sur le même sol, des hommes des cavernes, des seigneurs féodaux, des artistes de la Renaissance, des ouvriers et des savants modernes.

Que peuvent avoir de commun les éléments du peuple formé d'un mélange aussi hétérogène? Ils arrivent rapidement, sans doute, à parler en apparence la même langue, mais les mots éveillent en eux des idées, des sentiments et par conséquent des opinions tout à fait dissemblables.

La tâche ardue des gouvernements modernes est de faire vivre, sans trop de désaccords, tous ces héritiers de mentalités si différentes et par conséquent si inégalement adaptées à leur milieu. Inutile de songer à les niveler. Ce n'est possible ni par les institutions ni par les lois, ni même par l'éducation.

Une des grandes erreurs de notre temps est de croire que l'éducation égalise les hommes. Elle les utilise mais ne les égalise jamais. Nombre de politiciens ou d'universitaires, chargés de diplômes, possèdent une mentalité de barbares et ne peuvent donc avoir pour guide dans la vie qu'une âme de barbare.

Sur ces mentalités très différentes agiront fort inégalement les rectificateurs d'opinions dont nous allons examiner maintenant la valeur.

§ 2. - Les éléments de rectification des opinions.

Les opinions n'ont pas généralement la fixité des croyances. Elles sont même souvent si mobiles que leur rectification semblerait facile. Or le contraire S'observe.

Les deux méthodes de rectification des Opinions se présentent tout d'abord à l'esprit sont la raison et l'expérience.

Sur la croyance solidement constituée le rôle de la raison, nous le s'avons, est nul. Nous allons voir maintenant que si elle s'exerce parfois sur les opinions ordinaires, son action, sauf naturellement en matière scientifique, est bien faible. Nous constaterons également que la reconnaissance implicite de l'insuffisance de la raison pour éclairer nos jugements, a engendré les deux régimes politiques auxquels se ramènent tous les gouvernements des peuples, depuis les origines de l'histoire.

Mais si la raison est insuffisante à rectifier nos opinions, que reste-t-il alors pour discerner. la vérité dans une foule de questions morales, politiques et sociales ? Je montrerai dans le prochain chapitre que nous De possédons qu'un seul moyen efficace: l'Expérience. Examinons d'abord le rôle attribué à la raison.

§3. - Rôle de la raison dans la formation
des opinions et des décisions importantes.

Dans toutes les opinions scientifiques ou techniques l'action de la raison est prépondérante. L'erreur de la plupart des psychologues et des philosophes consiste à croire que son rôle est le même dans le domaine des opinions ordinaires.

Les idéologues des divers partis ont toujours prétendu baser leurs opinions sur -des raisons. Les conventionnels lui élevaient des statues et les rhéteurs modernes prétendent légiférer en son nom.

L'observation prouve malheureusement - il faut le répéter toujours - que la raison exerce aussi peu d'influence dans la vie des peuples. que dans notre 'conduite journalière. Taine fait justement remarquer que « si nous avions besoin de croire que les crocodiles sont des dieux, demain sur la place du Carrousel on leur élèverait un temple ».

Non seulement on l'élèverait, mais le jour même surgirait une légion de professeurs et d'avocats Subtils pour justifier cette déification par des arguments rationnels. La raison s'est constamment mise avec obéissance au service de nos impulsions affectives et mystiques les moins défendables.

En fait, les opinions journalières sont édifiées, non pas toujours contre la raison, mais indépendamment de toute raison. Nous, fiant aux impulsions mystiques et affectives qui les engendrent, leur exactitude nous paraît certaine et nous ne tolérons pas qu'on la conteste. Il est visible cependant que si une raison sûre était le véritable facteur de nos opinions, il n'en existerait jamais qu'une seule sur chaque sujet.

Dans les matières scientifiques dont toutes les données sont connues, il en est toujours ainsi. Impossible de différer sur la formule d'une parabole, la loi de la gravitation, la trajectoire d'une planète. Les divergences apparaissent, seulement dans les théories, parce qu'elles sont de simples interprétations et qu'alors la logique rationnelle se laisse parfois influencer par des éléments affectifs ou mystiques.

Dès que l'on s'écarte de la science pure, c'est-à-dire qu'on passe du domaine de la connaissance dans celui de la croyance, la divergence des opinions sur tous les sujets devient au contraire une loi constante. Elle se manifeste même sur ceux où la raison seule, semblerait-il, devrait parler, les décisions juridiques par exemple.

,Nous allons utiliser ces cas typiques pour montrer combien il est difficile à la logique rationnelle de se soustraire aux influences affectives et mystiques.

Établissons d'abord une classification entre les, hommes appelés à en juger d'autres.

Au plus bas échelon se trouvent les esprits dent l'opinion se forme uniquement sous l'action de la logique affective. Les échelons les plus élevés seront composés de mentalités presque exclusivement influençables par les arguments de la logique rationnelle.

À la première des catégories précédentes appartiennent les jurés de Cours d'assises. Paf leur nombre, ils constituent des foules et en possèdent les caractères.

Les arguments rationnels exercent donc peu de prise sur eux. On oriente leurs convictions en agissant sur leurs sentiments. Une femme coupable d'un crime grave, mais entourée d'enfants en pleurs ,réclamant leur mère, est assurée de l'indulgence. La jolie femme qui, dans un accès de jalousie amoureuse, a tué son amant, en est plus assurée encore. Un jury anglais la ferait pendre, un jury français l'acquitte à peu près constamment. C'est même un de ces cas où l'influence de la race dans la genèse des opinions se manifeste nettement.

Un peu au-dessus de cette catégorie dominée par la sentimentalité pure, se trouvent les juges des tribunaux de première instance. Ils sont assez jeunes encore pour que les arguments d'ordre affectif puissent les émouvoir. Le prestige d'un avocat célèbre les impressionne toujours. On peut cependant les influencer aussi par des preuves rationnelles, mais seulement si ces dernières n'ont pas à lutter contre des intérêts personnels. L'espoir de l'avancement, les pressions politiques, exercent parfois une influence prépondérante sur leurs opinions. Ils rendent des jugements assez incertains puisque les magistrats de Cours d'appel en réforment près du tiers. Ils se trompent donc à peu près une fois sur trois.

Les magistrats de Cours d'appel forment un échelon supérieur de la classification précédente. Plus âgés et plus instruits, ils sont moins subordonnée à la logique affective qu'à la logique rationnelle.

Au sommet enfin apparaissent les juges de la Cour de cassation. Vieillis, un peu décrépits, n'ayant plus rien à espérer, dépouillés de toute sentimentalité, aussi indifférents à l'intérêt individuel qu'à la pitié, ils ignorent les cas particuliers et restent confinés dans le droit strict. Nul avocat n'essaierait d'invoquer un argument sentimental devant eux. La preuve rationnelle seule peut les toucher. Les méticuleuses précisions de la loi les dominent entièrement. Elle est devenue pour eux une sorte d'entité mystique, isolée des hommes. Cet excès de rationalisme n'est pas sans danger, car le droit, équitable au moment où il vient d'être fixé, cesse bientôt de l'être par suite de l'évolution sociale qui le dépasse rapidement. C'est alors qu'on doit savoir l'interpréter afin de préparer sa transformation, comme le font quelques magistrats dont les arrêts forment une jurisprudence, fille de nouvelles coutumes et mère de lois nouvelles. Le duel est ainsi passé de l'état de crime à celui de délit non poursuivi ; l'adultère entraînant jadis des années de prison pour les coupables et jugé par le code comme un crime si grave que le mari était excusé de tuer sa femme, a fini par être rangé avec les délits tellement secondaires, qu'un nouveau projet de loi propose de ne le punir que d'une insignifiante amende.

Nous venons de montrer que même chez des hommes instruits,

généralement impartiaux et étrangers aux passions, les opinions sur des sujets bien définis étaient souvent erronées. La raison s'est donc montrée insuffisante à les éclairer.

Si au lieu de ces hommes choisis, nous considérions des réunions, telles que les assemblées parlementaires, dont les membres sont le plus souvent dominés par des intérêts individuels, des théories préconçues et des passions politiques, nous constaterions que le rôle de la raison dans leurs décisions est à peu près nul. Les arguments rationnels proposés quelquefois, ils ne les entendent même pas. Lee, votes sont uniquement guidés par les intérêts de leur parti ou par ceux des électeurs qu'ils doivent ménager.

Sans doute la raison est constamment invoquée dans les assemblées parlementaires, mais elle est, en vérité, le plus mince des facteurs capables de les influencer. Les rares meneurs qui réussissent parfois à modifier le vote d'une réunion politique savent bien qu'ils n'agiront pas avec des raisons, mais uniquement en faisant vibrer des sentiments violents. Certaines formules mystiques habilement maniées sont d'un effet très sûr.

§ 4. - Rôle de la raison dans la formation des opinions journalières.

Nous venons de voir le faible rôle de la raison dans les décisions importantes prises par diverses catégories d'hommes choisis. Dans les opinions journalières, son action est bien moins efficace encore. On constate sans cesse en effet des opinions divergentes sur des sujets où la raison semblerait devoir conduire à des conclusions identiques.

Ces divergences se conçoivent parfaitement quand on connaît le rôle des éléments mystiques et affectifs dans la formation de nos opinions.

Les divergences d'opinion ne résultent pas, comme nous le supposons quelquefois, des inégalités d'instruction de ceux qui les manifestent. Elles se constatent, en effet, chez des individus d'intelligence et d'instruction voisines. On peut s'en convaincre en parcourant les réponses faites aux grandes enquêtes collectives ayant pour but d'éclairer certaines questions bien définies.

Parmi les innombrables exemples fournis par la lecture de leurs comptes rendus, j'en mentionnerai seulement un très typique, publié dans *l'Année psychologique* de M. Binet.

Voulant se renseigner sur les effets de la réduction du programme de l'histoire de la philosophie dans les lycées, il envoya un questionnaire à tous les professeurs chargés de cet enseignement. Les réponses turent nettement contradictoires, les uns déclarant désastreux ce que les autres affirmaient excellent. « Comment se fait-il, conclut M. Binet avec mélancolie, qu'une réforme qui désole un professeur paraisse excellente à un de ses collègues ? Quelle leçon pour eux sur la relativité des opinions humaines, même chez des personnes compétentes ! »

Des contradictions du même ordre se sont invariablement manifestées sur tous les sujets dans tous les temps. Pour arriver à l'action, l'homme dut cependant choisir entre ces opinions contraires. Comment opérer un tel choix, la raison étant impuissante à le déterminer?

Deux méthodes seulement ont été découvertes jusqu'ici : accepter l'opinion de la majorité ou celle d'un seul choisi pour maître. De ces deux méthodes dérivent tous les régimes politiques.

Assurément, les quelques voix de majorité, ou même la majorité considérable obtenue par une opinion, ne la fera pas supérieure à l'opinion contraire. L'avis d'un seul, obligatoirement imposé, ne sera pas toujours non plus le meilleur. Le choix de l'une ou l'autre méthode est pourtant nécessaire pour sortir des indécisions entravant la volonté d'agir. Les philosophes eux-mêmes n'ont pu en découvrir d'autres.

Les opinions d'un esprit éminent sont généralement très supérieures à celles d'une collectivité, mais si l'esprit n'est pas éminent, ses décisions pourront être fort dangereuses. L'histoire de l'Allemagne et de la France depuis cinquante ans fournit de nombreuses preuves des avantages et des inconvénients de ces deux méthodes: la tyrannie individuelle et la tyrannie collective.

Chapitre IV
La rectification des opinions par l'expérience.

Gustave Le Bon

§ 1. - L'expérience dans la vie des peuples

Nous venons de voir comment sur la plupart des sujets, autres que les questions scientifiques, la logique rationnelle ne donnant que des indications incertaines, on a dû se résigner à prendre pour guide l'opinion de la majorité ou celle d'un seul individu choisi pour maître. L'acceptation d'une opinion ne suffisant pas à la transformer en vérité, comment réussir à découvrir son exacte valeur ?

Elle n'est mise en évidence que par l'expérience, méthode de vérification lente et coûteuse, qui ne s'applique pas d'ailleurs à tous les sujets. Sur les croyances solidement constituées notamment, son impuissance est aussi grande que celle de la raison.

Sur les opinions collectives, certaines opinions politiques par exemple, elle finit par agir, mais à la condition d'être très frappante et très répétée.

La vie des peuples prouve la nécessité de ces répétitions frappantes. Des entassements de ruines et des torrents de sang sont parfois nécessaires pour que l'âme d'une race s'assimile certaines vérités expérimentales.

Souvent même n'en profite-t-elle pas bien longtemps, car en raison& de la faible durée de la mémoire affective, les acquisitions expérimentales d'une génération servent peu à une autre.

Depuis les origines du monde toutes les nations constatent que l'anarchie se termine invariablement par la dictature, et cependant cette éternelle leçon ne leur profite guère. Des faits répétés montrent que les persécutions sont le meilleur moyen de favoriser l'extension d'une croyance religieuse, et pourtant ces persécutions continuent sans trêve. L'expérience enseigne encore que céder perpétuellement à des menaces populaires est se condamner à rendre tout gouvernement impossible et nous voyons néanmoins les politiciens oublier chaque jour cette évidence. L'expérience a montré également que, pour des raisons psychologiques très sûres, tout produit fabriqué par l'État dépasse toujours les prix de l'industrie privée, et malgré cette preuve les socialistes obligent l'État à monopoliser constamment quelque fabrication nouvelle.

Les expériences n'agissent rapidement, je l'ai dit plus haut, que si elles sont très frappantes. En voici un récent et remarquable exemple.

Tous les psychologues, tous les économistes, tous les commerçants avaient prédit que le rachat de l'Ouest et sa gérance par l'État constitueraient une opération fort coûteuse. Simplement coûteuse, le publie s'en serait à peine aperçu, mais l'administration Étatiste de cette ligne produisit en quelques mois une telle accumulation d'épouvantables catastrophes et de morts horribles, que la leçon de l'expérience a été immédiatement comprise. Personne aujourd'hui n'oserait réclamer le rachat de nouvelles lignes.

§ 2. - Difficulté de saisir lois facteurs générateurs de l'expérience.

Mais si des expériences aussi visibles que la précédente peuvent transformer l'opinion, il ne s'en suit pas que les facteurs générateurs de ces expériences soient facilement compris. En ce qui concerne par exemple les accidents dont je viens de parler, le ministre des Travaux Publics n'a nullement aperçu les causes secrètes d'une anarchie impossible à nier Obligé de reconnaître que les nombreuses, catastrophes dues à des collisions de trains Provenaient surtout de l'indiscipline d'un personnel n'observant plus les règlements, il crut y remédier par la révocation du Directeur du réseau. Son successeur n'eut d'autre ressource, pour diminuer les accidents, que de réduire considérablement le nombre des trains et leur vitesse, moyen assurément peu glorieux, mais sûr.

Qu'aurait-il pu d'ailleurs contre des effets provoqués par des causes étrangères à son action ? Ni octroyer à l'administration de l'État une capacité industrielle qu'elle ne possède pas, ni davantage créer chez les employés, excités par d'ambitieux entraîneurs, la discipline, le zèle, le respect des règlements indispensables à leur profession.

Comment, écrivait le Temps, avoir un personnel de choix dans un réseau dont les politiciens d'arrondissement n'ont voté le rachat que pour y caser leurs protégés et s'y faire une clientèle ? Comment obtenir une stricte soumission de ces cheminots, dont toutes les incartades sont immédiatement excusées et couvertes par un groupe de députés démagogues?

En attendant, concluait le même journal, l'État, qui patauge si misérablement sur son propre réseau, serait sage de laisser les compagnies exploiter les leurs en toute liberté et de ne point leur imposer des abus dont il a vu chez lui les désastreuses conséquences.

Vain espoir, l'État, c'est-à-dire les politiciens qui pèsent sur lui, ne cesse de persécuter les compagnies, de les accabler de charges et d'encourager l'indiscipline et les réclamations de leurs agents.

Mais la fatalité des choses dominant les discours, a donné une nouvelle leçon expérimentale qui finira sûrement par être comprise.

Il y a quelques années, j'avais prédit dans un article de revue que le résultat des despotiques interventions Étatistes serait de faire tomber rapidement la valeur des actions des compagnies, c'est-à-dire un des éléments les plus stables de la richesse publique parce qu'il est réparti dans le plus grand nombre de mains. Cette prédiction s'est réalisée rapidement. La plupart des actions ont subi une baisse énorme, atteignant pour le Lyon, près de 17 p. 100. Les actions de cette compagnie, cotées en février 1909 1.385 francs à la Bourse, tombaient à 1.150 francs en février 1911. Il faudra que la chute soit plus profonde encore et surtout que ses répercussions se manifestent nettement pour que cette leçon expérimentale profite.

Les mêmes causes produisant généralement les mêmes effets, ne nous étonnons pas de rencontrer dans notre marine militaire une anarchie identique à celle constatée plus haut dans le réseau de

Le récent travail du rapporteur du budget de la marine en fournit l'indiscutable preuve.

« De 1891 à 1906, dit-il, l'Allemagne a dépensé pour sa marine 2.508 millions, tandis que la France en dépensait 1,809. Cependant, malgré cette différence de 1.300 millions, l'Allemagne était parvenue à former une flotte sensiblement supérieure à celle de la France. Ces chiffres condamnaient notre administration.

L'opinion publique restait indifférente. Pour l'émouvoir,

*et par contre-coup pour agiter la Chambre, il fallait plus que des mots
: des accidents, des catastrophes, du sang! Après le Sully, le Chanzy,
la Nive, la Vienne, c'est le Farfadet et le Lutin qui coulent. Sur la
Couronne, des canons éclatent, des servants sont éventrés; à Toulon,
une de nos plus belles unités, l'Iéna, entre en éruption comme un
volcan. Après ce dernier et terrible revers, il ne devient plus possible
d'accuser le hasard seul : une enquête s'imposait.*

*Stupéfaite et émue, l'opinion publique apprit que malgré
les centaines de millions qui lui avaient été consacrés, la marine
manquait non seulement de navires de guerre puissants, mais encore
de canons, de munitions, d'approvisionnements et de bassins de
radoub. Elle sut qu'après un seul combat, même très court, aucune
place, aucun port ne pourrait ravitailler une escadre, ni en charbon,
ni en projectiles.*

*Ce n'est pas l'argent qui nous a fait défaut. Nous en
avons eu plus qu'il n'en fallait pour égaler l'Allemagne!*

*Ces constatations, conclut le rapporteur, sont
accablantes* [1].

Accablantes en effet. Malheureusement, il n'y a aucune chance
d'espérer que les causes multiples ayant engendré de tels
résultats : indiscipline croissante (les ouvriers des arsenaux sous
l'influence d'excitations journalières, désorganisation complète
des services, produite par les ingérences politiques et les rivalités
de fonctionnaires qui se jalousent, influences socialistes obligeant
l'État à se charger de constructions que l'Allemagne confie à des
industries privées etc., puissent disparaître.

Dans les cas précédents, les résultats des expériences se sont
montrés rapidement. Mais il arrive parfois qu'ils se manifestent
avec lenteur.

La destruction presque instantanée de la flotte russe par les
grands cuirassés japonais et l'impuissance des torpilleurs ont été
nécessaires pour faire comprendre la; faute énorme commise il y
à quelques années en abandonnant la construction des cuirassés
pour les remplacer par un flotte de petits croiseurs et de torpilleurs
reconnus inutiles maintenant. Des centaines de millions furent

---

1 Extrait du rapport publié par le *Temps* du 25 février 1911.

ainsi gaspillés. Notre pays resta sans défense, jusqu'au jour Où l'erreur ayant été expérimentalement démontrée, il fallut se décider à entreprendre la construction d'une nouvelle flotte.

Si l'expérience est souvent indispensable pour vérifier la valeur des opinions, c'est que la plupart de ces dernières se forment en ne tenant compte que des éléments superficiels des choses. Dans le cas qui vient d'être cité, on pouvait, par des raisonnements subtils basés sur quelques apparences, prouver que les torpilleurs économiques détruiraient facilement les grands cuirassés ruineux. L'abandon de ces derniers semblait donc rationnel.

Les conséquences lointaines de mesures d'apparences rationnelles ne sont visibles qu'à des esprits pénétrants, et ce ne sont pas souvent eux qui gouvernent. J'ai montré dans ma *Psychologie politique* combien furent finalement nuisibles nombre de lois paraissant dictées par d'excellentes raisons. L'expérience prouva même que la plupart de ces lois draconiennes agissaient, généralement, d'une façon exactement contraire aux intérêts de ceux qu'elles voulaient protéger.

Comme type des résultats ainsi obtenus, un des plus curieux a été fourni récemment par la ville de Dijon. Les hasards de la cécité populaire y ayant fait élire une municipalité socialiste, ces braves gens s'imaginèrent favoriser les ouvriers en remplaçant l'octroi par de lourdes taxes frappant seulement les détenteurs supposés de la richesse. D'inévitables répercussions se manifestèrent en très peu de temps, et, loin de diminuer, le prix de la vie augmenta considérablement pour les travailleurs. Les socialistes apprirent ainsi expérimentalement, mais aux dépens de leurs administrés, que les lois économiques dédaignées, quand on ne les comprend pas, rendront toujours impossible l'établissement d'une taxe quelconque sur une classe unique de citoyens. Par voie d'incidence elle se répartit bientôt sur toutes les autres et ce n'est pas celui contre lequel a été voté l'impôt qui le paie.

Les leçons de l'expérience étant, le plus souvent très nettes, pourquoi tant d'hommes politiques, auxquels l'intelligence ne manque pas toujours, les comprennent-ils si peu ?

C'est que, je l'ai dit déjà, l'expérience reste à peu près sans action sur la croyance. Or, les conceptions politiques des partis avancés n'étant plus des opinions, mais bien des, croyances, ont pour soutien ces éléments mystiques et affectifs dont nous avons montré l'irrésistible force.

La raison, invoquée sans cesse par les politiciens, n'exerce pas plus d'influence sur eux que sur les dévots d'aucune foi. Des certitudes exclusivement mystiques ou sentimentales dictent leur conduite. Ils sont maîtres de leurs discours, mais non des invisibles suggestions qui les font naître.

Connaissant ainsi la genèse secrète d'opinions qui ne possèdent de rationnel que l'apparence, on ne saurait s'indigner contre l'incompréhension de leurs auteurs. Des vérités, éclatantes pour des esprits guidés par une logique rationnelle dégagée de tout élément étranger, resteront toujours inaccessibles aux hommes que la simple croyance conduit. Ils sont inaccessibles à la raison, à l'observation et à l'expérience.

Livre VI
Les opinions et les croyances collectives

Chapitre I
Les opinions formées sous des influences collectives.
(La race, le milieu, la coutume, les groupes sociaux, etc.)

§ 1. - Influence de la race sur les croyances.

Les influences collectives ont une part prépondérante dans la genèse d'un grand nombre d'opinions et constituent leurs véritables régulateurs.

L'immense majorité des hommes ne possède guère que des opinions collectives. Les plus indépendants eux-mêmes professent généralement celles des groupes sociaux auxquels ils appartiennent. Nous l'avons dit déjà, et allons le montrer plus clairement encore, par l'examen successif du rôle des influences collectives dans la genèse de nos opinions et de nos croyances : race, milieu, coutume, groupe social, etc.

Examinons d'abord l'influence de la race.

Des observations plusieurs fois séculaires prouvent que les peuples chargés d'un long passé présentent une grande communauté d'opinions et de croyances sur certains sujets fondamentaux. Elle résulte de la formation d'une âme nationale. Cette âme étant variable d'un peuple à un autre, les mêmes événements éveilleront chez chacun d'eux des réactions différentes.

Il n'existe plus guère aujourd'hui de races pures au sens anthropologique de ce terme, mais lorsque des peuples de même origine ou d'origines diverses, sans être trop éloignées, ont été soumis pendant plusieurs siècles aux mêmes croyances, aux mêmes institutions, aux mêmes lois, et parlent la même langue, ils constituent ce que j'ai appelé ailleurs une race historique. Cette race possède alors en morale, en religion, en politique et sur une foule de sujets, un ensemble d'idées, de sentiments communs, tellement fixés dans les âmes, que tout le inonde les accepte sans les discuter.

L'âme d'un peuple n'est donc pas une conception métaphysique, mais une réalité très vivante. Elle est formée d'une stratification atavique, de traditions, d'idées, de modes de penser, de préjugés même. De leur solidité dépend la force d'une nation.

Des hommes simplement réunis par une conquête violente constituent un agrégat transitoire, non cimenté et facilement dissociable parce qu'ils ne possèdent pas encore une âme nationale.

Tant qu'elle n'aura pas été acquise ils resteront une poussière de barbares. Détruire les influences du passé dans l'âme d'un peuple eut toujours pour résultat invariable de le ramener à la barbarie.

Les divergences d'opinions chez un peuple, possédant une âme nationale très forte, portent seulement sur des sujets peu importants. Devant un grand intérêt en jeu, l'accord devient unanime. Les Anglais en donnèrent un frappant exemple dans la guerre du Transvaal. Les défaites humiliantes et répétées des troupes britanniques, vaincues par de simples paysans boers, fournissaient aux journaux de l'opposition une excellente occasion d'attaquer le ministère. Aucun n'y songea. L'âme nationale ne l'aurait pas permis.

Cette âme collective de la race ne se manifeste d'ailleurs que lorsqu'il s'agit d'intérêts généraux considérables. Elle n'entrave nullement l'existence d'âmes individuelles très vivaces, de même qu'en histoire naturelle, les caractères distincts de chaque espèce ne les empêchent pas de posséder également ceux du genre auquel ils appartiennent.

Nous verrons que les éléments constituants des races primitives, n'étant pas encore différenciés, n'ont qu'une âme collective. C'est seulement chez des races très évoluées que les caractères individuels se superposent aux caractères collectifs.

Il a été remarqué plus haut que la formation d'une âme commune était possible seulement chez des peuples d'origines peu dissemblables. S'ils l'étaient trop, aucune fusion ne pourrait s'opérer. Ne possédant pas la même âme, chaque individu est impressionné différemment par les choses extérieures, et il ne saurait, par conséquent, exister d'opinions communes sur aucun sujet. Les Tchèques et les Hongrois en Autriche, les Irlandais en

Angleterre, etc., illustrent l'exactitude de cette loi. La prétention d'imposer nos codes aux indigènes de nos colonies prouve qu'elle est peu emprise.

Les croisements de races très différentes modifient les influences ancestrales, mais ils enlèvent en même temps aux individus toute stabilité mentale. Un peuple de métis est ingouvernable. L'anarchie où vivent les républiques latines de l'Amérique en est la preuve.

L'héritage mental du passé se stabilisant à mesure qu'un peuple vieillit, ce qui était une force pour lui, finit à la longue par constituer une faiblesse. Son adaptation à des progrès nouveaux devenant de plus en plus difficile, sa pensée et ses opinions sont de moins en moins libres. Il y a lutte journalière entre le conscient que la raison gouverne, et les impulsions ancestrales qui lui échappent. Les révolutions violentes par lesquelles)es peuples essaient quelquefois alors de se soustraire au joug opprimant d'un passé trop lourd, sont sans action durable. Elles peuvent détruire les choses, mais modifient très peu les âmes. C'est ainsi que les opinions et les croyances de la vieille France pèsent d'un irrésistible poids sur la nouvelle. Les façades seules ont changé.

§ 2. - Influence du milieu social et des groupes sociaux

Le milieu social exerce sur nos opinions et notre conduite une action intense. Il engendre à notre insu des inférences inconscientes qui nous dominent constamment. Les livres, les journaux, les discussions, les événements d'une époque créent une ambiance qui, bien qu'invisible, nous oriente. Elle contient les germes de conceptions artistiques, littéraires, scientifiques ou philosophiques que le génie condense quelquefois en synthèses lumineuses.

Les opinions suscitées parle milieu social sont tellement fortes, que l'individu obligé de quitter ce milieu est également forcé de changer d'opinions. Un parfait socialiste révolutionnaire devient aisément un conservateur étroit dès son arrivée au pouvoir. On sait avec quelle facilité Napoléon transforma en dues, chambellans et barons, les farouches conventionnels qui n'avaient pas encore eu le temps de se faire couper réciproquement la tête.

Le milieu social agit d'une façon générale, mais ce qui agit surtout c'est le groupe auquel nous appartenons.

D'opinions et de croyances individuelles, déduites de nos propres observations et de nos raisonnements, nous avons généralement fort peu. La plupart des hommes ne possèdent que celles du groupe: caste, classe, secte, parti, profession auxquels ils appartiennent et les adoptent en bloc.

Chaque classe d'un peuple : ouvriers, magistrats, politiciens, professent donc les opinions fondamentales de leur groupe professionnel. Elles sont le critérium de leurs jugements. Ils tiennent les choses pour vraies ou fausses suivant qu'elles sont conformes ou non aux opinions de ce groupe. Chacun forme une sorte de tribu fermée, possédant des opinions communes si acceptées qu'elles ne se discutent même pas. Qui n'adopte pas les idées de son groupe n'y saurait vivre.

L'évolution actuelle vers le socialisme et le syndicalisme augmente tous ces groupes, notamment ceux par lesquels l'État administre ses monopoles. Ils se jalousent férocement, et rien n'existe de commun entre eux qu'une cascade d'inimitiés et de mépris. Aucune solidarité ne les reliant, il en résulte une désorganisation progressive des services chaque jour plus nombreux assumés par l'État. C'est une des causes profondes, quoique des moins signalées, de la décadence des monopoles Étatistes, et notamment, de notre marine de guerre. J'en ai fourni les preuves, dans un précédent ouvrage, et montré que le simple passage d'un monopole entre les mains de l'État est un désastre pour les finances.

Les dissentiments d'opinions entre les groupes fonctionnarisés qui, sous le bénéfice de l'anonymat, sont les vrais maîtres du pays, apparaissent peu au public. Les opinions des groupements ouvriers sont au contraire trop bruyantes pour passer inaperçues. Leurs haines à l'égard des autres classes tendent à devenir de puissants facteurs de l'évolution politique actuelle.

S'imaginant, sur l'affirmation de leurs meneurs, être les créateurs uniques de la richesse, ils ne soupçonnent aucunement le rôle du capital et de l'intelligence. Se considérant beaucoup plus les compatriotes des ouvriers étrangers que des bourgeois français, ils sont devenus internationalistes et antimilitaristes. Leur vraie patrie est le groupe des gens de leur métier, à quelque nation qu'ils appartiennent.

§ 3. - Influence de la coutume.

La coutume, forme de l'habitude, fait la force des sociétés et des individus. Elle les dispense d'avoir à réfléchir sur chaque cas qui se présente pour se former une opinion.

Le milieu, la contagion et l'éducation maintiennent en nous la coutume. Les lois ne font que la sanctionner et sont puissantes seulement quand elles fixent une coutume déjà existante.

Le rôle de la coutume, dont j'ai déjà parlé dans un autre chapitre à propos de l'habitude, a été fort bien étudié depuis longtemps, notamment par Montaigne, et il suffira de reproduire ce qu'écrivait ce philosophe

> C'est, à la vérité, une violente et traistresse maistresse d'eschole que la coustume. Elle establit en nous, peu à peu, a la desrobée, le pied de son auctorité : mais, par ce doulx et humble commencement, l'ayant rassis et planté avec l'ayde du temps, elle nous descouvre tantost un furieux et tyrannique visage, contre lequel nous n'avons plus la liberté de haulser seulement les yeulx.
>
> ... Mais on descouvre bien mieulx ses effects aux estranges impressions qu'elle faict en nos âmes, où elle ne trouve pas tant de résistance... Les loix de la conscience, que nous disons naistre de nature, naissent de la coustume; chacun, ayant en vénération interne les opinions et mœurs approuvées et reçenes autour de luy, ne s'en peult desprendre sans remors, ny s'y appliquer sans applaudissement. Quand ceulx de Crète vouloient, au temps passé, mauldire quelqu'un, ils prioient les dieux de l'engager en quelque coustume... les communes imaginations que nous trouvons en crédit autour de nous, et infuses en nostre âme par la semence de nos pères, il semble que ce soyent les générales et naturelles : par où il advient que ce qui est hors les gonds de la coustume, on le croit hors les gonds de la raison; Dieu sçait combien desraisonnablement le plus souvent !... C'est par l'entremise de la coustume que chascun est content du lieu où nature l'a planté; et les sauvages d'Éscosse n'ont que faire de la Touraine, ny les Scythes, de la Thessalie... l'usage nous desrobe le vray visage des choses...

Nous allons examiner maintenant les caractéristiques spéciales, la valeur et l'influence des opinions collectives dont nous venons d'indiquer la genèse.

Chapitre II
Les progrès de l'influence des opinions collectives et leurs conséquences.

§ 1. - Les caractéristiques des opinions populaires

L'action de plus en plus considérable des foules dans la vie politique donne une grande importance à l'étude des opinions populaires. Interprétées par une légion d'avocats, de professeurs, qui les transposent et en dissimulent la mobilité, l'incohérence et le simplisme, elles restent assez mal connues. Aujourd'hui, le peuple souverain est aussi adulé que le furent jadis les pires despotes. Ses passions basses, ses appétits bruyants, ses plus inintelligentes aspirations suscitent des admirateurs. Pour les politiciens, serviteurs de la plèbe, les faits n'existent pas, les réalités n'ont aucune valeur, la, nature doit se plier à toutes les fantaisies du nombre.

L'âme populaire, déjà étudiée par nous dans d'autres ouvrages, a pour principale caractéristique d'être entièrement dominée par des éléments affectifs et mystiques. Aucun argument rationnel ne pouvant refréner chez elle les impulsions créées par ces derniers, elle y, obéit immédiatement.

Le côté mystique de l'âme des foules est souvent plus développé encore que son côté affectif. Il en résulte un besoin intense d'adorer quelque chose: dieu, fétiche, personnage ou doctrine.

Ce besoin s'épanche aujourd'hui vers la foi socialiste, religion nouvelle dont le pouvoir surnaturel doit régénérer les hommes.

Le mysticisme populaire fut observé d'ailleurs à tous les âges. Quand il ne se manifesta pas dans les croyances religieuses, il régna dans les conceptions politiques. L'histoire de la Révolution le montre à chaque page.

Le point le plus essentiel petit-être de la psychologie des foules est, je le répète, l'impuissance de la raison sur elles. Les idées capables, d'influencer les multitudes ne sont pas des idées rationnelles, mais des sentiments exprimés sous forme d'idées.

De telles vérités devraient être banales depuis longtemps. Cependant la conduite des politiciens de race latine montre qu'ils ne les comprennent pas encore. Ils ne se dégageront de l'anarchie qu'après les avoir comprises.

§ 2. - Comment, sous la mobilité des opinions populaires, persiste une certaine fixité.

Parmi les caractéristiques des opinions populaires, on en rencontre deux, la mobilité et la stabilité, d'aspect contradictoire.

La mobilité paraît leur loi, et elle l'est en effet, mais semblable aux vagues de l'océan surmontant des eaux tranquilles, cette mobilité de surface cache des éléments très stables. On les découvre sous toutes les variations dont notre histoire offre depuis un siècle le tableau.

Derrière la mobilité constante de la foule, derrière ses fureurs, ses enthousiasmes, ses violences et ses haines génératrices de tant de bouleversements, persistent des instincts conservateurs tenaces. Les foules latines les plus révolutionnaires restent très conservatrices, très traditionalistes. C'est pourquoi les régimes, brisés par elles sont bientôt restaurés sous de nouveaux noms.

Cette double tendance, révolutionnaire dans les actes, conservatrice dans les sentiments, échappe généralement aux meneurs de foules. Aussi ne les entraînent-ils jamais bien longtemps dans le même sens.

Sur les opinions politiques journalières, et surtout sur les sentiments pour les personnes, ou fait osciller facilement l'âme populaire. Sur sa mentalité fondamentale, le temps seul peut agir.

Un des exemples montrant le mieux à la fois l'incompréhension générale de l'âme populaire, et la fixité cachée sous sa mobilité, est fourni par une récente expérience du Gouvernement anglais. Le Parlement élu après dissolution ne lui ayant pas donné, à propos de la réforme de la Chambre des Lords, une majorité suffisante, il crut, par une campagne énergique, pouvoir obtenir des foules anglaises les députés dont il avait besoin, et la Chambre fut de nouveau dissoute. Malgré la plus violente pression, les mêmes députés furent renommés. Avant la dissolution, la majorité gouvernementale était de 124 voix. Après les nouvelles élections, de 126 voix. Tout cet effort énorme aboutissait à un insignifiant déplacement de deux voix.

Nul besoin d'une psychologie bien savante pour prédire ce résultat. Comment supposer, qu'ayant agi une première fois sur l'opinion populaire par tous les moyens à la disposition du gouvernement, on pourrait à quelques mois de distance obtenir des résultats différents? Les ministres le supposaient sans doute en se basant sur la mobilité bien comme des foules, mais ils oubliaient leur fixité sur certaines questions fondamentales. Or, d'était justement sur ces points essentiels que les électeurs devaient voter. Ils correspondaient à des tendances traditionnelles irréductibles des diverses fractions du peuple anglais.

L'âme collective ne peut être dirigée qu'en la pénétrant. J'ai bien des fois montré à quel point la plupart de nos hommes d'État en ignorent le mécanisme. La loi récente sur les retraites ouvrières l'a une fois de plus montré. Ils comprennent encore moins l'âme collective d'autres peuples, comme le prouvent les idées d'assimilation imposées à nos colonies.

§ 3. - La puissance dé l'opinion populaire avant l'âge moderne.

L'action des opinions populaires devenue prépondérante aujourd'hui, s'est également exercée aux divers, temps de l'histoire. On ne l'aperçoit pas toujours, parce que la chronique des nations n'a guère été, pendant longtemps, que celle des souverains. Tous les actes de leurs règnes semblaient des créations de leurs volontés.

Bien qu'oubliées des livres, les influences populaires furent cependant considérables. Quand après avoir terminé l'histoire des rois on s'occupera de celle des peuples, il apparaîtra clairement que les foules furent les vraies créatrices d'événements mémorables :Croisades, guerres de religion, massacre. de la Saint-Barthélemy, révocation de l'édit de Nantes, Restauration monarchique et napoléonienne, etc. Aucun despote n'aurait jamais eu la puissance d'ordonner la Saint-Barthélemy, et, malgré son absolu pouvoir, Louis XIV n'aurait pu révoquer l'édit de Nantes.

Sans vouloir entrer ici dans les détails et en me bornant comme exemple au dernier des événements que je viens de citer, je ferai remarquer que Louis XIV ne l'ordonna que poussé par la volonté générale.

« Il n'y eut rien de plus populaire, écrit justement Faguet, que la révocation de l'édit de Nantes; ce fut une mesure de souveraineté nationale, ce fut une mesure d'oppression de la minorité par la majorité, ce fut une mesure éminemment démocratique. »

La plupart des événements créés par les foules sont généralement ceux qui jouèrent le plus, funeste rôle dans l'histoire. Les catastrophes d'origine populaire furent heureusement peu nombreuses, grâce à l'action des élites qui, si faible aujourd'hui, réussissait alors, le plus souvent, à limiter tas caprices et les fureurs du nombre.

§ 4. - Les progrès actuels des influences collectives dans la genèse des opinions et leurs conséquences.

L'action grandissante du pouvoir des foules étant un des facteurs inévitables de la vie moderne, il faut savoir le subir. Pascal s'y résignait déjà : « Pourquoi suit-on la pluralité? Est-ce parce qu'ils ont plus de raison ? Non, mais plus de force ».

Et parle fait seul que la puissance a été conférée au nombre, ou tout au moins à ceux qui conduisent le nombre, que le nombre est persuadé qu'étant tout il peut tout, il s'ensuit que les flatteurs de ce pouvoir nouveau se multiplient chaque jour pour 18 servir. Législateurs et ministres sont devenus ses esclaves.

Les hommes politiques sont bien petits aujourd'hui devant les mugissements populaires. Les plus pondérés cèdent en tremblant. Ils n'hésiteront jamais, comme on le vit avec stupeur à Brest, à signer des manifestes en faveur d'un anarchiste antipatriote, candidat au Parlement, si de bas comités électoraux le leur ordonnent.

Cette servilité fut du reste la loi de tous les âges. Qu'un peuple aspire à la liberté, ce qui lui arrive rarement, ou se rue vers la servitude, tendance beaucoup plus fréquente, il trouvera toujours des professeurs et des avocats pour donner une forme intellectuelle à ses impulsions, si dangereuses qu'elles puissent être.

Les opinions des foules dictent aujourd'hui aux législateurs les lois qu'ils doivent voter, et, comme ces lois correspondent à des fantaisies éphémères et non à des nécessités, leur résultat final est de désorganiser la vie industrielle, sociale et économique du pays. Quant aux gouvernants, ils se bornent à suivre les mouvements de l'opinion, se sentant impuissants à les diriger, et laissent ainsi s'accumuler des raines.

On le constate maintenant chaque jour. La dernière grève des inscrits maritimes, qui faillit anéantir le commerce de l'Algérie, en a fourni un bien lamentable exemple.

Dès qu'une grève maritime se manifeste, la navigation étant réservée à la marine française, l'Algérie se trouve en état de blocus, et ses marchandises pourrissent dans ses ports. En 1904, les communications furent ainsi interrompues trois mois; en 1907, un mois; en 1909, deux mois. Pour remédier à ce blocus il suffisait de suspendre momentanément le monopole des pavillons, de façon à permettre aux bâtiments étrangers un commerce au moins provisoire entre la France et l'Algérie. Afin de se ménager la clientèle électorale des inscrits maritimes, on préféra faire perdre des millions à l'Algérie.

Devant cette passivité résignée, cette obéissance à leurs ordres, les foules deviennent chaque jour plus impérieuses. Les freins qui les maintenaient étant détruits, elles obligent parfois leurs représentants à légiférer au mépris de toute équité comme l'auraient fait des barons féodaux.

Il faudrait entrer dans trop de détails pour montrer comment se sont graduellement désagrégées les actions inhibitrices qui modéraient jadis les fantaisies et les fureurs des foules, et comment a été amené leur état de révolte permanente. Cet esprit de rébellion résulte avant tout de la notion, qu'il suffit de menacer et, au besoin, saccager, comme à Narbonne et en Champagne, pour être obéi.

Nombreux sont les faits mettant en évidence les phases de cette lente évolution de l'âme populaire, et montrant quels changements de mentalité parvinrent à ébranler des principes de droit séculaire, considérés comme indestructibles. Je me bornerai à citer comme exemple, la genèse d'une loi, d'aspect inoffensif et humanitaire à ses débuts, mais dont le résultat final fut la suspension momentanée de la vie nationale, par suite de la grève des cheminots.

Depuis longtemps, les compagnies payaient à leurs employés des retraites souvent supérieures à celles des fonctionnaires. D'après les chiffres donnés à la Chambre, alors que les ouvriers mineurs ont un maximum de pension de 360 francs, les instituteurs 1.000 francs, les professeurs de collège 1.385 francs, celles des chefs de gare et des mécaniciens peuvent atteindre et dépasser 3.500 francs. L'orateur qui donnait ces chiffres à la tribune ajoutait que ce n'est pas la situation des employés des compagnies qui demanderait à être améliorée.

Rien de plus évident, mais comme les cheminots peuvent devenir de bons agents électoraux, et d'ailleurs faisaient entendre, dans les journaux qu'ils inspirent, de violentes menaces, les législateurs crurent très simple d'user de leur souveraineté absolue pour leur donner satisfaction. Ils s'empressèrent donc de voter une énorme augmentation de retraites, payables naturellement par les actionnaires des compagnies. Peu de despotes auraient osé employer ce procédé et déclarer ainsi à des actionnaires : il me plaît de réduire vos maigres dividendes pour faire des pensions à une catégorie d'agents dont j'ai besoin. Obéissez et payez.

Les chemins de fer, étant entreprises privées, sont liés par des contrats qu'un seul des contractants, n'a pas le droit de briser. Cette vérité eût fait réfléchir des législateurs moins aveuglés par la théorie de la souveraineté de l'État représentant les foules. Il ne se trouva pourtant, au Sénat, qu'un seul sénateur, M. Raymond Poincaré, pour montrer le caractère odieux d'une intervention ayant pour but de dépouiller une classe de citoyens au profit d'une autre. « C'est, dît-il, le fait du Prince dans ce qu'il a de plus arbitraire. Nous légiférons pour l'avenir ; on nous demandera demain de légiférer, sinon pour le passé, du moins pour le présent... Où irons-nous, Messieurs, je me le demande ? Nous résisterons sans aucun doute, mais combien, le jour venu, serons-nous à résister ? »

Pas beaucoup, certes, car l'éminent homme d'État, après avoir fort bien montré les redoutables dangers du projet du Gouvernement, n'en a pas moins voté pour lui, contribuant ainsi à violer des principes de droit fondamentaux.

Encouragés par le succès de leurs menaces, les employés de chemins de fer exigèrent immédiatement des augmentations de traitement considérables. Les compagnies, ayant essayé de résister, il en résulta finalement la désastreuse grève des cheminots qui désorganisa tous nos réseaux.

Ce n'est là d'ailleurs qu'un commencement. Les ouvriers auxquels, on propose des pensions de deux ou trois cents francs ne s'en contentent plus depuis qu'ils ont constaté que, par des violences, leurs collègues des chemins de fer en obtenaient deux ou trois mille. A la suite du vote du Sénat, les demandes de retraites proportionnelles commencèrent naturellement à pleuvoir : cantonniers, ouvriers des arsenaux, des mines, des tabacs réclamèrent énergiquement. Mais tout cela est l'avenir, un redoutable avenir, que les préoccupations électorales peuvent seules empêcher d'apercevoir. Quel sinistre aveuglement !

On a vu, par la révolte récente de plusieurs d'un département, révolte accompagnée de pillage et d'incendies, les progrès de la violence des classes populaires quand on refuse de leur obéir instantanément

Le but poursuivi se dessine chaque jour plus nettement. Il consiste à tâcher de dépouiller ceux qui possèdent. Cet idéal, constamment prêché par les meneurs, est au fond de toutes les revendications.

En attendant, les législateurs sanctionnent servilement les mesures que la foule exige. Ils ont perdu le sens des possibilités et des réalités. Les plus dures expériences ne les éclairent pas. Ils s'imaginent marcher ainsi vers le progrès et la liberté, tandis que leurs votes nous mènent vers la servitude, la décadence et tous les despotismes qui en sont la suite.

§ 5. - Influence des collectivités dans la stabilisation
de certains éléments sociaux.

Le rôle destructeur des opinions des foules, n'est qu'une des faces de leur action. Sous la mobilité populaire apparente, existe, nous l'avons dit, un esprit traditionaliste assez difficile à détruire. Grâce à lui les foules retournent facilement au passé.

Le côté conservateur de l'âme populaire s'observe surtout dans les groupes sociaux : classes, congrès, corporations, syndicats, académies, etc.

L'action de ces groupes homogènes est souvent fort différente de celle des foules -hétérogènes dont nous nous sommes occupé plus haut. Ni destructive, ni créatrice elle stabilise, en raison de l'autorité du nombre, des opinions nouvelles créées par des élites et fixe ainsi pour quelque temps certains éléments importants des civilisations : langues, arts, modes, croyances, théories scientifiques même.

L'action individuelle est certainement capitale, et le génie, sa plus belle floraison, est toujours personnel ; cependant ses créations ne peuvent pleinement s'épanouir qu'après être devenues collectives. Sans les chercheurs solitaires, il n'y aurait jamais eu ni civilisation, ni progrès, mais l'œuvre individuelle n'acquiert toute sa puissance que par son absorption dans l'âme collective.

Chapitre III
La dissolution de l'âme individuelle. Dans l'âme collective

§ 1. - Désagrégation actuelle des grandes collectivités
en petits groupements.

Après s'être péniblement dégagée, par un lent travail séculaire, de la collectivité, l'âme individuelle tend à y retourner actuellement, sous une forme imprévue, fort différente de celle imaginée, par certains théoriciens politiques, rêvant un nivellement général des conditions et des fortunes sous la direction de l'État.

À côté des théories socialistes, et bientôt contre elles, se développaient de petits groupes nettement séparés les uns des autres par leurs opinions et leurs intérêts. Cette désagrégation d'une société en fragments sans liens communs constitue ce qu'on a nommé le mouvement syndicaliste.

Loin de rester, comme le socialisme, l'œuvre de théoriciens purs, étrangers aux réalités, il représente une création spontanée due à des nécessités économiques qui se sont imposées partout, ainsi que le prouve sa généralisation, sous des formes diverses, chez des peuples de mentalités distinctes. Les seules différences sont que le syndicalisme, révolutionnaire dans certains pays, reste pacifique dans d'autres.

L'évolution industrielle qui a engendré ce mouvement conduit les grandes patries modernes à se subdiviser en petites patries, ne respectant que leurs lois propres, et méprisant celles de la collectivité générale qui les contient.

L'union provisoire de ces divers groupes, malgré des intérêts distincts, les à doués d'une force assez puissante pour faire prévaloir souvent leurs volontés.

Cette force, chacun en constate facilement les résultats, mais on s'aperçoit beaucoup moins en général, que l'union momentanée de tous ces groupes ne saurait durer. Dès que l'ancien bloc social aura été entièrement dissous en petits fragments solidement constitués, leurs divergences d'intérêts les conduira fatalement à des luttes incessantes. Si chaque groupe est en effet composé d'éléments homogènes, ayant des intérêts et des opinions identiques, il se trouve en conflit avec d'autres groupes, aussi puissants, mais d'intérêts nettement opposés.

On peut dès maintenant pressentir ces futures luttes, entre intérêts contraires, par l'histoire des anciennes républiques italiennes, celles de Sienne et de Florence notamment. Gouvernées par des syndicats ouvriers, leurs dissensions intestines ensanglantèrent pendant des siècles toutes les cités où ils furent maîtres.

N'objectons pas qu'il s'agit de temps très anciens. Les grandes lois sociales ne sont pas nombreuses et se répètent toujours.

Les luttes de groupes ne font que commencer, parce que le pouvoir central, puissant encore, refrène leurs rivalités, mais ce pouvoir perd de plus en plus son action. Dès qu'il l'aura tout à fait perdue on verra les conflits des groupements collectifs se manifester d'abord contre lui, comme à Narbonne, puis entre eux, comme en Champagne, où les syndicats rivaux de deux départements d'intérêts contraires se sont âprement combattus.

Gustave Le Bon

Pillages, incendies, massacres seront alors, comme ils le furent toujours, les manifestations inévitables des colères populaires devant la moindre résistance à leurs volontés, lorsqu'aucun frein ne les retient plus.

Nous ne nous sommes pas autant écarté du problème de la genèse des opinions et des croyances que le précédent exposé pourrait le faire croire. Comment comprendre l'unité d'opinions d'un groupe sans avoir déterminé d'abord sous quelles influences il s'est formé?

Dans les chapitres consacrés à l'étude, des opinions individuelles, nous avons souvent eu peine à préciser, parmi les facteurs pouvant agir, ceux qui jouent un rôle prépondérant. Rien n'est plus aisé, au contraire, pour des groupes très homogènes, très circonscrits, tels que ceux dont on vient d'indiquer la formation.

Ils sont en effet composés d'individus ne possédant d'autres opinions que celles de leur petit milieu. Pour conserver sa force, le groupe est obligé de ne tolérer aucune dissidence. Par l'opinion d'un de ses membres, on connaît celle de tous les autres.

Le problème de la genèse des opinions et des croyances, se simplifiera considérablement quand ne sera plus tolérée que l'opinion du groupe dans lequel on se trouvera confiné. L'indépendance des idées deviendra alors de plus en plus impossible.

Que les sociétés futures tombent sous le joug du socialisme, du syndicalisme, ou des despotes, engendrés par les anarchies nées de ces doctrines, elles n'en seront pas moins mentalement asservies.

§ 2. - Comment l'âme individuelle est sortie de l'âme collective et comment elle y retourne.

L'évolution moderne tend, nous venons de le voir, à désagréger les sociétés en petits groupes distincts, possédant des sentiments, des idées et des opinions identiques, c'est-à-dire une âme commune. Inutile de discuter sur la valeur de cette évolution, les raisons ne changeant pas les choses.

Mais sans juger les faits, on peut du moins chercher à les interpréter. Or, il est aisé de montrer que cette fusion des âmes individuelles en âmes collectives constitue un retour à des phases extrêmement lointaines de l'histoire observées encore à l'état de survivance chez les peuples primitifs inférieurs.

Ces peuples primitifs se composent toujours en effet de petits groupes nommés tribus, momentanément alliés, souvent en guerre. Le rôle de l'individu s'y montre très faible, parce que l'âme individuelle n'est pas dégagée encore. Ils n'ont qu'une âme collective, et c'est pourquoi tous les membres d'une même tribu sont considérés comme responsables des actes d'un seul.

La connaissance de cette notion caractéristique est indispensable pour comprendre le droit usuel de tous les primitifs ou même de demi-civilisés, les Annamites par exemple. Un administrateur d'Indo-Chine, M. Paul Giran, fait justement remarquer que le droit collectif de ce pays paraît incompréhensible aux magistrats européens qu'on y envoie parce qu'ils tiennent pour une indiscutable évidence que seul l'auteur d'un délit en est responsable. L'idée qu'une personne étrangère à un crime puisse, du fait de ce crime, subir une peine quelconque, leur paraît monstrueuse.

Elle ne l'est cependant pas pour l'Annamite. Dans de nombreux cas, les parents appartenant au groupe familial du coupable sont exécutés. Et pourquoi ? Pour la raison psychologique indiquée plus haut, que les éléments de chaque groupe social n'étant pas différenciés, sont considérés comme n'ayant qu'une âme collective. Ce principe est général puisqu'il régit le communisme politique, religieux ou social de tous les peuples à leurs débuts.

Le droit primitif ne distinguant pas la personnalité individuelle, non encore différenciée, de son groupe, punit le groupe tout entier ou un fragment quelconque de ce groupe. Comment les codes qui ne traduisent que la coutume pourraient-ils en décider autrement ?

Le condamné ne proteste nullement, d'ailleurs, contre un tel droit, inique pour le civilisé, mais équitable pour l'homme imprégné du sentiment très net de son étroite solidarité avec un groupe dont il ne se croit. pas séparable.

Les Européens eux-mêmes reviennent à ce droit primitif en temps de guerre, quand ils fusillent les otages, en s'appuyant sur le principe de la responsabilité collective. Ils semblent destinés à y retourner d'une façon plus générale encore, si les sociétés continuent à se désagréger en groupes, comme ceux étudiés plus haut.

La non-différenciation psychologique des divers membres d'une tribu, chez les primitifs, s'accompagne aussi d'une non-différenciation anatomique. J'ai jadis prouvé, par des recherches faites sur des milliers de crânes, que l'homogénéité anatomique, d'un peuple est d'autant plus grande qu'on remonte plus haut vers ses origines, et qu'à mesure qu'il progresse les crânes de ses divers membres se différencient davantage. Ce fait est à rapprocher des observations des voyageurs montrant que tous les membres d'une tribu sauvage se ressemblent étonnamment et que les sexes eux-mêmes sont à peine distincts.

L'âme collective des primitifs, les peuples civilisés la possèdent également. Mais des âmes individuelles en limitent l'influence. La première constitue ce que nous avons appelé l'âme de la race. Elle se manifeste surtout dans les grandes circonstances intéressant la destinée du peuple tout entier. L'âme individuelle se manifeste au contraire dans les moindres circonstances habituelles de la vie quotidienne. Cette superposition des âmes individuelles à l'âme collective est, je l'ai dit déjà, un phénomène analogue à celui observé chez tous les êtres dont les espèces possèdent, avec les caractères généraux du genre auquel ils appartiennent, ceux spéciaux à chaque espèce.

On ne recherchera pas ici au prix de quels efforts séculaires l'âme individuelle s'est lentement dégagée de l'âme collective, où l'intérêt social tendait à la maintenir, par l'action puissante des croyances religieuses, du milieu, des coutumes, des traditions et des lois.

Exposer cette succession d'efforts serait refaire l'histoire. Une pareille étude nous apprendrait que, dans la suite des temps, le nombre d'hommes ayant réussi à se dégager du poids énorme de l'âme collective fût toujours assez rare. Elle nous montrerait aussi que l'humanité leur doit tous les progrès accomplis pendant son lent essor. Elle nous dirait enfin que les sociétés qui ont vécu par eux se sont toujours cependant dressées contre eux. S'ils furent tolérés quelquefois, aux périodes de transition, ce ne fut jamais pour longtemps. Les mouvements socialistes et syndicalistes actuels représentent de nouvelles phases de la perpétuelle tentative des sociétés pour unifier les hommes et les maintenir dans les mêmes opinions, les mêmes croyances et la même conduite.

Le plus important des faits exposés dans ce chapitre est le commencement de désagrégation des sociétés actuelles en petits groupes indépendants, réciproquement hostiles, cherchant à s'isoler de plus en plus et enlever ainsi aux nations leur unité. L'âme individuelle, qui avait mis des siècles à se dégager un peu de l'âme collective, y retourne actuellement.

Nous assistons donc à ce phénomène singulier, de peuples civilisés tendant à remonter vers une mentalité inférieure qui fut celle des premiers âges. Les grandes luttes de l'avenir seront moins souvent entre peuples différents qu'entre les groupes constitués au sein de chacun d'eux.

La dissolution de l'âme individuelle dans l'âme collective d'un groupe est sans doute une force pour ce groupe, mais ne constitue sûrement pas un progrès, ni pour la société ni pour les individus. On ne devient une personnalité puissante qu'en s'évadant de l'âme collective.

Livre VII
La propagation des opinions et des croyances

<hr>

Chapitre I
L'affirmation, la répétition, l'exemple et le prestige.

<hr>

§ 1. - L'affirmation et la répétition.

Le rôle des facteurs énumérés dans ce chapitre ayant déjà été étudié dans plusieurs de mes ouvrages, je me bornerai à résumer brièvement leur action.

L'affirmation et la répétition sont des agents fort puissants de création et de propagation d'opinions. L'éducation est en partie basée sur eux. Les politiciens et les meneurs de toute nature en font un usage journalier. Affirmer, puis répéter, représente même le fond principal de leurs discours.

L'affirmation n'a pas besoin de s'appuyer sur une preuve rationnelle quelconque, elle doit seulement être brève, énergique et impressionnante. On peut considérer comme type de ces trois qualités, le manifeste suivant, reproduit récemment dans plusieurs journaux.

> *Qui produit le blé, c'est-à-dire le pain pour tous? Le paysan ! Qui fait venir l'avoine, l'orge, toutes les céréales ? Le paysan! Qui élève le bétail pour procurer la viande ? Le paysan ! Qui élève le mouton pour procurer la laine ? Le paysan! Qui produit le vin, le cidre, etc.? Le paysan! Qui nourrit le gibier ? Le paysan !*

> *Et pourtant, qui mange le meilleur pain, la meilleure viande ? Qui porte les plus beaux habits ? Qui boit le bordeaux et le champagne ? Qui profite du gibier ? Le bourgeois!*

> *Qui s'amuse et se repose à volonté? Qui prend tous ses plaisirs? Qui fait des voyages d'agrément ? Qui se met à l'ombre l'été, à côté, d'un bon feu l'hiver ? Le bourgeois!*

> *Qui se nourrit mal ? Qui boit rarement du vin ? Qui travaille sans discontinuer ? Qui se brûle l'été et se gèle l'hiver ? Qui a bien des misères et bien des peines ? Le paysan!*

Suffisamment, répétée, l'affirmation finit par créer d'abord une opinion et plus tard une croyance.

La répétition est le complément nécessaire de l'affirmation. Répéter souvent un mot, une idée, une formule, c'est les transformer fatalement en croyance. Du fondateur de religion au marchand de nouveautés, firent usage de la répétition tous les hommes se proposant d'en persuader d'autres.

Son pouvoir est tel qu'on finit soi-même par croire aux paroles répétées et par accepter les opinions qu'habituellement on exprime. Prié par le Sénat de prendre des mesures pour la défense de la République, le grand Pompée ne cessait de répéter que César n'attaquerait pas Rome et, remarque Montesquieu, « parce qu'il l'avait dit tant de fois, il le redisait toujours ». La conviction formée dans son esprit par ces répétitions, l'empêcha d'avoir recours aux moyens qui lui auraient permis de protéger Rome et conserver sa tête, au moins pendant quelque temps.

L'histoire politique est pleine de convictions formées ainsi par répétitions. Avant 1870, nos généraux et nos hommes d'État ne cessaient de répéter que les armées allemandes étaient très inférieures aux nôtres. A force de le répéter, ils le crurent fermement. On sait ce qu'il nous en coûta.

Le politicien ayant adopté des opinions, simplement parce qu'elles lui sont utiles finit, à force de les soutenir, par y croire assez pour ne plus pouvoir ensuite s'en débarrasser facilement, lorsqu'il devient profitable d'en changer. L'habitude de louer la vertu eût peut-être fini par rendre Tartufe un homme vertueux.

Les convictions fortes peuvent ainsi sortir de convictions faibles ou même simplement simulées. « Faites tout comme si vous croyiez, disait Pascal, cela vous fera croire. »

Le rôle de l'affirmation et de la répétition dans la formation des opinions et des croyances ne saurait être exagéré. Il est à là base de leur existence. Si les résultats obtenus par nos orateurs politiques actuels sont parfois bien médiocres, c'est qu'ils manquent un peu trop d'un élément dont nous montrerons plus loin la force : le prestige.

L'éloquence parlementaire, écrit un ancien député M. Gérard Varet, n'est ni une critique de témoignage comme au

Palais, ni une dissertation comme à la Sorbonne. La foule répugne invinciblement à l'effort de la réflexion, au souci de démontrer et de prouver: elle veut l'affirmation tranchante, le dogme impérieux et décisif. Et ce dogme elle le veut dans le sens de ses désirs, sourde aux critiques, avide de flatterie, ivre du sentiment de son irresponsabilité. L'orateur qui la connaît va droit en elle, aux sentiments élémentaires, aux instincts primitifs : orgueil, colère, envie, espérance. Il crie les misères imméritées, les iniquités, les réparations, invoque les ambitions messianiques, les rêves paradisiaques. Une harangue de tribuns, c'est un torrent de lyrisme, c'est une imprécation ou un hymne.

§ 2. - L'exemple.

L'exemple est une forme puissante de la suggestion, mais pour agir réellement il doit être impressionnant. Dans l'éducation, un seul exemple frappant est plus retenu que de faibles exemples longtemps multipliés.

J'ai eu occasion de vérifier ce principe en dressant des chevaux difficiles. Une impression forte quoique unique, telle qu'une certaine application très douloureuse de l'éperon, agit beaucoup plus rapidement que de faibles actions, souvent répétées.

Cette influence des exemples frappant vivement l'imagination, se manifesta nettement aux dernières grandes manœuvres militaires de 1910.

Les aéroplanes y répétèrent leurs opérations habituelles sans autre exercice nouveau que le port d'une dépêche, mais cet exemple de l'utilité supposée de l'aéroplane en temps de guerre, détermina de suite le gouvernement à créer solennellement un corps d'aviateurs et le ministre de la guerre à déclarer que l'aviation constituait une nouvelle arme à ajouter aux trois autres : l'infanterie, l'artillerie et la cavalerie.

En politique, la suggestion de l'exemple sur la formation et la propagation des opinions est décisive. Le succès de certains candidats socialistes a dirigé une foule de jeunes professeurs vers les pires formes de la doctrine. M. Bourdeau l'a fort bien montré dans les lignes suivantes :

La propagation des opinions et des croyances

Tandis qu'en Allemagne la jeunesse universitaire, la jeunesse bourgeoise, intelligente et lettrée, jadis attirées vers le socialisme, s'en éloignent aujourd'hui et reviennent à des sentiments de patriotisme exclusif et exalté, si bien que la social-démocratie allemande ne fait pour ainsi dire plus de recrues parmi elles; en France au contraire, c'est une mode de s'enrôler parmi les étudiants collectivistes et internationalistes. L'exemple vient de haut, des agrégés de philosophie, des normaliens. L'École Normale se transforme en une pépinière du socialisme.

§ 3. - Le prestige.

Les traités de logique décrivent minutieusement les divers éléments de formation d'un jugement. Ils ont oublié cependant la contagion et le prestige. Or, ce sont précisément ceux qui déterminent la très immense Majorité de nos opinions.

Devant consacrer un chapitre à la contagion mentale, je n'étudierai maintenant que le prestige. Cette étude sera sommaire, ayant déjà traité le sujet dans d'autres ouvrages.

Sans doute, on nous enseigne au collège que le principe d'autorité, partie fondamentale du prestige, a été remplacé par l'expérience et l'observation, mais la fausseté d'une telle assertion est facile à montrer.

Même en laissant de côté les opinions religieuses, politiques et morales, où le raisonnement n'intervient guère, pour ne tenir compte que des opinions scientifiques, on constate qu'elles ont, bien souvent, pour seule base l'autorité de celui qui les énonce et se propagent par simple contagion.

Il ne saurait d'ailleurs en être autrement. La plus grande partie des expériences et observations scientifiques étant trop compliquées pour être répétées, force est de croire sur parole le savant qui les énonce. L'autorité du maître est souveraine aujourd'hui, tout comme au temps où régnait Aristote.

Elle devient même de plus en plus omnipotente à mesure que la science se spécialise davantage.

La généralité des opinions que l'éducation nous inculque ayant uniquement l'autorité pour base, nous nous habituons facilement à admettre, sans difficulté, une opinion défendue par un personnage auréolé de prestige.

Sur les sujets techniques de notre profession, nous sommes capables de jugements assez sûrs. Pour tout le reste, nous n'essayons même pas de raisonner, préférant admettre, les yeux fermés, les opinions qu'un personnage ou un groupe doué de prestige nous impose.

En fait, la destinée, qu'on soit homme d'État, patron, artiste, écrivain ou savant, dépend surtout de la quantité de prestige possédée et, par conséquent, du degré de suggestion inconsciente qu'on peut créer. C'est la domination mentale qu'un homme exerce qui détermine son succès. Le parfait imbécile réussit cependant quelquefois, car, n'ayant pas conscience de son imbécillité, il n'hésite jamais à affirmer avec autorité, or l'affirmation énergique et répétée possède du prestige. Le plus vulgaire des camelots, affirmant fortement la supériorité imaginaire d'un produit, exerce du prestige sur la foule qui l'entoure.

En revenant sur ce sujet dans la partie de cet ouvrage consacrée à l'étude expérimentale des croyances, nous montrerons par des exemples frappants que, même chez des savants éminents, le prestige est souvent un des facteurs les plus sûrs d'une conviction. Pour les esprits ordinaires, il l'est toujours.

Créateur d'opinions et maître des volontés, le prestige est une puissance morale supérieure aux puissances matérielles. Les sociétés sont fondées sur lui beaucoup plus que sur la force. Revenu presque seul de l'île d'Elbe, Napoléon, grâce à son prestige, reconquit la France en quelques jours. Devant son auréole, les canons du roi restèrent silencieux et ses armées s'évanouirent.

Cette influence fut si colossale qu'elle s'exerçait même sur ses ennemis. Marie-Caroline, fille de Marie-Thérèse, et femme d'un Bourbon, qui aurait dû exécrer cet ennemi redoutable pour elle, l'admirait comme un Dieu. Voici ce qu'elle en écrivait dans une lettre :

« C'est le plus grand homme que les siècles aient produit. Sa force, son énergie, son esprit de suite, son activité, son talent lui ont acquis mon admiration. Heureux le pays qui aurait un pareil

souverain! Chez celui-ci tout est grand... Je voudrais la chute de la République, mais la conservation de Buonaparte... S'il mourait, on devrait le réduire en poudre et en donner une dose à chaque souverain, deux à chacun de leurs ministres ! »

La part du prestige dans la puissance des souverains fut toujours immense. « Il faudrait, dit justement Pascal, avoir une raison bien épurée pour ne pas regarder comme un autre homme le grand seigneur environné, dans son superbe sérail, de quarante mille janissaires... »

Même à notre âge de nivellement démocratique, le prestige a conservé sa force et les rois modernes agissent sagement en ne le laissant pas effleurer.

« Tous ceux qui assistèrent aux funérailles du roi d'Angleterre, écrivait le correspondant d'un important journal, M. Nozière, furent frappés de la grande impression que fit sur la foule l'empereur d'Allemagne. Il s'avançait au milieu des souverains et il s'imposait à l'attention de tous. Guillaume a le sentiment d'être sur la terre le chevalier de Dieu. Quand il exprime cette idée, on ne peut s'empêcher de sourire. Mais cette conviction lui prête-une majesté singulière et dont la foule demeure étonnée. C'est, actuellement, le monarque le plus dramatique. »

Le besoin d'adoration des foules les rendent vite esclaves des individus exerçant ‘sur elles du prestige. Elles adorèrent frénétiquement tous leurs dominateurs.

Ce n'est jamais en les flattant que l'on peut conserver son prestige. Elles recherchent des flatteurs mais les méprisent, bientôt. Longtemps encore se vérifiera l'antique adage :

Poignez vilain, il vous oindra,

Oignez vilain, il vous poindra.

Toute la discipline militaire est fondée sur le prestige des chefs. Une ignorance déconcertante de la psychologie des foules ayant fait complètement oublier aujourd'hui ce principe, on s'imagine remplacer la discipline par la persuasion. Il est recommandé aux officiers de n'être plus pour les soldats que des frères aînés, tâchant d'obtenir l'obéissance par des raisonnements. L'inférieur accepte très volontiers ces théories, mais méprise fort les chefs qui les pratiquent et ceux-ci perdent graduellement toute autorité. Que deviendra l'armée quand ils l'auront entièrement perdue?

L'anarchie actuelle résulte en partie de ce que la mollesse des classes dirigeantes les a dépouillées de leur prestige. Les rois, les peuples, les individus, les institutions, tous les éléments de la vie sociale en un mot, sont condamnés à périr dès qu'ils n'exercent plus de prestige.

On peut facilement résumer en quelques lignes l'action des divers facteurs de propagation des opinions et des croyances énumérés dans ce chapitre. Sans le prestige aucune n'aurait pu naître, sans l'affirmation aucune n'aurait pu s'imposer, sans l'exemple et la répétition aucune n'aurait subsisté.

Chapitre II

La contagion mentale.

§ 1. - Les formes de la contagion mentale.

La contagion mentale constitue un phénomène psychologique dont le résultat est l'acceptation involontaire de certaines opinions et croyances.

Sa source étant inconsciente, elle s'opère sans qu'aucun raisonnement ou réflexion y participe. On l'observe chez tous les êtres, de l'animal à l'homme, principalement lorsqu'ils sont en foule.

Son action est immense, elle domine l'histoire.

La contagion mentale représente en effet l'élément essentiel de la propagation des opinions et des croyances. Sa force est souvent assez grande pour faire agir l'individu contre ses intérêts les plus évidents. Les récits innombrables de martyrs, de suicides, de mutilations, etc., déterminés par contagion mentale en fournissent des preuves.

Toutes les manifestations de la vie psychique peuvent être contagieuses mais ce sont, en particulier, les émotions qui se propagent de cette façon. Les idées contagieuses sont des synthèses d'éléments affectifs.

Dans la vie ordinaire, la contagion peut être limitée par l'action inhibitrice de la volonté, mais si une cause quelconque : changement violent de milieu en temps de révolution, excitations populaires, etc., viennent la paralyser, la contagion exercera facilement son influence et pourra transformer des êtres pacifiques en guerriers hardis, de placides bourgeois en farouches sectaires. Sous son influence, les mêmes individus passeront d'un parti dans un autre, et apporteront autant d'énergie à réprimer une révolution qu'à la fomenter.

La contagion mentale ne s'exerce pas seulement par le contact direct des individus. Les livres, les journaux, les nouvelles télégraphiques, de simples rumeurs même, peuvent la produire.

Plus les moyens de communication se multiplient, plus les volontés se pénètrent et se contagionnent. Nous sommes liés davantage chaque jour à ceux qui nous entourent. La mentalité individuelle revêt facilement une forme collective.

De toutes les variétés de contagion mentale qui nous étreignent, une des plus puissantes est, je l'ai déjà montré, celle du groupe social dont nous faisons parti. Aucune volonté n'essaie de s'y soustraire. Il dicte même le plus souvent nos opinions et nos jugements sans que nous nous en apercevions.

§ 2. - Exemples divers de contagion mentale.

Les sentiments, bons ou mauvais, sont contagieux et c'est pourquoi le rôle de l'entourage dans l'éducation offre tant d'importance. « Dis-moi qui tu hantes, je te dirai qui tu es » est un très juste proverbe.

À la contagion mentale par exemple est due la formation d'une foule de jeunes criminels chassés de l'usine par des lois prétendues humanitaires. Sans autre occupation désormais que de flâner dans la rue, ils y entrent en relations avec des camarades dérobant aux étalages de menus objets et bientôt les imitent. L'importance de ces vols augmente graduellement et des associations sont formées pour imiter des bandes célèbres. Le rôdeur de hasard devient bientôt un voleur professionnel dont la vie s'écoulera de prison en prison. Il acceptera d'autant plus facilement sa destinée qu'aucune action inhibitrice ne viendra limiter les effets de la contagion. Les magistrats sont, en effet, pleins d'indulgence pour tous les criminels et de bons philanthropes, un peu imbéciles, leur font construire d'élégantes prisons bien chauffées et pourvues de tout le confort moderne.

La contagion criminelle se produit très souvent aussi, grâce aux récits d'assassinats sensationnels racontés par les journaux. Le célèbre Jack l'éventreur eut de nombreux imitateurs dans plusieurs villes d'Angleterre.

Les faits démontrant la contagion mentale sont si manifestes qu'il semblerait inutile d'y insister. Mais la fameuse mesure, décidée en conseil des ministres, d'introduire les apaches dans l'armée, prouve à quel point les gouvernants l'ignorent. Le plus modeste des psychologues aurait appris à ces médiocres hommes d'État combien cette résolution serait désastreuse et qu'il faudrait y renoncer bientôt. C'est ce qui arriva en effet.

Des diverses émotions, la plus contagieuse peut-être, est la peur. On connaît son rôle capital, dans la vie des individus et des peuples. Si elle n'a pas, suffi à créer les dieux, comme le soutenait Lucrèce, son influence fut manifeste dans leur genèse.

Aussi puissante qu'au début de l'histoire, elle crée les paniques qui font perdre les batailles et peut même conduire ses victimes au suicide. La terreur de la dernière comète qui devait, disait-on, rencontrer la terre, amena plusieurs personnes à se tuer.

Elle ne dirige pas seulement les individus et les foules, mais encore les politiciens qui les mènent. Dans ma *Psychologie politique*, j'ai montré que la peur fut l'origine d'un grand nombre de lois, votées depuis vingt ans, et dont les funestes effets se déroulent chaque jour.

On peut dire que dans les temps troublés le fantôme de la peur règne souverainement sur les assemblées politiques et détermine leurs opinions et leurs votes. Il provoqua les plus féroces mesures de la Convention. C'est sous les griffes de la peur que Carrier faisait périr ses victimes dans d'affreux supplices et que Fouquier-Tinville les envoyait par centaines à l'échafaud.

La plupart des émotions sont aussi contagieuses que la peur. Les vrais orateurs le savent bien. Le vote de la Chambre qui renversa le ministère Clemenceau en quelques minutes, fut, je l'ai déjà rappelé, le résultat d'une émotion contagieuse qu'un orateur de l'opposition sut provoquer.

Les expressions, gestes et mouvements de la physionomie traduisant les sentiments : colère, bienveillance, méchanceté, gaieté, etc., sont également contagieux. Il est sage, quand on sollicite une faveur, de prendre une mine souriante au lieu d'un air contraint. On a ainsi la chance de disposer à la bienveillance par contagion celui qui vous écoute.

§ 3. - Puissance de la contagion mentale.

La contagion mentale est un phénomène absolument général, observable aussi bien chez les animaux que chez l'homme. Un cheval a-t-il un tic, dans une écurie, tous les autres l'acquièrent bientôt. Si. l'un des chiens d'une meute aboie, les autres l'imitent aussitôt. Quand un mouton fuit, tous les moutons le suivent.

La contagion mentale peut être assez forte, je le disais, plus haut, pour l'emporter sur l'instinct de la conservation et conduire l'individu à sacrifier sa vie. On a souvent répété l'histoire des quinze invalides se pendant au même crochet d'un couloir et celle des soldats qui, se suicidèrent dans la même guérite.

Les faits de ce genre sont innombrables. J'en emprunte quelques-uns au Dr Nass :

> Qu'un suicide sensationnel soit raconté par la presse dans tous ses détails, bientôt il sera répété, avec le moine art, par quelques déséquilibrés. Au lendemain de l'affaire Syveton on a noté plusieurs asphyxies volontaires par le gaz.
>
> ... C'est surtout en Russie, pays de mysticisme, que les épidémies d'auto-homicide ont causé d'immenses ravages... Au

temps des persécutions religieuses, les prophètes prêchaient le suicide par le feu. Une seule fois 600 personnes périrent du même coup dans les flammes. Un historien des religions russes estime à 20.000 le nombre, des victimes de 1675 à 1691. M. Stohoukine cite un cas où un bûcher dévora 2.500 individus qui se sacrifiaient dans l'espoir d'un monde meilleur.

Des exemples du même ordre se continuent de nos jours. C'est par contagion mentale que se propagent en Rassie les skopsy qui se soumettent à une castration volontaire et une autre secte dont les membres se font enterrer vivants.

La contagion mentale est assez puissante pour créer dans l'esprit une représentation quelconque. Elle engendrera donc facilement l'apparence d'une maladie qui à la longue pourra devenir maladie réelle. Un savant chirurgien des hôpitaux, le Dr Picqué, a rapporté récemment qu'à la suite d'un cas de mort par appendicite, 15 officiers sur 25 que comptait un détachement s'alitèrent en présentant tous les symptômes classiques de l'appendicite. On les guérit par suggestion.

§ 4. - Influences de la contagion dans la propagation
des croyances religieuses et politiques.

Les réflexions précédentes font aisément pressentir le rôle de la contagion mentale sur la propagation des opinions et des croyances.

D'une façon générale et sans qu'on ait à citer beaucoup d'exceptions, les croyances religieuses et politiques se répandent surtout par voie de contagion, notamment dans les foules. Elle s'exerce d'autant Plus énergiquement que la foule est plus nombreuse. Une croyance faible sera très vite renforcée par la réunion des individus qui la partagent.

Grâce à la puissance de la contagion, la valeur rationnelle de la croyance propagée est sans importance. La contagion s'exerçant sur l'inconscient, la raison n'y prend aucune part.

De la foule, elle s'élève souvent à ceux placés au-dessus d'elle; il ne faut donc pas s'étonner que les croyances les plus absurdes et les plus funestes puissent trouver des défenseurs parmi les gens éclairés. Nombreux sont les exemples analogues à celui de ce maître des requêtes au Conseil d'État qui défendait les grèves de fonctionnaires au moment où celle des postiers menaçait la France d'un désastre.

Par voie de contagion, bourgeois, lettrés, professeurs, etc., finissent toujours par subir plus ou moins l'influence des opinions populaires. La contagion mentale peut donc asservir toutes les intelligences. De même que la contagion par les microbes, elle n'épargne que des natures fort résistantes et peu nombreuses.

Les grands mouvements religieux de l'histoire furent toujours le résultat de la contagion mentale. Son action ne s'exerça jamais davantage, qu'à notre époque, d'abord, parce qu'avec le progrès des idées démocratiques le pouvoir tombe de plus en plus entre les mains des foules, ensuite parce que la diffusion rapide des moyens de communication permet aux mouvements populaires de se répandre presque instantanément. On sait avec quelle rapidité se propagèrent les grèves 'des postiers et des cheminots, les révolutions de Russie, de Turquie et de Portugal.

Les gouvernements affaiblis sont impuissants contre la contagion. Non seulement ils ont pris l'habitude de céder à toutes les injonctions populaires, mais encore ces injonctions sont immédiatement appuyées par des légions d'intellectuels que la contagion mentale, renforçant les impulsions de leurs intérêts, amène à considérer comme équitables les plus iniques revendications. Les fantaisies extravagantes des multitudes deviennent pour eux des do-nies aussi respectables que l'étaient jadis, pour les courtisans des monarchies absolues, les volontés de leur maître.

Les opinions propagées par contagion ne se détruisent qu'au moyen d'opinions contraires propagées de la même façon. Appliquée par des hommes d'État, cette règle de psychologie leur permettrait, grâce aux moyens dont ils disposent, de combattre la contagion par la contagion.

Ce dernier point nous écartant un peu de notre sujet, nous n'insisterons pas davantage ici. Si ce chapitre a été bien compris, le lecteur possède une des clefs principales du mécanisme de la propagation des opinions et des croyances, c'est-à-dire des facteurs fondamentaux de l'histoire.

Chapitre III
La mode.

§ 1. - Influence de la mode dans tous les éléments
de la vie sociale.

Les variations de la sensibilité sous l'influence des modifications du milieu, des besoins, des préoccupations, etc., créent un esprit public qui varie d'une génération à une autre et même plusieurs fois dans l'espace d'une génération. Cet esprit public, rapidement étendu par, contagion mentale, détermine ce qu'on appelle la mode. Elle est un puissant facteur de propagation. de la plupart des éléments de la vie sociale, de nos opinions et de, nos croyances.

Lé costume n'est pas seul soumis à ses volontés. Le théâtre, la littérature, la politique, les arts, les idées scientifiques même, lui obéissent et c'est pourquoi certaines œuvres ont un fond de ressemblance qui permet de parler du style d'une époque.

En raison de son action inconsciente, on subit la mode sans même s'en apercevoir. Les esprits les plus indépendants ne s'y soustraient guère. Bien rares, les artistes, les écrivains, osant produire une œuvre trop distante des idées du jour.

Son influence est si puissante qu'elle nous oblige parfois à admirer des choses sans intérêt et qui sembleront même quelques années plus tard d'une extrême laideur. Ce qui nous impressionne dans une œuvre d'art, est bien rarement l'œuvre en elle-même, mais l'idée que les autres s'en font, et c'est pourquoi sa valeur commerciale subit d'énormes changements.

On voit souvent la mode imposer. d'invraisemblables choses et se manifester dans celles aussi abstraites, et d'ailleurs aussi illusoires, que la création d'une langue, la réforme de l'orthographe, etc.

Lorsque le Volapük parut vers 1880, la mode lui créa un tel succès qu'en moins de dix ans il existait 280 clubs et 25 journaux volapükistes. À Paris seulement, on comptait 14 cours de volapük.

Les grands magasins en organisaient pour leur personnel.

Puis la mode changea, et si brusquement, qu'on ne trouverait plus peut-être aujourd'hui un seul individu connaissant le volapük. Il fut remplacé par *l'Esperanto* qui, après un succès semblable, commence à céder la place à une autre langue : l'Ido. Ces créations continueront sans doute jusqu'au jour où l'on découvrira que la constitution d'une langue est oeuvre collective très lente et jamais improvisation personnelle.

Les variations de la mode s'exerçant sur tous les sujets, et notre sensibilité se modifiant sans cesse sous des influences diverses, on peut dire que notre façon de penser et surtout de traduire nos impressions se modifie rapidement.

Il y a. loin par exemple des écrivains et des artistes de 1830 à, ceux d'aujourd'hui. Un récent article du Gaulois marquait très bien une des phases de ces variations fréquentes.

Il est entrain, disait l'auteur, de se former un nouveau public, très curieux à suivre dans ses goûts et dans ses manifestations, que ne contentent plus ni les romans purement romanesques, ni les ouvrages de vulgarisation historique, ni les fictions plus ou moins habiles mêlées d'aventures et d'hypothèses. Il faut à ce nouveau publie de la réalité, de la précision, et il lui faut aussi de l'idéal. Si je dessinais ses limites, je dirais qu'elles vont de ceux qui lisent les poèmes documentés de Maurice Maeterlink à ceux qui étudient ou parcourent les Si curieux travaux de Gustave Le Bon, Dastre, etc. Il y a là une tendance nettement indiquée vers les recherches originales, vers le groupement et la synthèse des connaissances qu'a accumulées le siècle dernier. J'y démêle aussi la palpitation d'un néo-spiritualisme bien moderne, un effort pour s'évader hors du matérialisme et même hors de la fatalité.

Que des livres assez ardus sur la valeur de, la science et la constitution de l'univers atteignent en peu de temps à des dix et douze éditions, voilà ce qu'on n'aurait jamais imaginé il y à vingt ans; voilà ce qui suppose l'arrivée à la lecture de nouvelles couches ivres de curiosité. et de philosophie. Il ne s'agit pas de manuels; il s'agit de tomes assez compacts, exigeant un effort soutenu et un commencement de culture générale. Par la presse, par la fréquentation, par l'ambiance, par la diffusion des idées, chacun de nous est devenu, sans s'en douter, un petit encyclopédiste.

La mode est assurément d'origine affective, mais non dégagée d'éléments rationnels et pour le montrer je vais choisir précisément une de ses manifestations les plus capricieuses en apparence : le vêtement féminin. Nous verrons que les caprices en sont étroitement circonscrits.

§ 2. - Les règles de la mode. - Comment elle est mélangée d'éléments affectifs et d'éléments rationnels.

Il peut sembler singulier de parler de règles pour une chose aussi mobile que la mode, mais si elle comporte, comme expression d'éléments affectifs, la fantaisie, celle-ci est soumise à des éléments rationnels qui l'orientent.

Cette, double origine de la mode est générale, qu'il s'agisse de littérature, d'art, d'architecture, de mobilier, de costume, etc. Les transformations d'un sujet soumis à autant de fluctuations que le vêtement féminin rendront cette double origine plus démonstrative encore.

Les éléments rationnels rencontrés dans la mode féminine sont conditionnés par les nécessités économiques, les découvertes, les besoins nouveaux, les préoccupations du moment, etc.

On observe notamment ces influences dans les changements de costumes imposés par l'usage de l'automobile. Avec la vie plus rapide, la femme dut se masculiniser extérieurement pour suivre l'homme dans ses courses vertigineuses sur les grandes routes. Le costume tailleur, d'abord réservé à certains sports, se généralisa dans tout ce qu'il avait de commode et de seyant. Quant aux autres robes, les manches larges des coi-sages devinrent étroites pour glisser facilement dans les jaquettes. Mais alors l'œil se trouva choqué par la buste ainsi rétréci. Pour corriger ce défaut et parce qu'une transformation en appelle une autre, on en vint à diminuer l'ampleur des jupes afin de laisser les épaules plus larges en affinant la silhouette, modification qui conduisit à supprimer les poches, puis les jupons. La femme, dans son besoin de sentir autour d'elle une atmosphère de désir, souligna cette. simplicité de mise par un collant excessif. Elle montra tout ce qu'il était possible et laissa deviner le reste. Jupons, dentelles et lingerie cédèrent la place aux dessous dits « combinaisons » préservant de la poussière et du froid.

Rationnelle aussi, cette mode si singulière au premier abord, de faire pour l'hiver les toilettes de ville en mousseline de soie. Elle résulta du chauffage central maintenant dans les appartements une température élevée et fut possible même dehors grâce aux longs manteaux de fourrure.

La mode descendant comme toujours des classes élevées aux couches inférieures, la petite bourgeoise, se servant d'autos en location pour ses courses, adopta toutes ces transformations. Elle s'enveloppa de manteaux de fourrure économique et dans son intérieur, grâce aux poêles à combustion lente, put vêtir, elle aussi, des robes légères.

Nous venons de montrer les éléments rationnels qui entrent dans la genèse de la mode. Indiquons maintenant ses éléments affectifs.

Rappelons tout d'abord que la mode, comme le langage et les religions, est une création collective et non individuelle. Nul ne peut donc l'imposer. On croit généralement, très à tort, que ce sont les couturières, les actrices, les mannequins sur les champs de courses qui la créent. Certains grands couturiers essayèrent, voici quelques années, de rééditer la crinoline, et n'y réussirent pas davantage que récemment pour la jupe-culotte.

Les prétendus créateurs de modes ne font en réalité que traduire des tendances devenu& un désir général, conséquence de certains besoins, certaines idées, certaines préoccupations du moment.

Les modes sont évidemment très variables d'une saison à l'autre, mais les fantaisies de leurs créateurs ne peuvent se mouvoir que dans d'assez étroites limites. La mode plaît quand elle frappe, mais ce qui frappe n'a de Succès qu'à la condition de ne pas trop s'éloigner de la mode précédente. Les étapes de transformation sont toujours successives, l'œil ne s'adaptant que lentement aux nouveautés, de même qu'il se fatigue très vite des choses vues longtemps.

Les raisons précédentes expliquent pourquoi une mode trop originale n'a qu'une durée éphémère. Elle doit s'imposer graduellement. Les robes amples d'il y a trente ans ne sont devenues les robes collantes d'aujourd'hui que fort lentement.

La mode est si puissante sur les femmes qu'elles supportent pour lui obéir les plus terribles gênes, telle l'obligation, il y a quelques années, de tenir constamment soulevée d'une main une robe à traîne et, de l'autre, le sac destiné à renfermer le contenu de l'ancienne poche; tel encore le supplice de la marche produit par les robes dites entravées, accepté, de longs mois. Sur ce point, les civilisées rejoignent les sauvages supportant la torturé d'un anneau passé dans le nez pour obéir à la mode.

Cette obéissance à la mode est une des preuves catégoriques de la puissance de la contagion mentale.

La femme la plus indépendante, la plus énergique, la plus ardente à réclamer tous les droits n'osera jamais prendre celui de porter une robe courte lorsque la mode en impose une longue, ni mettre une poche à sa jupe quand la mode l'interdit, ni encore boutonner son corsage par devant quand les autres femmes le boutonnent par derrière. La mode ne connaît pas de révoltées, L'extrême pauvreté seule peut lui ravir des esclaves. Aucun des dieux du passé ne fut plus respectueusement obéi.

Chapitre IV
Les journaux et les livres.

§ 1 - Influence des livres et des journaux.

Les journaux et les, livres exercent sur la naissance et la propagation des opinions une influence immense, quoique inférieure à celle des discours.

Les livres agissent beaucoup moins que les journaux, la foule ne les lisant guère. Certains cependant furent assez puissants par leur influence suggestive pour provoquer la mort de milliers d'hommes. Telles les œuvres de Rousseau, véritable bible des chefs de la Terreur, telle encore *La case de l'Oncle* Tom, qui contribua beaucoup à la sanglante guerre de Sécession en Amérique.

D'autres ouvrages comme *Robinson Crusoé* et les romans de

Jules Verne exercèrent une grande influence sur les opinions de la jeunesse et déterminèrent beaucoup de carrières.

Cette puissance des livres était surtout considérable quand on en lisait peu. La lecture de la bible au temps de Cromwell créa en Angleterre un nombre immense de fanatiques. On sait qu'à l'époque où fut écrit *Don Quichotte,* les romans de chevalerie exerçaient une action si pernicieuse sur toutes les cervelles que les souverains espagnols avaient fini par en interdire la vente.

Aujourd'hui, l'influence des journaux est bien supérieure à la puissance des livres. Incalculables sont les personnes n'ayant jamais eu d'autres opinions que celles de leur journal.

La suggestion des feuilles quotidiennes se manifeste jusque dans beaucoup de grands événements modernes. Il est assez généralement reconnu maintenant que la guerre des États-Unis avec l'Espagne fut l'œuvre de quelques journalistes. Si, par une hypothèse dont la réalisation n'est peut-être Pas impossible, un banquier assez riche achetait tous les journaux d'un pays, il en serait le vrai maître et provoquerait à volonté la paix ou la guerre. On voit déjà les financiers acheter la totalité des bulletins de la Bourse de tous les journaux, dans le but de lancer les affaires destinées à drainer sérieusement l'épargne à leur profit.

Aucun gouvernement n'ignorant cette puissance souveraine de la presse, le rêve de chaque politicien est de posséder un journal répandu, Les chanceliers de l'Empire allemand popularisèrent la plupart de leurs entreprises avec des journaux entretenus par eux et destinés à suggestionner l'opinion.

La crédulité des lecteurs à l'égard des assertions de leur journal est prodigieuse. Toute annonce prometteuse trouve un publie pour y croire. Les mêmes tromperies peuvent se répéter indéfiniment avec le même succès, tant subsiste, dans beaucoup d'âmes, une foi mystique en l'inespérable. Il y a quelque temps, on arrêta un escroc Offrant dans ses annonces de prêter sans garantie de l'argent à n'importe qui. Tenir une telle promesse eût évidemment entraîné pour lui une ruine rapide. Cependant, en quelques mois, avec les simples versements des frais d'enquête réclamés, il gagna plus de cinquante mille francs sans avoir bien entendu prêté un centime. Un pareil fait serait trop banal pour être intéressant si les perquisitions du juge d'instruction n'avaient dévoilé parmi les dupes nombre d'hommes, que leur culture supérieure ou leur profession, aurait dû mettre à l'abri d'une pareille crédulité. Y figuraient en effet : des percepteurs, des officiers supérieurs, des commissaires de police, des avocats, des notaires, des juges de paix, des conseillers de préfecture et même un juge d'instruction ! Rien ne démontre mieux la puissance suggestive des journaux.

§ 2. - La persuasion par la publicité.

Pour déterminer avec plus de précision et au moyen d'exemples concrets l'influence énorme des journaux sur la genèse des opinions, il ne sera pas inutile d'entrer dans quelques détails relatifs au maniement des annonces.

Cette étude, qui commence à peine à tenter les psychologues, met en évidence des procédés certains pour agir sur l'opinion. Nous y retrouverons d'ailleurs les grands facteurs déjà décrits dans cet ouvrage.

La publicité, sous forme d'annonces, est un des principaux moyens de persuasion collective de l'âge moderne. Son action sur les ventes commerciales éclaire le mécanisme qui détermine l'opinion de l'acheteur.

Les Américains, ayant réussi à dégager nettement quelques-unes des règles psychologiques de la publicité, sont devenus maîtres en cette matière. On évalue à près de 500 millions par an les sommes retirées par les grands journaux des États-Unis de leur publicité, Un des plus répandus touche à lui seul 15 millions par an.

Les industriels américains consacrent beaucoup d'argent aux annonces parce qu'ils en ont expérimentalement constaté l'influence. M. Arren, auteur d'un livre sur cette matière, cite un simple marchand de stylographes dépensant annuellement 500.000 francs de publicité, et il assure que le fabricant d'un certain savon a sacrifié, en quarante ans, 60 millions de francs aux annonces.

Toutes ces dépenses ont pour but, naturellement, de créer chez le client une conviction capable de le transformer en acheteur. L'affirmation et la répétition sont les facteurs principaux de la genèse de cette conviction. L'affirmation seule ne suffit pas, et c'est pourquoi une marque nouvelle n'est adoptée qu'au bout d'un certain temps. L'annonce doit être répétée souvent. Alors seulement le nom du produit se présente spontanément à l'esprit, le jour où l'on en a besoin.

Il est indispensable aussi de varier l'aspect de l'annonce, autrement son action s'émousserait par l'usage. Les projections lumineuses, d'abord très efficaces, ont fini par être sans résultats.

La simple répétition d'une formule brève n'est utile que pour un produit déjà connu. Elle agit alors par une sorte d'obsession, mais pour un produit nouveau, on sera nécessairement obligé d'énumérer toutes ses qualités.

S'il s'agit d'une innovation complète qui forcerait le client à changer ses habitudes, la simple répétition de l'annonce est elle-même insuffisante, le mécanisme de la répétition étant moins fort que celui de l'habitude. Il deviendra utile alors de distribuer des échantillons du produit. Tel est le cas de la publicité médicale qui se fait surtout par l'envoi d'échantillons aux docteurs.

A ce procédé de la vue directe de l'objet, se rattachent les expositions des magasins, et la collaboration de mannequins envoyés par les grands couturiers sur les champs de courses, revêtus des plus riches modèles de la saison.

La difficulté de lutter contre l'habitude, qui combat l'influence psychologique de l'annonce, est très bien illustrée par l'histoire de l'adaptation des pneumatiques aux voitures. Les loueurs ayant refusé leur achat, l'inventeur en distribua gratuitement à une petite compagnie. Le succès fut si rapide que non seulement cette compagnie fit fortune, mais que, devant les réclamations des clients, toutes les autres se virent obligées de munir à grands frais leurs véhicules des caoutchoucs dédaignés d'abord.

Le rêve des faiseurs d'annonces est d'obtenir que les clients conservent leur nom et leur adresse. Pour y parvenir ils les impriment sur des objets usuels : papier buvard, porte-allumettes, couvertures de livres, de journaux, de revues, etc. Les Américains considèrent qu'un des meilleurs moyens d'arriver à ce résultat est d'envoyer aux acheteurs éventuels des catalogues artistiquement illustrés et contenant parfois même un roman signé d'un nom connu. Ce procédé, excellent mais fort coûteux, commence à peine à être employé en France.

Une des règles constantes de la publicité est qu'un produit, si ancien et si connu qu'il puisse être, voit sa vente diminuer dès que cesse la publicité le concernant. La faiblesse de la mémoire Élective, déjà signalée dans cet ouvrage, en est sans doute la cause.

L'illustration joue un grand rôle dans la publicité. Nous avons parlé plus haut de l'action exercée par les affiches illustrées lors des dernières élections anglaises et dans le recrutement des volontaires pour notre cavalerie.

La méthode comparative par l'image est d'un usage encore meilleur. S'il s'agit par exemple d'une eau prétendant faire repousser les cheveux, le client est montré d'un côté chauve, et de l'autre muni d'une chevelure abondante après emploi du produit.

Les financiers lanceurs d'affaires utilisent les ,mêmes procédés de publicité que les industriels, mais souvent sur une bien plus grande échelle. Parfois même, la bienveillance de la totalité des journaux est achetée. Pour le tout petit nombre de ceux dont il est impossible d'obtenir des éloges, on se procure au moins leur silence. Cette double opération a toujours été pratiquée pour les nombreuses émissions des emprunts russes.

Dégageant des observations précédentes les éléments psychologiques qui les déterminent, nous les trouverons ramenées aux facteurs déjà étudiés comme jouant un rôle fondamental dans la genèse des opinions : affirmation, répétition, prestige, suggestion et contagion.

Les détails dans lesquels nous sommes entrés sur la psychologie de l'annonce peuvent sembler un peu spéciaux. Ils contiennent en réalité les éléments essentiels de ce grand art de persuader, d'où dérive la domination des individus et des peuples et la fondation des croyances.

Chapitre V
Les courants et les explosions d'opinions.

§ 1. - Les courants d'opinions et leur création.

La propagation des opinions et des croyances

En dehors des opinions particulières à chaque groupe social, il existe à certains moments des tendances générales, communes à la plupart des groupes. Provoquées par les livres, les journaux, les discours, l'enseignement, etc., elles constituent ce qu'on appelle des courants d'opinions.

Ils ne se manifestent avec force que dans les cas exceptionnels et deviennent alors très puissants.

Ces courants, rarement soutenus par des éléments rationnels, sont presque toujours d'origine affective ou mystique. Ils naissent et se propagent sous les mêmes influences : suggestion produite par une impression forte ou une accumulation rapide de petites impressions, puis contagion mentale.

A mesure que se désagrègent les étais du passé et par conséquent notre stabilité mentale héréditaire, la puissance des courants d'opinions grandit chaque jour. Nous en avons subi beaucoup depuis un siècle : bonapartisme, boulangisme, dreyfusisme, nationalisme, et bien d'autres.

Il faut souvent de grands événements pour les déterminer. La bataille d'Iéna chez les Allemands, la guerre de 1870 chez les Français, furent nécessaires pour créer des courants d'opinions, capables d'imposer le Service militaire obligatoire universel. Un courant d'opinions analogue, résultant de succès maritimes éclatants, pouvait seul permettre au gouvernement japonais d'accroître de plus d'un milliard par an les dépenses de sa marine de guerre.

L'homme d'État supérieur sait enfanter ou orienter les courants d'opinions nécessaires. L'homme d'État médiocre se borne à les suivre.

Les tyrans les plus redoutés ne furent jamais assez forts pour lutter longtemps contre des courants d'opinions. Juvénal remarque que Domitien 'put 'abattre impunément des personnages illustres, mais « qu'il périt lorsque les savetiers commencèrent à avoir peur de lui ».

Napoléon lui-même redoutait les courants d'opinions. « L'opinion publique, disait-il, à Sainte-Hélène, est une puissance invincible, mystérieuse, à laquelle rien ne résiste ; rien n'est plus mobile, plus vague et plus fort ; et toute capricieuse qu'elle est, elle est cependant juste, beaucoup plus souvent qu'on ne pense. »

Les grands hommes d'État consacrèrent toujours beaucoup de soins à créer ou à détourner les courants d'opinions. Bismarck mit de longues années à constituer le mouvement populaire capable de préparer la guerre qui devait engendrer l'unité allemande, l'unité de langue n'ayant pas suffi à l'établir. J'ai déjà fait remarquer ailleurs que ce fut par une action continue sur l'opinion au moyen des journaux [1], brochures et discours, que les hommes d'État allemands l'amenèrent à accepter les sacrifices énormes, nécessités par la création d'une grande marine de guerre. Les principales réformes anglaises depuis un siècle, tel l'établissement du libre-échange, furent obtenues en déchaînant des courants d'opinions.

Parmi les facteurs générateurs de ces courants, il faut citer surtout les journaux quotidiens, lu brochures, les discours, les conférences, les congrès. L'extension du socialisme en France et en Allemagne a été provoquée par de pareils moyens. Ils agissent surtout quand ils ont pour soutiens des besoins nouveaux, des sentiments nouveaux, des aspirations nouvelles.

Les courants d'opinions politiques plus importants que tous les autres, en raison de leur répercussion sur les événements, ne sont pas les seuls à considérer.

Les mouvements d'opinions déterminent aussi la pensée d'une époque. Les arts, la littérature, les sciences même subissent leur action. A la base de ces mouvements, se trouvent invariablement le prestige de certaines théories ou de certains hommes, puis cet élément fondamental de la propagation des croyances auquel il faut revenir toujours : la contagion mentale.

Les écrivains, les penseurs, les philosophes et malheureusement aussi les politiciens, contribuent, chacun dans leur sphère, à créer les courants d'opinions qui orientent la civilisation d'une époque.

Le rôle de créateur et directeur de mouvements d'opinions appartient aux hommes d'État dans toutes les questions intéressant la vie extérieure d'un pays. Leur tâche est fort difficile. Ils doivent avoir en effet une mentalité assez développée pour que la logique

---

1 L'office des affaires étrangères d'Allemagne a un crédit annuel de 1.300.000 francs pour agir sur les grands journaux européens.

rationnelle leur, serve de guide et cependant agir sur les hommes par des influences affectives et mystiques étrangères à la raison, mais seules capables de les entraîner.

Ces grands éléments moraux qu'il faut savoir minier, resteront longtemps encore les plus puissants facteurs aptes à diriger les peuples. Ils ne créent pas les navires et les canons, mais, comme l'a dit l'amiral Togo : « Ils sont l'âme des navires et de§ canons ».

Les influences irrationnelles provoquant les mouvements d'opinions changent sans cesse, suivant la lumière variable qui baigne les choses. On doit savoir les deviner si l'on veut les dominer et ne pas oublier qu'une opinion quelconque universellement acceptée constituera toujours pour la foule une vérité.

§ 2. - Les explosions d'opinions.

Une explosion d'opinions est une orientation instantanée et violente d'émotions dans le même sens.

Des événements espacés sur une longue période de temps amènent rarement de telles explosions. Il faut pour les déterminer l'influence d'événements sensationnels brusques, ou l'action de, certains mots, émis par des personnages influents, capables de déclencher des groupes entiers de sentiments.

Les grands héros de l'histoire : Pierre l'Ermite, Jeanne d'Arc, Mahomet, Luther, Napoléon, etc., ne furent pas les seuls promoteurs de ces explosions dont quelques-unes ébranlèrent le monde. Sur une moindre échelle, chaque jour on en voit naître : l'exécution de Ferrer, soulevant Paris, par exemple, ou un phénomène imprévu comme la première traversée de la Manche par un aviateur, événement qui frappa vivement l'Europe entière.

Les assemblées politiques sont très sujettes aux explosions d'opinions. « On ne peut comprendre, écrit Émile Ollivier, quand on n'a pas siégé dans les assemblées, ces mouvements instantanés qui aux jours de crise déplacent la majorité et la rejettent de l'avis qu'elle paraissait avoir adopté avec passion à, l'avis diamétralement opposé : toutes les assemblées sont peuple. »

J'ai déjà rappelé comment, en retranchant certains mots dans la fameuse dépêche d'Ems, Bismarck provoqua en France une explosion d'opinions qui détermina la guerre. J'ai montré également comment une brusque explosion d'opinions renversa le ministère Clemenceau.

Les explosions d'opinions peuvent être localisées à un groupe social, mais elles n'ont alors d'influence que si ce groupe est assez fort. On se souvient de la révolte récente d'une partie de la Champagne entraînant l'incendie de plusieurs grandes maisons de fabricants auxquels les vignerons reprochaient d'acheter au loin leurs produits. Elle fut possible seulement parce que les révoltés se sentaient très nombreux et connaissaient la faiblesse du gouvernement.

La plupart des révolutions modernes éclatent sous forme d'explosion. Sans parler de celle du 4 Septembre, manifestation facilement explicable par la nouvelle de nos désastres, il en est d'autres comme le renversement de la monarchie portugaise, les émeutes de Berlin, l'insurrection de Barcelone, la révolution turque, etc., qui se déchaînèrent brusquement sous des influences fort légères. Sans doute, des causes -parfois profondes les préparèrent, mais l'étincelle qui les alluma et détermina un incendie rapidement propagé, fut sans motifs immédiats importants.

Ce caractère instantané, de toutes les révolutions populaires est frappant. La très immense majorité des foules y prenant part agissent par contagion mentale, sans avoir aucune idée des motifs qui les font s'insurger. L'histoire de beaucoup de révolutions peut être écrite en une seule page, toujours la même. Elle se résume dans le bref récit de celle de 1830, à la suite des ordonnances de Charles X, raconté par M. Georges Cain.

« L'explosion de colère qui souleva Paris fut terrible et instantanée. En quelques heures, les barricades sortirent de terre, les attroupements des protestataires armés se formèrent, les tambours battirent le rappel de la garde nationale, les ouvriers et les étudiants descendirent dans la rue, les élèves de l'École polytechnique forcèrent les portes et prirent le commandement des bandes d'insurgés; tout Parisien se transformait en militant. Tous se battaient aux cris de : « A bas Charles X ! A bas Polignac! A bas les ordonnances! Vive la Charte! » La presque totalité des combattants ignorant absolument, d'ailleurs, ce que comportait la Charte, et ce que contenaient les ordonnances! »

On remarquera que les mouvements révolutionnaires s'étendent très vite par voie de contagion, bien au delà des classes pouvant y être intéressées. Les marins des cuirassés qui se révoltèrent pendant la révolution russe, par exemple, ne le firent évidemment que par contagion. Il leur était, en effet, fort indifférent que la Russie possédât un Parlement, ou que les paysans obtinssent le droit d'acheter des terres.

Une caractéristique de toutes les révolutions est donc de se propager rapidement à des classes qui, loin d'y avoir intérêt, n'ont souvent qu'à y perdre. Les bourgeois, devenus révolutionnaires socialistes par simple contagion, seraient assurés d'une ruine complète si le mouvement dont ils se font les apôtres venait à triompher.

Ces explosions d'opinions populaires, fort dangereuses parce que la raison est sans action sur elles, sont heureusement peu durables. Leur résister directement ne fait que les exciter. Parmi les facteurs divers des explosions de fureurs engendrées par l'affaire Dreyfus, un des plus actifs fut l'obstination de l'état-major à braver l'opinion en contestant l'évidence de certains documents. Une simple erreur judiciaire n'aurait pas produit plus d'effet que tant d'autres, commises quotidiennement, et bientôt on eût cessé d'y penser.

A côté d'événements aussi célèbres que ceux auxquels je viens de faire allusion, se constatent facilement dans la vie journalière une foule de petites explosions *d'opinions,* sans grande importance parce qu'elles s'appliquent à des faits minuscules, mais dont le mécanisme de propagation est toujours le même. Il suffit pour les engendrer de trouver certains mots capables de déclencher des groupes de sentiments. J'en fis moi-même l'expérience dans une circonstance très simple, mais cependant typique.

Pour des raisons d'économie, la direction des Domaines avait décidé, conformément à son droit strict, de mettre en vente la portion du parc de Saint-Cloud comme administrativement sous la nom de bois de Villeneuve-l'Étang. Vrai désastre pouf la population de la banlieue dont les promenades se réduisent chaque jour. Comment l'empêcher ?

Les affiches officielles annonçant la vente étaient posées sur les murs, et le public, ignorant le nom administratif de cette partie du parc de Saint-Cloud, ne s'en émouvait aucunement.

Connaissant à ce moment les rapporteurs de la commission du budget, j'essayai de les intéresser à la question. Ils me donnèrent de bonnes paroles, mais les électeurs exigeaient d'eux trop de démarches pour leur laisser le loisir de se préoccuper d'une question d'intérêt général. Les jours passaient, et une semaine seulement séparait de la vente. Ayant appris alors que l'unique acquéreur sérieux était un juif allemand, je fis passer dans un grand journal une courte note intitulée : « Vente *du parc de Saint-Cloud aux Allemands* ». Formidable explosion! Une nuée de reporters s'abattit sur la commune et les journaux publièrent de fulgurants articles. Violemment interpellé à la Chambre, le ministre compétent, qui ignorait d'ailleurs entièrement de quoi il s'agissait, déclara renoncer à la vente dans le présent et dans l'avenir. Pour obtenir ce résultat, trois mots avaient suffi. Ils faisaient partie de ces formules évocatrices, susceptibles d'orienter dans une même direction des sentiments individuels et de les transformer en une volonté collective unanime.

Livre VIII
La vie des croyances

Chapitre I
Caractères fondamentaux d'une croyance.

§ 1. - La croyance comme besoin irréductible de la vie mentale.

Dans le premier chapitre de cet ouvrage nous avons défini la croyance, montré qu'elle est un simple acte de foi, expliqué en quoi elle diffère de la connaissance et sommairement esquissé son rôle. Ces indications, dont le but était de déterminer la nature des problèmes à résoudre, se 'sont précisées par l'examen des diverses formes de logiques et des facteurs de nos opinions. Nous allons maintenant les compléter en étudiant la vie des croyances.

Les éléments constitutifs de notre existence se rattachent, nous lé savons, à trois groupes : vie organique, vie affective, vie intellectuelle.

Le besoin de croire appartient à la vie affective. Aussi irréductible que la faim ou l'amour, il est souvent aussi impérieux.

Constituant un besoin invincible de notre nature affective, la croyance ne peut, pas plus qu'un sentiment quelconque, être volontaire et rationnelle. L'intelligence ne la crée ni ne la gouverne.

Quels que soient la race, le temps considéré, le degré d'ignorance ou de culture, l'homme a toujours manifesté la même soif de croire. La croyance semble un aliment mental, aussi nécessaire à la vie de l'esprit que les aliments matériels à l'entretien du corps. Le civilisé ne saurait s'en passer plus que le sauvage.

Le doute universel de Descartes est une fiction de l'esprit. On traverse quelquefois le scepticisme, on n'y séjourne guère. Le philosophe ne croit pas aux mêmes choses qu'un ignorant, mais il en admet d'aussi peu démontrées.

La différence entre la croyance et la connaissance a été nettement marquée dès les débuts de cet ouvrage. On a vu que la première est un acte de foi, élaboré dans l'inconscient, et n'exigeant aucune preuve, alors que la seconde représente une création de la vie consciente édifiée sur l'expérience et l'observation.

La connaissance instruit, et il n'y a pas de civilisation sans elle, mais c'est surtout la croyance qui fait agir. S'il fallait attendre de connaître avant d'agir, l'inaction serait longue.

Pendant des siècles, les croyances furent les seuls guides de l'humanité. Elles lui fournirent, avec des explications faciles pour tous les problèmes, un guide journalier de la conduite. Provisoires ou éphémères, les croyances constituèrent toujours les grands mobiles d'action des hommes.

Les croyances religieuses n'en, forment qu'une partie. Le besoin de foi ne fut nullement enfanté par les religions, c'est lui, au contraire, qui les engendra. Les divinités ne font que fournir un objet à notre désir de croire. Dès qu'il se détourne d'elles, l'homme se rejette sur une foi quelconque : chimères politiques, sortilèges ou fétiches.

§ 2. - L'intolérance des croyances.

Un des caractères généraux les plus constants des croyances est leur intolérance. Elle est d'autant plus intransigeante que la croyance est plus forte. Les hommes dominés par une certitude ne peuvent tolérer ceux qui ne l'acceptent pas.

Vérifiée à tous les âges, cette foi continue à s'exercer encore. On sait à quel degré de fureur religieuse arrivent les croyants: athées ou dévots. Les guerres de religion, l'inquisition, la Saint-Barthélemy, la révocation de l'édit de Nantes, la Terreur, les persécutions actuelles contre le clergé, etc., en sont des exemples.

Les rares exceptions à cette loi sont d'une interprétation facile. Si les Romains acceptèrent les divinités de tous les peuples étrangers, c'est qu'elles formaient pour eux une hiérarchie d'êtres puissants qu'on devait tâcher de se concilier par l'adoration.

Bien qu'animé de principes différents le Bouddhisme triomphant ne fut pas davantage persécuteur. Enseignant l'indifférence au désir et considérant les dieux et les êtres comme de vaines illusions sans importance, il n'avait aucune raison d'être intolérant.

Ces exceptions s'expliquent donc d'elles-mêmes et ne contredisent nullement la règle générale qu'une croyance est nécessairement intolérante.

Les croyances politiques le sont au moins autant que les croyances religieuses. On sait avec quelle ardeur les hommes de la Convention : Hébertistes, Dantonistes, Robespierristes, etc., convaincus chacun de posséder la vérité pure, supprimaient les ennemis supposés de leur foi.

Les sectateurs modernes de la déesse Raison sont aussi violents, aussi intolérants, aussi altérés de sacrifices que leurs prédécesseurs. La règle de tout vrai croyant sera toujours celle enseignée dans la gomme de saint Thomas : « L'hérésie est un péché pour lequel on mérite d'être exclu du monde par la mort. »

M. Georges Sorel prédit donc très justement que la première mesure du socialisme triomphant serait de massacrer sans pitié tous ses adversaires. Il n'aurait guère, d'ailleurs, d'autres moyens de se. maintenir pendant quelque temps.

En matière, de croyance, l'intolérance et les violences qui l'accompagnent ne sont pas des sentiments exclusivement populaires. Ils apparaissent aussi développés, sinon davantage, chez les gens instruits, et, en outre, sont plus durables. « J'ai parfois admiré, écrit Michelet, la férocité des lettrés, ils arrivent à des excès de fureur nerveuse que les hommes moins cultivés n'atteignent pas. »

§ 3. - L'indépendance des opinions.
Rôle social de l'intolérance.

Examinée au seul point de vue de la raison, l'intolérance des croyances semble insupportable. Pratiquement, elle l'est assez peu, car le besoin d'indépendance permettant de se soustraire à une croyance commune est tout à fait exceptionnel. Les servitudes du milieu social circonscrivent étroitement les limites de l'indépendance sans qu'on s'en plaigne. Le plus souvent, on ne les aperçoit même pas. Pour devenir vraiment libre, il faudrait d'abord s'affranchir des influences du milieu en vivant isolé.

Notre maximum d'indépendance possible ne consiste guère qu'à opposer parfois un peu de résistance aux suggestions ambiantes. La grande masse n'en oppose aucune et suit les croyances, les opinions et les préjugés de son groupe. Elle y obéit, sans en avoir plus conscience que la feuille desséchée entraînée par le vent.

Chez une élite fort restreinte seulement s'observe la faculté de posséder quelquefois des opinions personnelles. Tous les progrès de la civilisation sont dus évidemment à ces esprits supérieurs, mais on ne peut souhaiter leur multiplication excessive. Impuissante à s'adapter de suite à des progrès trop rapides et trop profonds, une société tomberait vite dans l'anarchie., La stabilité nécessaire à son existence est précisément établie grâce au groupe compact des esprits lents et médiocres, gouvernés par des influences de traditions et de milieu.

Il est donc utile pour une société qu'elle se compose d'une majorité d'hommes moyens, désireux d'agir comme tout le monde et conservant pour guides les opinions et les croyances générales. Très utile aussi que les opinions générales soient peu tolérantes, la peur du jugement des autres constituant une des bases les plus sûres de notre morale.

La médiocrité d'esprit peut donc être bienfaisante pour un peuple, surtout associée à certaines qualités de caractère. L'Angleterre l'a instinctivement compris et c'est pourquoi, bien que ce pays soit un des plus libéraux de l'univers, la libre pensée y fut toujours assez mal vue.

§ 4. - Le paroxysme de la croyance.
Les martyrs.

De l'opinion transitoire, simple ébauche de croyance, à la croyance complète, dominant tout l'entendement, s'échelonnent des étapes assez rarement franchies.

Elles le sont cependant à certaines époques. Alors, les impulsions mystiques et les sentiments qu'elles font naître deviennent si puissants que tous les freins sociaux, toutes les répressions des lois sont incapables de les enrayer. C'est Polyeucte brisant les idoles, c'est le martyr défiant ses bourreaux, le nihiliste jetant sa bombe dans une foule, avec le chimérique espoir de tuer un principe.

Quand la croyance arrive à cette phase d'intensité, aucune digue ne lui est opposable. Elle domine les intérêts les plus évidents, les sentiments les plus chers et transforme en vérités éclatantes de manifestes erreurs. Nul sacrifice ne coûte alors au croyant pour défendre ou propager sa foi. Semblable aux suggestionnés étudiés parla science moderne, il vit dans le domaine de l'hallucination pure.

De telles exaltations sont généralement préparées par des périodes d'anarchie durant lesquelles se désagrègent les vieilles croyances et, par conséquent, les sentiments étayés sur elles.

La mentalité des martyrs de tout ordre : politique, religieux ou social est identique. Hypnotisés par la fixité de leur rêve, ils se sacrifient avec joie pour assurer le triomphe de l'idée, sans même aucun espoir de récompense dans ce monde ou dans l'autre. L'histoire des nihilistes et des terroristes russes abonde en enseignements démonstratifs sur ce dernier point. Ce n'est pas toujours l'espoir du ciel qui fait les martyrs.

Le nombre de tels hallucinés n'est heureusement pas très considérable à chaque époque. Devenus trop nombreux, ils bouleversent le monde. Impuissantes, les persécutions ne font que rendre leur exemple contagieux.

L'étude des martyrs relève surtout du domaine de la pathologie mentale. Les hallucinés des croyances les plus variées présentent une telle analogie, qu'après en avoir examiné deux ou trois, on connaît tous les autres.

Les exemples que je vais citer ont simplement pour but de montrer que devant l'auto-suggestion de la foi, non seulement toutes les opinions se transforment, mais encore que s'évanouissent des sentiments aussi puissants que la crainte, la pudeur et l'amour maternel.

L'histoire des martyrs est pleine de faits justifiant ces assertions. Ils se ramènent comme type à l'exemple de *Vivia Perpetua,* vénérée par les chrétiens sous le nom de sainte Perpétue, et qui vivait sous le règne de Septime Sévère.

Fille d'un sénateur trois fois consul, président du Sénat de Carthage, la belle et riche patricienne, secrètement convertie au christianisme, préféra être exposée nue devant le peuple entier et dévorée vivante par les bêtes féroces que de faire le simulacre de brûler un peu d'encens sur l'autel du génie de l'Empereur.

Les croyants considèrent de tels actes comme preuves de la puissance de leurs Dieux. Pure illusion, évidemment, puisque les martyrs furent aussi nombreux dans toutes les religions et dans toutes les sectes politiques.

Comme exemples, entre des milliers d'autres, on peut citer ceux de la religion babyste, développée en Perse, il y a environ soixante ans.

Le souverain régnant alors s'imagina pouvoir éteindre cette foi nouvelle dans les supplices. Voici ce qu'il en advint :

« *On vit s'avancer devant les bourreaux, rapporte Gobineau, des enfants et des femmes, les chairs ouvertes sur tout le corps, avec des mèches allumées, flambantes, fichées dans les blessures... Enfants et femmes s'avançaient en chantant un verset qui dit : « En vérité nous venons de Dieu et nous retournons à lui! » Leurs voix s'élevaient éclatantes au-dessus du silence profond de la foule. Quand un des suppliciés tombait, on le, faisait relever à coups de fouet ou de baïonnette... il se relevait, se mettait à danser et criait avec un surcroît d'enthousiasme : « En vérité nous sommes de Dieu et nous retournons à lui... » Quand on arriva au lieu de l'exécution, on proposa encore aux victimes la vie pour leur abjuration. Un bourreau imagina de dire à un père que s'il ne cédait pas, il couperait la gorge à ses deux fils sur sa poitrine, C'étaient deux petits garçons, dont l'aîné avait quatorze ans, et qui, rouges de leur propre sang, les chairs calcinées, écoutaient froidement le dialogue. Le père répondit, en se couchant par terre, qu'il était prêt, et l'aîné des enfants, réclamant avec emportement son droit d'aînesse, demanda à être égorgé le premier. On vit des babys venir se dénoncer eux-mêmes; un disciple du Bâb suspendu à ses côtés aux remparts de Tébriz n'avait qu'un mot à la bouche: « Maître, es-tu content de moi ? »*

Les Skopsys en Russie, les Mormons en Amérique. subirent de nos jours des persécutions analogues, sans vouloir renoncer à leur foi.

Ces faits et tous ceux du même ordre sont très instructifs. Ils prouvent la force de l'esprit mystique, capable de triompher de la douleur et de dominer des sentiments considérés comme la base même de l'existence. Que pourrait contre lui la raison ?

Aussi n'est-ce pas avec des arguments rationnels qu'on soulève les foules. Avec des croyances on les dominera toujours. Assez puissante pour lutter contre la nature et l'asservir quelquefois, la raison ne possède pas la force suffisante pour édifier des croyances ou triompher d'elles.

Destructrices quelquefois, créatrices souvent, irrésistibles toujours, les croyances constituent les plus formidables puissances de l'histoire, les vrais soutiens des civilisations. Les peuples ne survécurent jamais longtemps à la mort de leurs dieux;

Chapitre II

Les certitudes dérivées des croyances, nature des preuves dont se contentent les croyants.

§ 1. - Les certitudes dérivées des croyances.

Une croyance forte inspire des certitudes que rien n'ébranle. De telles certitudes dérivent la plupart des grands événements historiques.

Mahomet avait la certitude que Dieu lui ordonnait de fonder une religion nouvelle destinée à régénérer le monde, et il réussit à le bouleverser. Pierre l'Ermite avait la certitude que Dieu voulait reprendre aux infidèles le tombeau du Christ, et pour le reconquérir, des millions d'hommes périrent misérablement. Luther avait la certitude que le pape était l'Antéchrist, qu'il n'existait pas de purgatoire, et, au nom de vérités de cet ordre, l'Europe fut mise à feu et à sang pendant plusieurs siècles. Les prêtres de l'Inquisition avaient la certitude que Dieu voulait voir brûler les, hérétiques, et ils dépeuplèrent l'Espagne avec leurs bûchers. Charles IX et Louis XIV avaient la certitude que le créateur des mondes ne pouvait tolérer l'existence des protestants, et pour les exterminer, le premier eut recours à la Saint-Barthélemy et le second aux dragonnades.

La Convention avait la certitude qu'il fallait couper un grand nombre de têtes pour assurer le bonheur du genre humain, et, comme conséquence, elle provoqua des guerres et une dictature qui firent périr en Europe trois millions d'hommes.

De nos jours, des milliers de bourgeois pénétrés de la certitude que le socialisme régénérerait le monde, démolissent furieusement les dernières colonnes qui soutiennent la société dont ils vivent.

Un des effets les plus sûrs de la certitude dérivée d'une croyance, est de créer certains principes de morale plus ou moins provisoires, mais fort, puissants, autour desquels se constitue une conscience nouvelle génératrice d'une nouvelle conduite.

L'histoire de la Révolution est pleine d'actes sanguinaires commis par des individus jadis pacifiques, mais se croyant obligés d'obéir aux impulsions de leur foi récente. Tels les massacreurs de Septembre qui, les tueries terminées, réclamèrent une récompense nationale. Telles encore les bandes qui ravagèrent la Vendée [1].

Les certitudes mystiques et sentimentales s'accompagnent toujours du besoin de les imposer. L'homme supporte difficilement, et dès qu'il est le plus fort ne supporte jamais, que d'autres ne partagent pas ses certitudes. Pour les imposer, il ne reculera pas devant la plus furieuse tyrannie et de sanglantes

Les possesseurs de certitudes ont toujours ravagé le monde. Il est fort redoutable pour une nation d'être menée par eux, et cependant, comme le dit justement Ribot : « Le gouvernement d'un peuple, à certains moments de son histoire, est aux mains de demi-fous. »

Qu'un homme puissant ait la certitude, comme le manifestait l'empereur d'Allemagne dans un discours célèbre, de tenir son pouvoir de la divinité, et on entrevoit où une telle certitude peut le conduire. Qu'il s'imagine que son Dieu lui ordonne de faire la guerre aux incrédules pour les châtier, et l'Europe peut être bouleversée. Elle le fut plus d'une fois sous l'influence de convictions semblables.

§ 2. - Nature des preuves dont se contente

1 Leur état d'esprit, dérivé de nouvelles croyances, est très bien indiqué par ce fragment suivant d'une lettre du soldat Joliclerc publiée par le Temps du 26 octobre 1910 : « Nous allons ravager le département des Deux-Sèvres et de la Vendée. Nous allons y porter le fer et la flamme ; d'une main le fusil, de l'autre la torche. Hommes et femmes, tout passera au fil de l'épée... Nous avons déjà brûlé environ sept lieues de pays. Il y a des soldats qui ont déjà fait leur fortune... »

l'esprit confiné dans le champ de la croyance.

Une croyance est un acte de foi n'exigeant pas de preuves et qui d'ailleurs n'est vérifiable le plus souvent par aucune. Si la foi s'imposait seulement par des arguments rationnels, peu de croyances auraient pu se former dans le cours des siècles.

Les arguments invoqués par les croyants semblent souvent enfantins à la raison. Celle-ci n'a pas cependant qualité pour les juger, car ils dérivent d'éléments mystiques ou affectifs échappant à son action. La suggestion et la contagion mentale par lesquelles se propagent les croyances-sont indépendantes de la raison.

Aucun élément rationnel ne participant à la genèse des croyances, la crédulité du croyant est infinie. Il ne s'imagine pas admettre les choses sans preuves puisqu'il en invoque au contraire toujours; c'est dans la nature des preuves dont il se contente qu'apparaît la profondeur dé sa crédulité.

La lecture des ouvrages sur les moyens de découvrir les sorciers, décrits par de doctes magistrats qualifiés jadis d'éminents, est extrêmement instructive à ce, point de vue.

Les documents de cette. nature, aussi bien que les livres des théologiens, montrent l'abîme séparant la preuve qu'exige le savant de celle satisfaisant l'esprit enfermé dans le cycle de la croyance.

Inutile de donner ici des exemples. Tous seraient analogues à ceux révélés dans le procès intenté contre l'écrivain. italien d'Albano. On prouva clairement qu'il avait appris « les sept arts libéraux » par le secours de sept démons, en découvrant chez. lui une bouteille contenant un mélange de sept drogues différentes dont chacune représentait évidemment un démon. Malgré ses quatre-vingts ans, on allait le brûler vif, quand, protégé sans doute par les sept démons captés, il mourut brusquement. Les juges durent se borner à le faire déterrer et brûler sur une place publique.

Sous Louis XIV, on ne brûla qu'exceptionnellement les sorciers, mais personne ne doutait de leur puissance. Le procès de la sorcière la Voisin, révéla que les plus grands personnages du temps, le maréchal de Luxembourg, l'évêque de Langres premier aumônier de la reine, etc., avaient eu recours à la puissance magique qu'ils lui supposaient. L'évêque Simiane de Gorges s'était adressé à elle pour obtenir, par l'influence du diable, le cordon bleu du Saint-Esprit !

Si les tireuses de cartes et les pythonisses modernes racontaient les visites qu'elles reçoivent, on constaterait que la crédulité moderne n'a pas diminué. Je pourrais citer un ancien ministre, connu par son anticléricalisme rigide, qui ne sort jamais sans avoir dans sa poche de la corde de pendu. Un de nos plus éminents ambassadeurs quitte immédiatement une table où se trouvent treize convives. Le fétichisme de ces illustres hommes d'État est-il vraiment supérieur aux croyances religieuses qu'ils proscrivent avec tant de vigueur? J'en doute un peu.

Les croyants, si convaincus soient-ils, ont toujours senti la nécessité, au moins pour convertir les incrédules, de trouver à leur foi des raisons justificatives. Les nombreuses élucubrations des théologiens prouvent avec quelle persévérance cette tâche fut poursuivie.

L'argument auquel ils se sont le plus attachés en dehors des miracles et des assertions de leurs livres sacrés, a été l'assentiment universel.

Des hommes comme Bossuet n'hésitèrent pas à utiliser une telle preuve. Considérant les opinions particulières méprisables et dangereuses, l'illustre prélat leur opposait la conscience générale comme beaucoup plus sûre. Une doctrine doit être, suivant lui, tenue pour vérité, dès que tous les hommes la jugent telle. Aux yeux de Bossuet, un seul être ne pouvait avoir raison contre la totalité des autres. Il fallut les progrès des sciences modernes pour prouver, que beaucoup de découvertes se sont réalisées, précisément parce qu'un seul homme eut raison contre tous les autres.

Les théologiens se sont donné, en vérité, un mal bien inutile pour combattre une incrédulité appliquée en général à des points accessoires de doctrine. La crédulité intense est au contraire un sentiment universel.

§ 3. - Le point irréductible du conflit de la science et de la croyance.

Nous avons montré que les domaines régis par les diverses formes de logiques étaient trop différents pour pouvoir se pénétrer, et par conséquent entrer utilement en lutte.

Il est cependant, comme nous allons le voir, un point sur lequel la science et la croyance semblent destinées à se trouver souvent en conflit irréductible parce qu'il touche un principe fondamental.

De toutes les révolutions effectuées dans la pensée humaine, la plus considérable, peut-être, fut réalisée lorsqu'après de longs tâtonnements, la science réussit à prouver que tous les phénomènes sont déterminés par des lois rigoureuses, et non par les volontés capricieuses d'êtres supérieurs. Nos conceptions de l'univers changèrent du même coup.

Cette découverte capitale, qui pour la première fois sortait l'humanité du cycle de la croyance, pour la faire pénétrer dans celui de la connaissance, est loin d'être généralisée encore. Beaucoup d'hommes admettent toujours que des puissances surnaturelles conduisent les événements et peuvent, quand on les sollicite avec ardeur, en modifier le cours.

Une telle conception étant l'expression d'espoirs qui ne meurent jamais, la science et la croyance seront toujours antagonistes sur ce terrain.

Le conflit menace d'être éternel, car si les dieux se retirent des régions défrichées par la science, on ne peut démontrer aux croyants qu'il n'existe rien dans les vastes domaines non explorés encore. C'est dans ces régions impénétrées que se maintiendront toujours les fantômes créés par la foi.

Abandonner la notion de nécessité dans l'enchaînement d'un seul phénomène, c'est retourner à l'idée détruite avec tant de peines, d'événements dépendant des volontés particulières d'êtres capricieux. Peu importe que leurs caprices soient accidentels. Il suffit qu'ils se produisent une seule fois pour pouvoir se répéter toujours.

Si les phénomènes annoncés par les thaumaturges modernes étaient possibles, la science devrait retourner docilement aux âges où les Dieux décidaient du sort des batailles, et où des légions d'esprits, de fées et de démons intervenaient sans cesse dans la vie journalière. Les conjurations, les prières, les sacrifices, les formules magiques, constitueraient alors, aujourd'hui comme jadis, les seuls moyens de s'assurer la faveur de ces capricieuses puissances.

Cette régression n'est pas à redouter beaucoup. *Une* mentalité religieuse indestructible nous fera éternellement retourner au surnaturel, mais l'étude attentive des faits miraculeux montrera toujours aussi qu'ils sont des hallucinations créées par notre esprit.

C'est ce que nous expliquerons dans une autre partie de cet ouvrage en essayant d'éclairer, au moyen de l'expérience, la *genèse* de quelques nouvelles croyances.

Chapitre III
Rôle attribué à la raison et à la volonté dans la genèse d'une croyance.

§ 1. - Indépendance de la raison et de la croyance.

Les rares études, publiées sur la formation des croyances, proclament généralement qu'elles sont volontaires et rationnelles. Cette persistante erreur provient de la vieille illusion du rôle de l'intelligence en psychologie.

Nous avons séparé nettement, dans cet ouvrage, le *moi* affectif du moi intellectuel et montré qu'ils sont gouvernés par des formes de logiques très différentes. Il s'en suivait, naturellement, que la raison, expression de l'intelligence, était indépendante de la croyance, expression des sentiments et du mysticisme qui en dérive. La preuve de cette indépendance s'est accentuée encore quand nous ayons constaté que la croyance et la connaissance s'édifiaient par des méthodes entièrement dissemblables.

La plupart de nos luttes politiques et religieuses tiennent à cette prétention illusoire de vouloir faire agir l'une sur l'autre des choses aussi incapables de se pénétrer que la croyance et la connaissance.

On ne comprend bien la force des croyances qu'en reconnaissant qu'elles échappent à toute influence rationnelle.

Il pourrait sembler inutile de revenir encore sur ce sujet, mais pour combattre des préjugés tenaces, les arguments ne sauraient être trop nombreux.

Si les croyances étaient accessibles à l'influence de la raison, on aurait vu disparaître depuis longtemps toutes celles qui sont absurdes. Or, l'observation démontre leur persistance. On est donc bien obligé d'admettre qu'il n'y a pas d'absurdités pour un croyant et que l'homme ne reste guère libre de croire ou de ne pas croire.

Les influences affectives et mystiques déterminant la croyance sont, nous l'avons plusieurs fois répété, fort différentes des enchaînements rationnels qui déterminent la connaissance. En matière de croyance, il n'existe pas de vérification possible. En matière de connaissance, la possibilité d'une vérification est au contraire la règle et détruit, dès lors, toute objection. Personne n'a jamais songé à contester les propriétés d'un triangle ou d'une section conique. Pour le savant, la vérité en deçà des Pyrénées est la même qu'au delà. Pour les croyants, elle change au contraire, en franchissant les frontières ou le temps.

Les croyances possèdent la faculté merveilleuse de créer des chimères, puis d'y soumettre les esprits. On se soustrait parfois à la domination des tyrans mais jamais à celle des croyances. Des milliers d'hommes sont toujours prêts à se faire tuer pour les défendre. Aucun d'eux n'exposerait sa vie pour le triomphe d'une vérité rationnelle.

L'âge de la raison où les progrès des sciences ont fait entrer l'humanité n'a nullement détruit la puissance des croyances, ni la faculté d'en forger de nouvelles. Aucune époque, peut-être, n'en -vit éclore d'aussi nombreuses : politiques, religieuses ou sociales. L'Amérique et la Russie, notamment, en voient -naître chaque jour.

§ 2. - Impuissance de la raison sur la croyance.

Lorsque, obéissant à l'évolution naturelle des choses, la croyance arrive au degré d'usure qui précède son déclin, la raison a quelquefois prise sur elle. Dans sa période de triomphe, la croyance ne tente même pas de lutter contre la raison puisque cette dernière ne la conteste pas.

Rien n'est plus rare, en effet, que de voir aux siècles de foi, des esprits assez indépendants pour discuter rationnellement leur croyance. L'exemple de Pascal montre ce que peuvent être les résultats de cette lutte entre la logique affective et mystique d'une part et la logique rationnelle de l'autre.

L'illustre penseur écrivait à une époque où les vérités religieuses étaient acceptées sans contestation, et seul un génie comme le sien pouvait oser soumettre ses certitudes à une discussion rationnelle. L'insuccès complet de sa tentative démontre une fois de plus l'impuissance de la raison contre la croyance.

Pascal avait une sagacité trop grande pour ne pas apercevoir l'illogisme rationnel d'une légende supposant un Dieu se vengeant sur son fils d'une injure commise à l'origine du monde par une de ses créatures et il n'hésite pas à la qualifier de « sottise ».

Mais bientôt, sa logique rationnelle est obligée de s'incliner devant les impulsions de sa logique mystique. Hanté par la crainte de l'enfer que lui suggère cette dernière, et voulant cependant défendre sa croyance par des raisons acceptables, il en arrive à considérer la vie future comme l'enjeu d'un pari redoutable. Redoutable en effet, puisqu'il s'agit de châtiments éternels si réellement l'enfer existe. « Dans cette incertitude, assure-t-il, il faut parier pour une vie future et se conduire, par conséquent, comme si elle existait. »

Modérément satisfait, cependant, de cet argument, Pascal essaie d'utiliser encore sa logique rationnelle pour appuyer sa croyance, mais il n'y réussit guère.

Parmi les preuves avec lesquelles le grand penseur tente de rationaliser un peu sa foi, il cite, naturellement, les prophéties et les miracles. Ces arguments s'appliquant à toutes les religions qui, elles aussi, sont pleines de miracles, il se trouve conduit à rejeter simplement ceux des autres croyances :

« Tout homme, assure-t-il, peut faire ce qu'a fait Mahomet, car il n'a point fait de miracles, il n'a point été prédit. Nul homme ne Peut faire ce qu'a fait Jésus-Christ ».

Pascal ne recherche pas, et sa logique mystique ne le lui eût pas permis, sans doute, pourquoi l'islamisme, le bouddhisme finirent par compter autant de sectateurs que le christianisme.

Malgré toutes les subtilités de sa dialectique, l'illustre philosophe sentait bien qu'aucune raison sérieuse ne permettait d'étayer sa foi. D'un autre côté, cette dernière est nécessaire pour éviter l'enfer s'il existe. Comment y parvenir? Voici ses conseils :

Vous voulez aller à la foi et vous n'en savez pas le chemin... apprenez de ceux qui ont été liés comme vous... suivez la manière par où ils ont commencé, c'est en faisant tout comme s'ils croyaient, en prenant de l'eau bénite, en faisant dire des messes, etc. cela vous fera croire et vous abêtira. - Mais c'est ce que je crains. - Et pourquoi? Qu'avez-vous a perdre?

La discussion de Pascal montre une fois de plus l'impuissance de la raison à lutter contre la croyance, surtout quand cette dernière est devenue collective.

Cette impuissance donne la clef de certains événements historiques en apparence inexplicables, tels que l'aventure de Port-Royal, qui troubla profondément une partie du règne de Louis XIV. À son origine, on voit simplement quelques religieux très vertueux, acceptant une théorie particulière « de la prédestination que sa rebutante iniquité semblait condamner à n'avoir aucune influence. Jugées uniquement au point de vue rationnel, les dissertations sur la grâce efficiente, la fréquence de la communion, les cinq propositions de Jansénius, etc., semblent de vulgaires divagations. Elles excitèrent pourtant de si furieuses passions que Port-Royal fut rasé, ses moines dispersés, bien qu'ils fussent des modèles de vertu. De pareils événements resteraient, je le répète, inexplicables si la raison avait eu la Moindre part dans leur genèse.

Toutes ces croyances, étant élaborées dans l'inconscient> échappent non seulement à notre raison, mais nécessairement aussi à la volonté. Elles sont le résultat de suggestions analogues à celles que savent maintenant produire tous les hypnotiseurs.

Sans doute, la raison peut donner le désir de croire, mais elle n'aura jamais la puissance de faire croire. L'on n'y parviendrait pas davantage en suivant le conseil de Pascal, agir comme si l'on croyait. Si puissante que soit la volonté, elle ne saurait créer la foi et peut tout au plus en donner le simulacre.

La croyance étant indépendante de la raison, on ne peut s'étonner, comme le remarque Ribot, « de voir un esprit supérieur rompu aux méthodes sévères des sciences, admettre en religion, en politique, en morale, des opinions d'enfant qu'il ne daignerait pas discuter un seul instant si elles n'étaient pas les siennes ».

Gustave Le Bon

Aussi, le plus souvent, se borne-t-on à subir les croyances sans les discuter. Conduite très sage. Le monde vieillira longtemps, sans doute, avant que la raison fasse équilibre à la foi.

Chapitre IV

Comment se maintiennent et se transforment les croyances.

§ 1. - Comment se maintiennent les croyances.

Une vérité rationnelle est impersonnelle et les faits qui la soutiennent restent acquis pour toujours.

Étant au contraire personnelles et basées sur des conceptions sentimentales ou mystiques, les croyances sont soumises à tous les facteurs susceptibles d'impressionner la sensibilité. Elles devraient donc, semble-t-il, se modifier sans cesse.

Leurs parties essentielles se maintiennent cependant, mais à la condition d'être constamment entretenues. Quelle que soit sa force au moment de son triomphe, une croyance qui n'est pas continuellement défendue se désagrège bientôt.. L'histoire est jonchée des débris de croyances n'ayant eu, pour cette raison, qu'une existence éphémère.

La codification des croyances en dogmes constitue un élément de durée que ne saurait suffire. L'écriture ralentit seulement l'action destructive du temps.

Une croyance quelconque, religieuse, politique, morale ou sociale se maintient surtout par la contagion mentale et des suggestions répétées. Images, statues, reliques, pèlerinages, cérémonies, chants, musique, prédications, etc., sont les éléments nécessaires de cette contagion et de ces suggestions.

Confiné dans un désert, privé de tout symbole, le croyant le plus convaincu verrait rapidement sa foi s'affaiblir. Si des anachorètes et des missionnaires la conservent cependant, c'est qu'ils relisent sans cesse leurs livres religieux et surtout s'astreignent à une foule de rites et de prières. L'obligation pour le prêtre de réciter chaque jour son bréviaire fut imaginée par des psychologues, connaissant bien la vertu suggestive de la répétition.

Aucune foi n'est durable si on la dépouille des éléments fixes qui lui servent de soutien. Un Dieu sans temples, sans images, sans statues, perdrait bientôt ses adorateurs. Les iconoclastes étaient guidés par un instinct très sûr en brisant les statues et les temples des divinités qu'ils voulaient détruire.

Les hommes de la Révolution, cherchant à annuler l'influence du passé, avaient également raison, à leur point de vue, de saccager les églises, les statues et les châteaux. Mais cette destruction ne fut pas assez prolongée pour agir sur des sentiments fixés -jar une hérédité séculaire. Leur durée est plus longue que celle des pierres qui les symbolisent.

§ 2. - Comment évoluent les croyances.

Une croyance maintenue par le mécanisme que nous venons de dire n'est pas, pour cela, immobilisée définitivement. Elle évolue, au contraire, quoique ses sectateurs la supposent invariable. Leur illusion tient à ce que les livres sacrés prétendant fixer les contours d'un dogme sont conservés avec respect, alors même que la pratique s'en écarte chaque jour.

Une croyance quelconque, politique, religieuse, artistique ou morale n'a de réellement fixe que son nom. Elle est un organisme en voie d'évolution incessante. J'ai déjà expliqué dans les Lois *psychologiques de l'évolution des peuples,* comment se transforment les institutions, les langues, les croyances et les arts. J'ai fait voir aussi que ces éléments ne passent jamais d'un peuple à l'autre sans subir des modifications considérables.

Donc, malgré la stabilité apparente, des croyances formulées en dogmes, elles sont cependant obligées d'évoluer pour s'adapter aux variations de mentalité de leurs sectateurs et des milieux où ils se meuvent.

Ces transformations sont lentes, mais quand elles ont été longtemps accumulées, on constate qu'il n'existe plus guère de parenté entre les livres écrits à l'époque de la fondation d'une croyance et sa pratique actuelle. Le brahmanisme, par exemple, n'a plus que des rapports très vagues avec les livres védiques qui l'ont inspiré. De même pour le bouddhisme.

Les lois régissant l'évolution des croyances sont loin d'être nettement déterminées. On peut cependant formuler, je crois, les indications suivantes :

1° Plusieurs croyances conciliables mises en présence tendent à se fusionner, ou au moins à se superposer. Ainsi en arriva-t-il Pour les dieux et les croyances du monde païen.

2° Si les croyances sont très différentes, la plus forte - ce qui signifie souvent la plus simple -tend à éliminer les autres. L'islamisme convertit pour cette raison non seulement les tribus sauvages de l'Afrique, mais des peuples très civilisés de l'Inde.

3° Une croyance triomphante finit toujours par se diviser en sectes ne conservant chacune que les éléments fondamentaux de la croyance mère.

Sur cette dernière loi seule il est utile d'insister maintenant. Elle suffit en effet à montrer le mécanisme de l'évolution des croyances.

Leur division en sectes s'est observée toujours au lendemain même du triomphe des grandes religions telles que le Christianisme et l'Islamisme. La première étant la plus compliquée, enfanta le plus grand nombre de sectes et de schismes : Manichéens, Ariens, Nestoriens, Pélagiens, etc., ne cessèrent de se disputer furieusement durant des siècles. Ces luttes recommencèrent plus violentes encore avec la Réforme. Le protestantisme, à peine formulé, se ramifia bientôt, lui aussi, en sectes nombreuses : anglicans, luthériens, calvinistes, libéraux, etc.

Chacune des sectes issues d'une grande croyance étant naturellement avide de dominer à son tour, devient vite aussi intolérante que la religion d'où elle est sortie. Considérer la Réforme ainsi qu'on le fait si souvent, comme un triomphe de la libre pensée, est ne rien comprendre à la nature d'une croyance. Le protestantisme fut d'abord plus rigide que le catholicisme, et s'il évolua ensuite vers des formes parfois un peu libérales, il n'en est pas moins resté très intolérant. Luther et ses successeurs professaient des doctrines fort arrêtées, dépouillées de tout esprit philosophique et imprégnées d'une intransigeance farouche. Calvin ayant divisé les hommes en élus et réprouvés, considérait que les premiers n'ont aucun ménagement à garder envers les derniers. Devenu maître de Genève, il fit peser sur la ville la plus effroyable tyrannie et organisa un tribunal aussi sanguinaire que le Saint-Office. Son contradicteur Michel Servet fut brûlé à petit feu.

A l'époque de la Saint-Barthélemy, aboutissement de toutes ces querelles en France, les protestants furent les massacrés, mais dans tous les pays où ils étaient les plus forts ils devinrent massacreurs. Des deux côtés l'intolérance était la même.

La perpétuelle subdivision des croyances tient à ce que chacun en adopte les éléments qui l'impressionnent avec force et n'est pas influencé par les autres. Certains fidèles possédant des tempéraments d'apôtres essaient bientôt de former une petite église. S'ils y réussissent, un schisme ou une hérésie se trouve fondé et bientôt la, contagion mentale intervient pour le propager.

La division d'une croyance en sectes fut toujours favorisée par l'imprécision extrême des livres sacrés. Chaque théologien peut dès lors les interpréter à son gré.

Il est utile de parcourir des ouvrages, comme ceux consacrés aux discussions sur la grâce, entre Thomistes et Congruistes, Jansénistes et Jésuites, etc., pourvoir à quel degré d'aberration peuvent descendre des mentalités illusionnées par la foi.

Les esprits les plus éminents eux-mômes semblent frappés de vertige dès qu'ils pénètrent dans le champ de la croyance. On peut en donner comme exemple les *Méditations* du célèbre Malebranche. Le succès de ce livre fut tel au moment de sa publication, en 1684, que 4.000 exemplaires furent vendus en une semaine.

On y apprend, d'ailleurs, de bien stupéfiantes choses. Suivant lui, « Dieu sent, pense et agit en nous, il remue même notre bras lorsque nous nous en servons contre ses ordres. Ce n'est pas ma volonté qui soulève mon bras, mais Dieu qui le remue à l'occasion de ma volonté. L'homme ne peut se détacher de Dieu, qui lui permet cependant un peu de liberté. Quand nous faisons le bien, c'est Dieu qui le fait en nous. L'homme n'est pas responsable de ses bonnes actions, mais. de ses mauvaises. S'il y a du mal dans le monde, c'est que Dieu a un peu négligé son ouvrage; il le fallait d'ailleurs, puisqu'il est la demeure des pécheurs. »

De telles affirmations semblent aujourd'hui enfantines. N'oublions pas, cependant, que des conceptions analogues ébranlèrent le monde.

Gustave Le Bon

Ces aberrations théologiques n'appartiennent pas exclusivement à un passé disparu, mais encore au présent et bien probablement aussi à l'avenir. Les croyances politiques actuelles, qui nous rongent, sont d'un ordre aussi inférieur et seront placées par nos descendants au même niveau que les précédentes. Les vues très courtes de leurs défenseurs sont souvent soutenues par une foi identique à celle des théologiens, dont ils sont les continuateurs. Des impulsions sentimentales et mystiques, seules, les guident, et de ce fait les rendent redoutables. Un pays peut vivre malgré eux mais non pas grâce à eux.

Les croyants de tous les âges ont prétendu rationaliser leur foi, sans comprendre que sa force tenait justement à ce qu'aucun raisonnement n'exerçait de prise sur elle. La seule action possible de la raison sur la croyance religieuse est de lui faire considérer comme de simples symboles les récits des livres saints, en contradiction trop flagrante avec la science moderne. Moins enfermés que les catholiques dans des dogmes rigides, beaucoup de protestants y sont assez facilement parvenus. On sait au contraire que la tentative, dite moderniste, de certains théologiens catholiques a complètement échoué. Les vrais croyants ne doivent pas le regretter. Rien n'est absurde pour la foi et quand un ensemble de croyances forme un bloc, il n'y faut pas trop toucher.

La désagrégation d'une croyance en sectes rivales, perpétuellement aux prises, ne saurait se produire dans les religions polythéistes. Elles aussi ont évolué, mais par simple annexion puis fusion de dieux nouveaux, tous considérés comme très puissants et par conséquent respectés. Voilà pourquoi les guerres de religion qui ont ravagé l'Europe demeurèrent à peu près inconnues dans l'antiquité païenne.

Ce fut donc un grand bienfait pour les peuples d'avoir débuté par le polythéisme. Je considère, contrairement à une opinion assez universelle, qu'ils auraient beaucoup gagné à y demeurer. Loin de favoriser le progrès, le monothéisme les retarda par les luttes sanglantes dont il remplit le monde. Il ralentit pendant des siècles l'évolution des arts, de la philosophie et des lettres, développés par les Grecs polythéistes à un point qui les fait regarder comme nos maîtres.

On ne peut mettre davantage à l'actif du monothéisme l'unité de sentiments qu'il finit par créer, à force de guerres, de bûchers et de proscriptions. Le culte de la patrie avait suffi pour doter les Romains polythéistes, à l'époque de leur grandeur, d'une communauté de sentiments qui ne fut jamais dépassée.

Si, suivant le dire de tant d'historiens, et de demi-philosophes comme Renan, le monothéisme avait constitué une supériorité, il faudrait mettre au-dessus de toutes les autres religions l'Islamisme, la seule à peu près monothéiste.

Je dis à peu près, car les religions réellement monothéistes n'existèrent que dans les livres. Le Christianisme, par exemple, s'annexa vite des légions d'anges, de saints, de démons, correspondant exactement aux divinités secondaires du monde antique et vénérés ou redoutés comme elles.

Cette multiplicité de dieux secondaires dans les croyances monothéistes et la division rapide de ces dernières en sectes, montrent bien que le monothéisme est un concept théorique, ne correspondant guère à nos besoins affectifs et mystiques.

Les changements de croyances indiqués dans ce chapitre présentent une grande importance historique en raison du rôle qu'ils ont joué; mais au point de vue philosophique, leur récit est sans intérêt. La croyance constitue l'aliment réclamé par notre besoin de croire. L'aliment a changé et changera encore, mais le besoin restera indestructible tant que la nature humaine n'aura pas été transformée.

Chapitre V
Comment meurent les croyances.

§ 1. - La phase critique des croyances et leur dissolution.

Exact au sens historique, le titre de ce chapitre t'est beaucoup moins au sens philosophique. Semblables à l'énergie de la physique moderne, les croyances se transforment quelquefois, mais ne périssent jamais. Elles changent de nom cependant et c'est ce phénomène qui peut être considéré comme leur mort.

Donc, après avoir lentement vieillis, les dogmes subissent la loi commune. Ils s'estompent et s'éteignent. Leur disparition, ou plutôt en réalité leur transformation, se manifeste d'abord par une phase critique, souvent génératrice de bouleversements.

Les physiciens montrent que lorsqu'un corps se trouve dans le voisinage de son point critique, une insignifiante variation de température le fait brusquement passer de l'état gazeux à l'état liquide, ou inversement.

Ce point critique s'observe également dans beaucoup de phénomènes sociaux. Un pays importateur d'or ou de certaines marchandises peut, par exemple, devenir soudainement exportateur, sous des influences très légères.

Ce phénomène, si général en physique et en économie politique, se manifeste aussi dans la vie des croyances. Après des oscillations diverses et une usure prolongée, elles arrivent parfois à un point critique et peuvent être alors transformées brusquement.

Cette phase, où scepticisme et foi voisinent, se produit lorsque le temps ou d'autres motifs ont ébranlé les croyances, avant que celles qui les remplaceront soient encore nettement formulées.

Les derniers défenseurs des dogmes effrités s'y rattachent désespérément sans trop y croire. Ils semblent redouter « cet incurable ennui, dont parle Bossuet, qui fait le fond de la -vie des hommes depuis qu'ils ont perdu le goût de Dieu ».

En fait, ils ne l'ont jamais perdu, des dieux nouveaux venant toujours remplacer ceux qui sont morts ou vont mourir.

Mais ce passage d'une divinité à une autre ne s'opère pas sans beaucoup de difficultés. On put le constater, par exemple, au déclin du paganisme.

Nous traversons précisément un de ces âges d'instabilité où les peuples Se trouvent tiraillés entre les influences des divinités anciennes et celles en voie, de formation. Notre époque constitue un des points critiques de l'histoire des croyances.

En attendant l'adoption d'une grande foi nouvelle, l'âme populaire flotte entre de petits dogmes momentanés, sans durée, mais non pas sans force. Défendus par des groupes, des comités, des partis, ils exercent souvent un pouvoir considérable.

L'action des clubs sous la Révolution, des ligues maçonniques dans la bourgeoisie, des syndicats dans la classe ouvrière, des comités électoraux dans les villes, en fournissent des exemples.

Quoique parfois assez éphémères, ces petites croyances engendrent pendant leur durée une foi robuste. Sur elles se trouve concentré l'irrésistible besoin de croire dont nous avons précédemment montré la puissance.

Elles ne peuvent remplacer définitivement cependant les croyances générales. Alors que les chapelles de, groupes sont en, rivalité incessante, les grands dogmes ont le pouvoir de faire s'évanouir l'intérêt individuel devant l'intérêt collectif.

Il est visible que nous n'en sommes pas là aujourd'hui. Les impératifs catégoriques généraux de jadis sont devenus de petits impératifs de sectes, n'ayant de commun qu'une haine intense contre l'ordre de choses établi. Les tables de la loi ne sont plus les mêmes pour toutes les tribus d'Israël.

§ 2. - Transformation des croyances religieuses
en croyances politiques.

Examiné sommairement, l'âge moderne semble avoir transposé toutes les échelles de valeur. En réalité, il a surtout modifié leurs noms.

Les fidèles des vieux cultes se lamentent du peu de foi des générations nouvelles. Jamais peut-être, cependant, les foules n'ont manifesté un besoin de croyance plus profond qu'à notre époque. En devenant foi politique, la foi religieuse a bien peu changé. La croyance au miracle, la mystique adoration de puissances surnaturelles est restée identique. La providence Étatiste a hérité de l'antique providence divine.

Une croyance ordinaire est un acte de foi. Appliqué à un être supérieur ou à une divinité, il se complique du besoin de soumission et d'adoration. Croire et adorer sont souvent synonymes.

Le croyant tend donc toujours à diviniser l'objet de son adoration. Marat, dont le cadavre devait être jeté peu de temps après à l'égout, fut déifié au lendemain de sa mort, et des litanies pieuses composées en son honneur. Napoléon représentait pour ses soldats un dieu invincible. Les reliques des victimes des répressions anarchistes sont adorées par leurs fidèles.

Une croyance ne devient vraiment populaire qu'une fois concrétisée sous forme d'êtres ou d'objets à vénérer. On le vit clairement pendant la Révolution. Une de ses premières préoccupations fut de trouver une divinité pour remplacer les anciennes. La déesse Raison d'abord choisie, eut son culte à Notre-Dame avec des cérémonies très voisines de celles qui s'y célébraient depuis des siècles.

Cette époque, je ne saurais trop le répéter, ne peut être comprise qu'en saisissant le rôle joué alors par le mysticisme du peuple et de ses meneurs. Robespierre, incarnation typique de l'étroite mentalité religieuse de son temps, se croyait un apôtre ayant reçu du ciel la mission d'établir le règne de la vertu. Très déiste, très conservateur et grand-prêtre infaillible d'une théocratie nouvelle, il jugeait un devoir sacré d'immoler impitoyablement « les ennemis de la vertu », et, comme jadis les pontifes de l'Inquisition, n'épargnait personne. Ses discours faisaient sans cesse appel à l'être suprême. Son séide Couthon invoquait aussi à chaque instant le Très-Haut.

Les tribunaux révolutionnaires eurent une parenté étroite avec ceux de l'inquisition. Ils n'adoraient pas tout à fait les mêmes dieux, mais nourrissaient les mêmes haines et poursuivaient un même but : la suppression des infidèles.

J'ai trop montré dans de précédents ouvrages l'évolution du socialisme vers une forme religieuse pour y revenir longuement ici. S'il possédait quelque divinité précise à adorer, son succès serait beaucoup plus rapide.

Ses apôtres sentent d'instinct cette nécessité, mais n'osant pas offrir à l'adoration populaire la tête du principal théoricien de la doctrine, le juif Karl Marx, ils ont dû se rejeter vers la déesse Raison. J'ai reproduit, dans ma *Psychologie politique,* un passage du journal socialiste *l'Humanité* nous apprenant qu'à la séance d'inauguration d'une école socialiste, le jeune professeur à la Sorbonne chargé de la première leçon « adressa, comme il convenait, une invocation à la déesse Raison ».

Malheureusement, les divinités abstraites n'ont jamais séduit les foules et c'est pourquoi la religion socialiste possède des dogmes, mais attend encore son Dieu.

Il ne saurait être attendu bien longtemps. Les dieux naissent toujours quand le besoin s'en fait sentir.

La force de la croyance nouvelle tient surtout, je l'ai souvent répété, à ce qu'elle est héritière des conceptions chrétiennes. Les dogmes socialistes ont emprunté aux premiers chrétiens, avec leur mysticisme, le besoin d'égalité, l'altruisme et la haine des richesses. La parenté des deux doctrines est telle qu'en Belgique le catholicisme devient l'allié résolu du socialisme. Il favorise ouvertement les grèves et encourage la lutte des classes.

Les apôtres de la foi socialiste ont également le ton enflammé et prophétique des premiers défenseurs du christianisme. Je ne parle pas seulement des publications de vulgaires sectaires, mais de celles d'hommes instruits. J'ai eu occasion de citer, dans mon dernier livre, des fragments caractéristiques d'un écrit de cette nature, publié par un professeur au Collège de France, converti comme jadis Polyeucte, à la foi nouvelle et désireux de détruire les faux dieux. Leur lecture montre bien que le savant lui-même ne peut pénétrer dans le cycle de la croyance sans voir s'évanouir sa modération et son esprit critique. Descendu de plusieurs degrés dans l'échelle mentale, il perd le sens des réalités. Absurdités, violences, impossibilités ne sauraient le choquer puisqu'il cesse de les voir.

Inutile de récriminer. La croyance est un maître irrésistible et son attrait s'exerce dès qu'on approche da sa sphère d'action.

Tenaces ou transitoires, les croyances représentèrent toujours, je le répète encore, les grands facteurs de la vie des nations. On ne gouverne pas un peuple avec des idées vraies, mais avec des croyances tenues pour vraies. Pilate, aujourd'hui, ne poserait sans doute plus la question, à laquelle aucun philosophe n'a jamais définitivement répondu. Il dirait que la vérité étant ce qu'on croit, toute croyance établie constitue une vérité. Vérité provisoire sans doute, mais c'est avec des vérités de cet ordre que le monde fat toujours conduit.

Livre IX
Recherches expérimentales sur la formation des croyances et sur les phénomènes inconscients d'où elles dérivent

Chapitre I
Intervention de la croyance dans le cycle de la connaissance. Genèse des illusions scientifiques.

§ 1. - Pourquoi la connaissance reste toujours mélangée de croyances.

Aucun savant ne peut se vanter d'être sorti pour toujours du cycle de la croyance. Dans les phénomènes incomplètement connus, il est bien obligé de formuler des théories et des hypothèses, c'est-à-dire des croyances que l'autorité seule de leurs auteurs fait accepter.

Même pour les phénomènes très étudiés, nous sommes forcés, ne pouvant les vérifier tous, de les admettre comme croyances. Notre éducation classique n'est qu'un acte de foi à l'égard de doctrines imposées par le prestige d'au maître. Elle doit, pour cette raison, devenir expérimentale quelquefois, afin de montrer à l'élève la possibilité de vérifier les affirmations qu'on lui impose et de lui apprendre que l'observation et l'expérience sont les seules armatures de la véritable certitude.

L'impossibilité de vérifier l'ensemble de nos connaissances rend bien chimérique le conseil donné par Descartes dans son Discours *de la méthode* : « Ne recevoir jamais aucune chose pour vraie que je ne la connusse évidemment comme telle et rejeter comme fausses toutes celles où nous pouvons imaginer le moindre doute. »

Si Descartes avait tenté d'appliquer ses préceptes, il n'eût pas admis comme évidentes des choses qui nous font sourire aujourd'hui. De même que tous ses contemporains et la généralité de ses successeurs, il était dominé par la croyance. Le scepticisme le plus étendu est en réalité toujours partiel : « Celui, dit Locke, qui, dans les affaires ordinaires de la vie, ne voudrait rien admettre, qui ne fût fondé sur des démonstrations claires et directes, ne pourrait s'assurer d'autre chose que de périr en fort peu de temps.

Il ne pourrait trouver aucun mets, ni aucune boisson dont il pût hasarder de se nourrir. »

On peut ajouter également que l'analyse critique de nos opinions et de nos certitudes rendrait l'existence d'une société impossible. Le rôle de la croyance est justement de nous éviter de telles analyses.

Et puisque le savant est obligé d'accepter comme croyances, une grande partie des vérités de la science, ne nous étonnons pas de lui voir manifester parfois autant de crédulité que les ignorants. Sur les sujets étrangers à sa spécialité, il les dépasse peu.

Ces considérations expliquent pourquoi des savants éminents sont parfois victimes des plus énormes illusions. Après l'avoir constaté pour des faits scientifiques ordinaires, dégagés de toute passion, nous serons préparés à comprendre comment certaines croyances occultistes, analogues aux pratiques de l'ancienne sorcellerie, ont pu être acceptées par d'illustres spécialistes.

§ 2. - Genèse des illusions scientifiques.

Toutes les expériences ne pouvant être reproduites, le principe d'autorité reste, je, l'ai dit plus haut, notre principal guide. On croit l'auteur auquel sa position confère du prestige, supposant, très justement d'ailleurs, qu'il ne s'exposerait pas à être démenti en émettant des assertions erronées.

Le plus souvent, il en est ainsi. Un savant n'annonce jamais une chose qu'il pense inexacte. Mais l'influence de la suggestion est telle que, même sur des faits très précis, un esprit éminent peut s'illusionner et prendre pour des réalités les visions de son imagination. La retentissante histoire des rayons N, dont d'illustres physiciens mesuraient l'indice de réfraction, alors que plus tard l'existence de ces rayons fut reconnue imaginaire, en constitue un remarquable exemple.

Nous allons insister sur ces faits, car en révélant les erreurs possibles dans l'étude de phénomènes physiques, soumis à de rigoureuses mesures, ils font comprendre combien devient facile l'illusion en face de phénomènes susceptibles seulement d'insuffisantes vérifications.

Pour montrer que le rôle du prestige, de la suggestion et de la contagion peuvent engendrer chez tous les esprits, y compris les plus élevés, des croyances et des opinions erronées, nous choisirons nos exemples uniquement chez des savants.

Un des plus saisissants est l'aventure dont furent victimes, il y a quarante ans environ, la presque totalité des membres de l'Académie des Sciences et qui inspira à Daudet son célèbre roman l'Immortel. Sur la foi d'un éminent géomètre, auréolé d'un grand prestige, l'illustre assemblée inséra, comme authentiques dans ses comptes rendus, une centaine de lettres supposées de Newton, Pascal, Galilée, Cassini, etc. Fabriquées de toutes pièces par un faussaire peu lettré, elles fourmillaient de vulgarités et d'erreurs, mais les noms de leurs prétendus auteurs et du savant qui les présentait firent tout accepter. La plupart des académiciens, et notamment le secrétaire perpétuel, ne conçurent aucun doute sur l'authenticité de ces documents jusqu'au jour où le faussaire avoua sa fraude. Le prestige évanoui, on déclara misérable le style des lettres, affirmé d'abord merveilleux et bien digne des écrivains de génie considérés comme leurs auteurs.

Les vérifications, dans l'exemple précédent, étaient difficiles pour des savants non spécialisés, s'en rapportant naturellement à l'autorité* d'un confrère. En réalité, les spécialistes de l'Institut furent aussi aisément dupes que les ignorants. Cette objection disparaît d'ailleurs devant d'autres faits plus récents, où les erreurs commises le furent uniquement par des spécialistes.

Une des plus curieuses illusions collectives enfantées par le prestige et la contagion, fut celle imposée, il y a une quinzaine d'années, par un célèbre physicien, M. Becquerel, professeur de physique à l'École polytechnique. Il exposa longuement, et à plusieurs reprises, dans les comptes rendus de l'Académie des Sciences, des expériences minutieuses prouvant catégoriquement, suivant lui, que l'uranium émet des radiations capables de se polariser, de se réfracter, de se réfléchir, et, par conséquent identiques à la lumière issue des corps phosphorescents. Pendant trois ans, - et malgré les affirmations contraires d'un physicien français, que connaissent les lecteurs de cet ouvrage, - le célèbre académicien persista dans son erreur et la fit partager par tous les savants de l'Europe. Elle fut seulement reconnue lorsqu'un observateur américain, mis par la distance à l'abri du prestige, prouva, - vérification des plus faciles, - que ces rayons ne se réfractant pas et ne se réfléchissant pas étaient tout autre chose que de la lumière. Au point de vue de ses conséquences scientifiques, l'erreur était énorme, et le fait qu'elle ait pu être partagée trois ans, par la totalité des physiciens, semblerait incompréhensible, sans les explications de la psychologie.

L'histoire des rayons N, à laquelle je faisais allusion plus haut, est encore plus typique. Elle révèle, non seulement le rôle du prestige, mais encore celui de la suggestion et de la contagion mentale.

Il ne s'agit plus ici, comme dans le cas précédent, d'expériences admises de confiance par tout le monde sans vérification, mais d'observations déclarées exactes par quantité de physiciens s'imaginant les avoir vérifiées. Bien que cette aventure soit très connue, nous la rappellerons sommairement.

Un correspondant distingué de l'Académie des Sciences, professeur de *physique réputé,* M. Blondlot, avait cru constater qu'un grand nombre de corps émettent des rayons particuliers, qualifiés par lui rayons N. Ils étaient révélables par leur action sur la phosphorescence, et leur longueur d'onde pouvait être mesurée avec exactitude. L'auteur jouissant d'une grande autorité, son assertion fut acceptée sans contestation par la plupart des savants français, *qui répétèrent ses expériences en y voyant exactement ce qu'on leur avait suggéré d'y voir.*

Pendant deux ans, les comptes rendus de l'Académie des Sciences publièrent d'innombrables notes de divers physiciens professionnels : Broca, J. Becquerel, Bichat, etc., sur les Propriétés, chaque jour plus merveilleuses, de ces rayons. M. Jean Becquerel annonçait même les avoir chloroformés. Des savants distingués, M. d'Arsonval notamment, faisaient sur eux des conférences enthousiastes.

L'Académie des Sciences, jugeant nécessaire de, récompenser une aussi importante découverte, chargea plusieurs de ses membres, dont le physicien Mascart, d'aller vérifier chez l'auteur l'exactitude de ses recherches. Ils revinrent émerveillés, et un prix de 50.000 francs [1] fut décerné à l'inventeur.

1 Il devait d'abord être décerné exclusivement pour les rayons N, mais, au dernier moment, par un excès de prudence, qui parut excessif à certains membres de la Commission, le rapport déclara attribuer le prix de 50.000 francs à M. B. pour

Durant ce temps, des savants étrangers, sur lesquels les physiciens français n'exercent aucun prestige, répétaient vainement les expériences sans les réussir. Plusieurs se décidèrent alors à aller les observer chez leur inventeur. Ils constatèrent rapidement que ce dernier était victime des plus complètes illusions, continuant à mesurer, par exemple, les déviations des rayons N sous l'influence d'un prisme, bien qu'on eût subrepticement retiré *ce* prisme dans l'obscurité, etc.

La *Revue scientifique* ouvrit alors une vaste enquête auprès de tous les physiciens de l'univers. Ses résultats furent désastreux pour les rayons N. On dut reconnaître qu'ils constituaient un pur produit de la suggestion mentale et de la contagion, et n'avaient jamais eu d'existence.

La suggestion détruite, *aucun des physiciens français persuadés d'avoir vu les rayons N ne réussit une seule fois à les apercevoir de nouveau. Les* communications à leur sujet, si abondantes autrefois dans les comptes rendus de l'Académie des Sciences, cessèrent brusquement et totalement.

Ainsi, pendant deux ans, des physiciens professionnels avaient cru, au point de les mesurer avec minutie, en des rayons ne possédant de réalité que dans leur imagination et créés uniquement par la suggestion.

Cette merveilleuse histoire montre, à la fois, la puissance du prestige, de la suggestion et de la contagion. Elle éclaire d'une vive lueur la genèse des croyances, celle de beaucoup d'événements historiques, et tous les phénomènes occultistes. En cette dernière matière, on peut dire que les observateurs vivent de suggestions, et quand on voit ce qu'elles arrivent à produire sur des sujets scientifiques, on conçoit la prépondérance de leur rôle dans la genèse des phénomènes merveilleux.

Je n'ai voulu examiner ici que les illusions scientifiques célèbres, portant sur des faits d'une importance capitale. S'il fallait relater les erreurs scientifiques de détail, dues à l'influence du prestige, un volume entier ne suffirait pas. Je me bornerai à en citer encore une.

Il y a quelques années, un élève de M. Lippmann crut avoir découvert, - observation d'une portée considérable, - qu'un corps

l'ensemble de ses travaux, sans spécifier lesquels.

électrisé en mouvement ne déviait pas une aiguille aimantée. L'auteur était totalement inconnu, mais ayant fait ses expériences sous les yeux et avec le concours de M. Lippmann, il bénéficia de la grande autorité de ce dernier et fut écouté par tous les physiciens jusqu'au jour où un savant étranger prouva qu'élève et professeur s'étaient trompés lourdement et pourquoi.

Sauf dans le cas des lettres du faussaire, je n'ai fait allusion, remarquons-le, qu'à des faits scientifiques, susceptibles de mesures précises, soumis à une observation rigoureuse. Pour cette raison, d'ailleurs, les erreurs scientifiques finissent toujours, tôt ou tard, par être reconnues.

Dans les sciences en voie de formation, comme la médecine, où les vérifications sont extrêmement difficiles, - car on ne sait jamais quels résultats attribuer à la suggestion et au remède, - les erreurs se perpétuent bien davantage. Les énumérer serait faire l'histoire de la médecine et montrer que théories, remèdes et raisonnements changent tous les quarts de siècle. Je ne citerai qu'un exemple parmi tant d'autres.

Il y a une cinquantaine d'années, le traitement de la pneumonie par la saignée était considéré comme une des belles conquêtes de l'art médical. Sa valeur semblait surabondamment prouvée par des statistiques, montrant que grâce à lui, on ne perdait que 30 malades sur 100.

L'emploi de ce précieux système continua jusqu'au jour où un médecin sagace, visitant un hôpital homéopathique de Londres, Constata que la mortalité des pneumoniques n'y dépassait guère 5 p. 109, au lieu de 30 p. 100 en France. Ce fut un trait de lumière. Puisque, se dit-il, les médicaments homéopathiques sont trop dilués pour agir, le vrai traitement, c'est de ne rien faire. Ce régime appliqué en France fit aussitôt tomber la mortalité au même chiffre qu'en Angleterre. Les médecins tuaient donc par la saignée 25 p. 100 de leurs malades. Aujourd'hui, loin de les affaiblir par une pareille opération, on soutient leurs forces avec de l'alcool.

La multiplication de ces exemples n'ajouterait rien à ce que j'ai voulu démontrer. Le lecteur est convaincu, je l'espère, que la plupart de nos opinions scientifiques doivent être qualifiées, non de connaissances, mais de croyances. Étant des croyances, elles se forment sous certaines influences : prestige, affirmation, suggestion, contagion, etc., fort étrangères à la raison, mais beaucoup plus puissantes qu'elle.

Nous retrouverons bientôt ces mêmes mobiles générateurs dans la formation moderne des croyances occultistes chez quelques savants.

Chapitre II
La formation moderne d'une croyance. L'occultisme.

§ 1. - Utilité d'étudier expérimentalement
la formation d'une croyance.

Dès le début de cet ouvrage, nous avons montré que l'explication de la formation et de la propagation des grandes croyances qui ont guidé l'humanité pendant de longs siècles et la guident encore, est un difficile problème.

Après avoir essayé de le résoudre théoriquement par des voies diverses, nous allons tenter l'application des principes exposés à l'étude de croyances nouvelles, en prenant comme exemple une religion moderne : l'occultisme, aussi chargée de miracles que celles qui l'ont précédée. Si nous constatons que des faits invraisemblables, reconnus plus tard chimériques, furent admis d'abord sans difficultés par des savants éminents, nous aurons expérimentalement prouvé que l'intelligence ne joue aucun rôle dans la formation des croyances et que celles-ci sont bien placées sous l'influence des éléments affectifs et mystiques, décrits en examinant les diverses formes de logiques.

Mon argumentation sera d'ailleurs indépendante de, la valeur supposée des croyances occultistes. puisque je m'attacherai surtout aux faits reconnus plus tard illusoires par leurs adeptes mêmes et qui cependant furent admis comme exacts par plusieurs savants. On verra ainsi qu'une fois entré dans le cycle de la croyance, l'expérimentateur accepte facilement les plus invraisemblables énormités et fait preuve d'une crédulité parfois aussi complète que celle des sauvages.

Cette démonstration établie fournira des preuves sûres à l'appui des principes exposés dans cet ouvrage et éclairera expérimentalement le mécanisme de la naissance et de la propagation des croyances.

Aucune d'elles ne surgissant de toutes pièces, comme nous l'avons montré, il est nécessaire de rechercher d'abord les croyances antérieures d'où l'occultisme moderne dérive.

§ 2. - La magie dans l'Antiquité et au Moyen Âge.

L'homme a toujours eu soif de connaître sa destinée et d'obtenir l'assistance des puissances surnaturelles dont il se croyait entouré. De ces besoins sont nées les formes diverses de la magie.

Cet art se pratiqua chez tous les peuples, à tous les âges de leur histoire. La nécromancie, l'astrologie, la divination, qui en sont des branches, furent d'un usage constant dans l'antiquité.

La divination, par moyens divers, et notamment par les oracles qu!interprétaient des personnages très analogues aux médiums modernes, représente la forme la plus générale de l'ancienne magie.

La confiance dans les indications ainsi obtenues était universelle. À Rome, la magie constituait une religion d'État, dont les prêtres, chargés de commenter les phénomènes surnaturels, se nommaient augures. Leur rôle était considérable; les généraux les consultaient avant de livrer bataille et leurs avis faisaient quelquefois annuler des lois.

Le collège des augures ne fut supprimé qu'au IVe siècle de notre ère par l'empereur Théodose, devant l'influence croissante du christianisme.

La foi des Anciens dans les prédictions attribuées à des êtres supérieurs, analogues aux esprits des spirites modernes, était générale. Certains oracles, celui de Delphes par exemple, jouissaient d'une autorité telle qu'on venait les consulter de tous les points du monde antique.

Les oracles se turent, et la magie païenne disparut avec le triomphe du christianisme. Elle devait renaître au Moyen Âge sous le nom de sorcellerie. On sait son rôle et sa puissance. Brûlés par milliers, les sorciers reparaissaient toujours. Cette force rivale de l'Église fut domptée par le temps bien plus que par les supplices.

La sorcellerie se pratiquait toujours avec l'assistance du diable. Si des témoignages innombrables, des affirmations obstinément répétées, au prix même de la vie, suffisaient à établir l'existence d'un fait, rien ne serait plus incontestablement prouvé que l'existence du sabbat. Incalculable, en effet, est le nombre d'individus ayant confessé s'y être rendus à travers les airs, à cheval sur un balai, et y avoir eu des relations sexuelles avec les démons.

Les faits de sorcellerie dont le Moyen Âge fut imprégné figurent certainement parmi les phénomènes les plus curieux et jadis les moins expliqués de la psychologie.

Le rôle de la suggestion et de la contagion mentale s'y manifeste sur une grande. échelle. Les témoignages recueillis au cours des procès de sorcellerie dans divers pays sont concordants, les descriptions de Satan identiques, la façon de se rendre au sabbat la même partout.

Aucun intérêt personnel ne semble avoir influencé l'âme de ces hallucinés. Le diable leur donnait vraiment bien peu en échange de leur salut éternel et convaincus de sorcellerie, ils se savaient voués aux plus terribles supplices.

Rarement, d'ailleurs, on avait besoin de recourir aux tortures pour obtenir l'aveu de leurs prétendus crimes. Les inculpés décrivaient avec complaisance les scènes de sabbat. Le diable les y attendait sous des formes variées : crapaud, chat, chien noir, bouc, etc. Il offrait à ses fidèles des repas généralement composés de débris de cadavres et des distractions assez peu nombreuses. En dehors de danses et de relations sexuelles avec de vilains démons ou de vieilles sorcières, les plus fréquentes occupations consistaient à fouetter vigoureusement de gros crapauds pour leur faire. sécréter une humeur verdâtre et gluante destinée à fabriquer les onguents et poudres magiques.

La sorcellerie persista des siècles et durant cette longue période aucun doute ne s'éleva dans l'esprit des magistrats sur l'existence des cérémonies diaboliques qu'on leur racontait. Pas un ne se demanda, quel motif entraînait tant de personnes à vendre leur âme au diable, pour des plaisirs aussi médiocres que celui d'aller manger des cadavres la nuit sur une lande déserte. Comment le doute eût-il pu d'ailleurs naître, les coupables avouant leur crime ? Aussi étaient-ils brûlés sans remords. Dans le seul duché de Lorraine, 400 sorciers périrent par le feu en vingt ans.

Il ne faudrait pas attribuer à toutes ces victimes de la sorcellerie, et de croyances analogues, nue mentalité très distante de celle des hommes d'aujourd'hui. La crédulité moderne est aussi grande, elle a seulement changé de nature. Sorciers du Moyen Âge, sorciers politiques modernes, prometteurs de chimères, évocateurs d'esprits matérialisés, tireuses de cartes, somnambules lucides et devins de toutes sortes appartiennent à la famille innombrable d'esprits confinés dans le cycle. de la croyance sans avoir jamais pu en sortir. Dans ce monde décevant l'impossible n'existe pas, les hallucinations qui s'y engendrent ont la réalité apparente des rêves fantastiques, dont nos nuits sont parfois hantées.

De ce domaine redoutable où elle fut enfermée, si longtemps, l'humanité a fini par se dégager un peu, mais cette libération est si récente et si incomplète qu'un atavisme très lourd l'y rejette sans cesse.

Lorsqu'après de grands efforts on a réussi à s'évader du champ de la croyance, il faut se souvenir qu'on ne s'en rapproche jamais sans subir sa dangereuse attraction.

De nombreux savants en firent l'expérience. Armés de leurs instruments et de leurs méthodes, ils crurent pouvoir échapper aux influences capables d'halluciner simplement, d'après eux, des esprits bornés. Ils furent, en réalité, aussi facilement trompés que les plus humbles croyants. Toute leur instrumentation scientifique servit seulement à donner à certaines illusions, dont les fidèles eux-mêmes n'étaient pas toujours très sûrs, une apparence de ,certitude qu'elles n'auraient jamais acquise autrement.

§ 3. - La magie dans les temps modernes et les phénomènes de matérialisation.

Devant les progrès des idées scientifiques, la croyance dans la magie semblait ruinée. Les sorciers, dépouillés de prestige, ne trouvaient plus crédit qu'au fond de quelques obscurs villages.

Mais l'amour du mystère, les besoins religieux qu'une foi trop ancienne alimentait mal, l'espoir de survivre au tombeau, sont des sentiments si vivaces qu'ils ne sauraient mourir. La magie antique devait, une fois encore, reparaître en changeant de nom sans se modifier beaucoup. Elle s'appelle aujourd'hui occultisme et spiritisme, les augures se nomment médiums, les dieux inspirateurs d'oracles s'intitulent esprits, les évocations des morts sont devenues les matérialisations.

Longtemps, la nouvelle croyance demeura dédaignée des savants; mais, depuis une vingtaine d'années, nous assistons à ce phénomène très imprévu : des professeurs éminents devenant défenseurs convaincus de toutes les formes de la magie. C'est ainsi qu'on entend des anthropologistes réputés, comme Lombroso, assurer qu'ils ont évoqué les ombres des morts et causé avec elles, d'illustres, chimistes tels que Crookes, affirmer avoir vécu des mois avec un esprit se matérialisant et se dématérialisant chaque jour, des professeurs de physiologie célèbres comme Richet prétendre avoir aperçu un guerrier casqué naître spontanément du corps d'une jeune fille, des physiciens distingués comme d'Arsonval raconter qu'un médium a pu faire varier considérablement à volonté le poids d'un objet. Nous voyons enfin d'illustres philosophes comme M. Boutroux disserter dans de brillantes conférences sur les esprits, les communications surnaturelles et assurer que « la porte subliminale est l'ouverture par où le divin peut entrer dans l'âme humaine ».

Il est vrai que d'autres savants, tout aussi illustres, rejettent ces observations, dues suivant eux à des hallucinations et s'indignent contre ce qu'ils appellent un retour aux formes -les plus basses de la sorcellerie et de la superstition.

Devant d'aussi contradictoires affirmations, le public instruit reste perplexe, se demandant s'il est vraiment possible que des observateurs habiles puissent se tromper aussi lourdement, et pourquoi des faits prétendus certains par divers observateurs n'ont jamais été vus par d'autres opérant avec les mêmes sujets et dans des conditions d'apparence identiques.

On ne saurait le comprendre, en effet, qu'après avoir approfondi le mécanisme de la formation des croyances ainsi que le rôle de la suggestion collective et de la contagion. Il faut enfin savoir que l'illusion devient, dans certaines circonstances déterminées, assez intense pour se confondre avec la réalité.

Afin de montrer la crédulité sans bornes de certains savants éminents, dès qu'ils pénètrent dans le champ de la croyance, je vais choisir le phénomène occultiste le plus étudié par eux, celui dit des matérialisations. Nous verrons des physiologistes réputés admettre sans hésiter qu'un être vivant peut se constituer instantanément avec ses os, ses vaisseaux, ses nerfs, en un mot tous ses organes.

Définissons tout d'abord, d'après les spirites, en quoi consiste une matérialisation :

> *« Le mot matérialisation, écrit le Dr Maxwell, signifie qu'un esprit, celui d'un mort ou même celui d'une personne vivante, peut soustraire à l'organisme du médium du « fluide », c'est-à-dire une substance impondérable susceptible cependant de se condenser et de devenir matière. Cette substance s'agrège en matière et s'ordonne en formes variées suivant la volonté de l'intelligence qui la manipule. Ordinairement, c'est un corps analogue à un corps vivant que cette intelligence se fabrique; il rappelle la forme qu'avait de son vivant le défunt s'il s'agit d'un mort. De tels corps sont dits matérialisés. »*

Pour les occultistes, tous les organes sont entourés d'une sorte d'enveloppe formée de cette substance subtile. En dehors de notre corps matériel, nous posséderions, en double, un « corps astral » parfois séparable du premier après la mort. Il pourrait se matérialiser en empruntant des éléments matériels à un corps vivant, par exemple celui du médium.

Naturellement, les explications des spirites sur un tel sujet restent assez confuses et varient avec l'imagination de chaque auteur. Il faut uniquement en retenir que du corps d'un être vivant pourrait instantanément surgir un autre être, possédant les mêmes organes et non leur simple aspect.

La fameuse Katy King de Williams Crookes avait en effet un cœur très régulier, et les poumons du fantôme casqué, matérialisé devant le professeur Richet, sécrétaient de l'acide carbonique comme ceux d'un être ordinaire, ainsi qu'on put le constater en lui faisant insuffler de l'air au moyen d'un tube dans de l'eau de baryte. Si ces illustres savants, et ceux dont nous parlerons plus loin, n'ont pas été victimes de fraudes - en vérité énormes - ils peuvent se vanter d'avoir assisté à des miracles analogues à celui du Dieu de la Genèse faisant sortir Ève du corps d'Adam.

Après la démonstration de pareils prodiges, on serait mal fondé à nier ceux de la Bible. Malheureusement, chaque fois qu'ils ont pu être examinés d'un peu près, ces fantômes révélèrent la présence de fraudes tellement grossières que nous aurions certainement passé ce sujet sous silence, si de très éminents esprits n'en avaient été dupes.

Les illusions des savants cités plus haut ou de ceux qui, comme Lombroso, assurent avoir évoqué des morts et causé avec eux, trouvent invariablement leur source dans la suggestion et les fraudes.

On peut juger de l'influence de ces dernières - toujours accomplies dans l'obscurité - par le cas récent du célèbre Miller, qui faisait apparaître successivement plusieurs fantômes causant avec les assistants et se laissant toucher par eux. Trop confiant dans la crédulité, pourtant immense, des assistants, il finit par négliger certaines précautions et on le surprit en pleine fraude. Les journaux spirites qui l'avaient le plus ardemment soutenu furent obligés de confesser leur erreur.

Aussi typique est le cas d'Anna Rothe, qui fit courir tout Berlin, jusqu'au jour où des policiers habiles, ayant découvert ses tours, la traduisirent devant un tribunal, où elle fut condamnée à dix-huit mois de prison.

Son histoire a été longuement racontée par le Dr Maxwel, à qui j'emprunte les détails suivants. Ce médium donnait des séances publiques, pendant lesquelles elle matérialisait les fleurs dans l'espace.

« Ces phénomènes étranges se passaient d'ailleurs dans les endroits les plus divers et en dehors des séances. Dans un café elle matérialisa un morceau de gâteau; dans les dîners, auxquels elle assistait, des fleurs tombaient à côté d'elle, naissaient dans ses mains, poussaient subitement sur les épaules de ses voisins.

Recherches expérimentales sur la formation des croyances...

« *Les choses allèrent ainsi pendant des mois, puis des années. Le nombre de gens que convertissait Mme Rothe s'augmentait, le spiritisme faisait des progrès qui inquiétèrent la cour et qui excitèrent certaines polémiques... Un soir, sur l'ordre du Préfet de police, plusieurs agents se précipitèrent sur le médium pendant une séance et constatèrent que les fleurs supposées provenir d'une matérialisation étaient simplement des fleurs naturelles cachées sans la robe du médium.* »

Au cours des nombreuses séances données à l'*Institut psychologique de* Paris, le médium Eusapia se sentant surveillé, ne tenta que très peu de matérialisations. Elle réussit une fois, cependant, à dégager ses mains de celles des contrôleurs et entoura la tête d'un assistant d'un bras supposé celui d'un fantôme, mais dont on reconnut vite l'origine.

À Naples, se sachant moins observée, et opérant devant une assistance très confiante, le même médium réalisa d'inconcevables prodiges.

Les phénomènes que je vais citer se passaient en présence du professeur Bottazi, un des savants les plus éminents de l'Italie, assisté d'observateurs distingués. Le rapport officiel que no-us allons résumer fut publié *in extenso* par les *Annales des sciences psychiques* (août, septembre et octobre 1907).

M. Bottazi et ses assistants sont persuadés que du corps d'Eusapia peuvent sortir un bras et une main invisibles lui permettant de soulever une table de 22 kilos et de déplacer une foule d'objets. Le savant physiologiste admet donc, on le voit, la formation instantanée de membres invisibles capables d'agir comme des membres ordinaires.

Outre ces bras et ces mains invisibles, M. Bottazi et ses assistants assurent avoir vu surgir du corps du médium de très visibles matérialisations, notamment une tête. « Tout le monde, dit-il, vit l'apparition, j'en éprouvai un frémissement dans tout mon corps. Apparurent aussi des doigts et des mains. »

Toutes ces mains visibles ou invisibles auraient effleuré les assistants et déplacé les touches des appareils enregistreurs. Elles apportèrent, sur la table, plusieurs objets voisins du médium, entre autres une mandoline. Grâce à ses doigts invisibles, Eusapia put jouer de l'instrument placé à 60 centimètres d'elle, tracer une empreinte dans la terre glaise, tourner le bouton d'une lampe électrique, etc. Eusapia, ajoute l'auteur, « explore et palpe tout ce qui se trouve dans le cabinet avec ses mains médianiques ».

Dans la même séance, l'auteur contempla « deux apparitions de visages humains de couleur naturelle, très pâles, presque diaphanes ».

D'autres savants italiens connus, le Dr Venzano, le professeur Morselli, etc., annoncent avoir observé avec le même médium des phénomènes analogues, notamment « une figure de femme tenant entre ses bras un petit enfant avec des cheveux très courts. Le regard de la femme était tourné en haut avec une attitude d'amour pour l'enfant ». Le médium interrogé déclara que la «forme de la femme était la mère de Mlle Avellino, l'enfant qu'elle tenait dans ses bras était son petit-fils ». Pendant cette matérialisation, la salle était éclairée par une lumière de gaz très intense [1]. Ce dernier détail montre que la lumière n'empêche pas l'apparition des fantômes, comme le prétendent les spirites. Il suffit que les assistants Possèdent une foi assez forte. Je crois, cependant, avec les médiums, l'obscurité beaucoup plus favorable au développement de la croyance.

M. le professeur Morselli, dans un très volumineux mémoire sur les phénomènes médiumniques [2] transformé ensuite en gros livre, assure avoir constaté l'exactitude de tous les, phénomènes précédents et de quelques autres encore. Il nous parle, notamment, du froid intense émis quelquefois par le médium. « Est-ce peut-être, dit-il, un symbole du froid des tombeaux qui s'ouvrent pour laisser passer les défunts ? » Il a assisté à la « matérialisation d'une désincarnée qui lui était très chère », etc.

Dans une interview publiée par le *Matin,* le savant professeur Lombroso affirme avoir vu, lui aussi, se matérialiser sa mère défunte et causé avec elle.

J'ai déjà fait remarquer plus haut que dans les expériences accomplies avec le médium Eusapia, les résultats varièrent suivant. les pays et les observateurs. En Italie, on vient de le voir, ils ont été

1 Annales des sciences psychiques, août 1907.
2 Annales des sciences psychiques, avril et mai 1907.

merveilleux, et jamais les magiciens des légendes n'accomplirent de plus grands miracles. En Angleterre, ils furent nuls, puisque la Commission nommée pour l'examen de ces phénomènes conclut à la fraude. En France, le succès oscilla suivant les milieux et la mentalité des assistants. Considérable dans les milieux mondains, très faible, au contraire, dans les milieux savants.

Au cours d'une interview publiée par divers journaux, M. d'Arsonval déclara considérer tous les phénomènes de matérialisation comme « des fraudes ou des acrobaties », et l'Institut psychologique, après de nombreuses séances, « n'en put observer aucun où la fraude ne jouât quelque rôle.

A cette même conclusion est arrivé M. Dastre, membre de l'Académie des Sciences et professeur de physiologie à la Sorbonne. Nous examinâmes ensemble le médium ayant servi aux expériences de l'Institut psychologique. Les séances eurent lieu dans mon domicile. Nous vîmes, à diverses reprises, presque en plein jour, une main apparaître au-dessus de la tête du médium, mais en faisant surveiller ses épaules par mon préparateur, dont un éclairage latéral, qu'elle ne pouvait soupçonner, permettait de suivre tous les mouvements, nous acquîmes vite la preuve que ces mains matérialisées étaient simplement les mains naturelles du médium, libérées du contrôle des observateurs. Dès qu'Eusapia se devina suspectée, les apparitions de mains cessèrent complètement et ne recommencèrent que lorsque, cédant au désir de quelques amis crédules, je consentis à les faire assister à Une séance et, gêné par leur nombre, cessai ma surveillance.

Les conclusions de ce chapitre s'imposent trop facilement pour avoir besoin d'être développées. Tâche, d'ailleurs, bien inutile. Les convaincus resteront convaincus et les sceptiques resteront sceptiques. Dans le domaine de la foi, la raison n'intervient pas.

§ 4. - Raisons psychologiques
de la formation des croyances occultistes.

On voit le rôle de la suggestion et de la contagion mentale dans les phénomènes merveilleux se rattachant à la magie et leur influence sur les esprits les plus éminents.

Mais cette interprétation ne saurait suffire. Pour saisir la genèse de pratiques qui persistèrent chez tant de peuples à travers les âges et subsistent encore, il faut s'élever à une conception plus générale et ne pas tenter d'expliquer avec la raison ce qui ne dépend guère d'elle.

La magie, sous toutes ses formes, doit être considérée comme une manifestation de cet esprit mystique inséparable de notre nature et dont nous avons montré la force.

Fondateurs de religions, sorciers, mages, devins, propagateurs de tant d'illusions qui ont charmé ou terrorisé nos pères et reparaissent toujours, sont les prêtres d'une puissante déesse dominant toutes les autres et dont le culte semble éternel.

Considérons par la pensée, à travers le temps et l'espace, les milliers d'édifices sacrés dressés depuis 8.000 ans au-dessus des grandes cités et tâchons de discerner quelles forces mystérieuses conduisirent à édifier sans trêve ces temples, ces pagodes, ces mosquées, ces cathédrales, où les merveilles de l'art furent entassées.

On le découvre en recherchant ce que demandaient les hommes aux dieux, d'aspects si variés, qu'ils y invoquaient. Un sentiment identique les anima visiblement toujours. Les peuples de toutes les races adorèrent, sous des noms divers, une seule divinité : l'Espérance. Tous leurs Dieux n'étaient donc qu'un seul Dieu.

Chapitre III

Méthodes d'examen applicables à l'étude expérimentale de certaines croyances et de divers phénomènes supposés merveilleux.

§ 1. - Insuffisance des méthodes habituelles d'observation.

Les illusions dont furent victimes les savants adonnés à l'étude des phénomènes spirites montrent que les méthodes d'investigation, utilisables dans le domaine de la connaissance, ne le sont plus dans celui de la croyance.

Elles sont inapplicables parce que le savant se trouve alors dans des conditions tout à, fait exceptionnelles. Il doit, en effet, déjouer des fraudes incessantes, étrangères à ses expériences ordinaires et lutter contre les illusions qui lui sont suggérées.

La méthode d'étude des phénomènes servant de base à certaines croyances doit donc être renouvelée entièrement pour permettre d'atteindre quelques résultats. Le sujet sortant un peu du cadre de cet ouvrage, je me bornerai à indiquer brièvement pourquoi les méthodes employées jusqu'ici sont sans valeur et sur quels sujets, porterait utilement l'expérimentation.

On remarquera tout d'abord que les croyants aux phénomènes occultistes affirment qu'on ne les reproduit pas à volonté et qu'ils ne sont par conséquent soumis à aucun déterminisme. Les puissances supérieures créatrices de tels phénomènes n'ont pas à obéir à nos caprices. Jupiter lance la foudre quand il lui plait, Neptune déchaîne ou calme les tempêtes sans attendre le souhait des navigateurs.

L'impossibilité de prévoir un phénomène n'empêche aucunement son étude scientifique lorsqu'il se manifeste. Cette première difficulté n'est donc pas considérable. D'autres beaucoup plus graves vont se présenter.

§ 2. - Valeur du témoignage et de l'observation dans l'étude des croyances.

En histoire, la méthode d'étude est le témoignage. En matière scientifique, l'expérience et l'observation servent de guide.

Or, pour les phénomènes occultistes, la première méthode est à rejeter entièrement, et l'observation ainsi que l'expérience sont utilisables seulement dans des circonstances exceptionnelles.

Pourquoi le témoignage est-il à éliminer, même lorsque les constatations sont nombreuses et concordantes ?

Simplement parce que l'histoire de la plupart des phénomènes merveilleux prouve que des milliers d'observateurs affirmèrent l'existence de faits, déclarés plus tard hallucinations individuelles ou collectives. Les scènes du sabbat, auxquelles se rendirent à travers les airs des légions de sorciers sont, je l'ai fait remarquer, attestées par d'unanimes témoignages consignés dans d'innombrables procès. Bien peu de faits historiques s'appuyent sur une pareille documentation, et cependant personne n'oserait soutenir de nos jours l'existence réelle des phénomènes de sorcellerie. Les apparitions surnaturelles attestées par des centaines de spectateurs ne sont pas considérées aujourd'hui comme ayant eu une existence plus certaine.

Le témoignage, en tant que méthode d'étude des phénomènes merveilleux, est donc à rejeter complètement et pour la même raison l'observation individuelle reste sans valeur. En pareille matière, la suggestion semble une loi constante. Elle agit surtout lorsque, sous l'influence de l'attention expectante, l'observateur croit avoir constaté une ébauche de phénomène.

Il se déroule alors un enchaînement d'hallucinations, prises facilement pour des réalités. Écoutons toujours avec bienveillance les croyants, pour ne pas les chagriner, mais n'attachons aucune foi à leurs récits miraculeux.

On conçoit l'extrême difficulté de l'étude des phénomènes merveilleux quand on sait à quel point l'observation exacte des faits les plus simples est peu aisée.

« Il n'est pas si facile qu'on le croit, écrit le professeur Beaunis, de se borner à constater un phénomène. Nous avons tous, malgré nous, une tendance à déformer les faits que nous observons, à les plier à nos idées, à nos habitudes mentales, à notre manière de voir. Chose très rare que l'observation pure. Le médecin qui interroge un malade sait combien il est difficile de lui faire dire ce qu'il éprouve et rien que ce qu'il éprouve. Prenez dix témoins d'un même fait, chacun, et de très bonne foi, le racontera d'une façon différente. »

§ 3. - Valeur de l'expérimentation individuelle et collective.

Le témoignage et l'observation éliminés comme moyen d'étude, reste l'expérience.

Sur des sujets ordinaires, son emploi serait facile, mais exercée sur des phénomènes vus à travers le prisme de la croyance, loin d'éclairer, elle ne contribue le plus souvent qu'à fixer des erreurs. L'expérience peut être bien exécutée, mais appliquée à des faits simulés ou invisibles pour l'observateur placé dans l'obscurité, à quoi peut-elle servir? Disposer savamment des appareils enregistreurs pour constater le déplacement sans contact d'un objet, que le médium caché par un rideau manipule à son gré, ne conduit à aucune vérification utile.

En matière d'occultisme, les conditions d'expérimentation sont si difficiles, que les savants désireux d'aborder cette étude se réunissent dans l'espoir que leurs lumières individuelles s'additionneront, supposition d'ailleurs fort inexacte.

Les personnes un peu familiarisées avec la psychologie des foules savent le peu d'utilité des enquêtes collectives. Les observateurs se suggestionnent les uns les autres, perdent tout esprit critique, le niveau de leur mentalité s'abaisse et ils ne parviennent qu'à des conclusions incertaines. Je ne crois pas qu'une seule grande découverte soit jamais faite par une collectivité. S'il s'en réalise une dans l'occultisme, elle le sera sûrement par un savant isolé qui n'aura plus ensuite qu'à la faire vérifier.

Toutes les enquêtes sur l'occultisme entreprises en Angleterre, en France et en Italie, n'ont rien appris, et justifient amplement les réflexions précédentes. Suivant la mentalité des assistants et leur degré de suggestibilité, le même médium fut déclaré vulgaire fraudeur ou au contraire possesseur de pouvoirs aussi merveilleux que ceux jadis attribués au diable par la sorcellerie.

La plus importante de ces enquêtes, autant par le temps et l'argent dépensés que par la qualité des observateurs, fut celle organisée par l'Institut *psychologique* de Paris. Les résultats en furent peu brillants, malgré les 25.000 francs sacrifiés et les 43 séances consacrées aux expériences.

Sur presque aucun des phénomènes les observateurs ne réussirent à se mettre d'accord, Au sujet de la lévitation seulement, le rapporteur se montre un peu affirmatif, mais le détail des expériences montre que les convictions s'établirent sur des bases en vérité bien fragiles. Les membres de la commission d'examen se virent obligés, malgré leur bienveillance évidente, de constater des fraudes innombrables.

Quoique longue et coûteuse, cette enquête ne put faire avancer la question d'un seul pas. Après avoir assisté à la plupart des séances de l'Institut psychologique, l'éminent physicien Branly m'écrivait : « Ce que j'ai vu ne m'a pas apporté de conviction. »

§ 4. - Nécessité de dissocier les phénomènes et ne s'attacher qu'à
l'examen d'un élément isolé.
Application à l'étude de la lévitation.

L'insuccès complet de ta dispendieuse enquête de l'*Institut psychologique* démontre clairement, comme je le disais en commençant, la faible valeur des méthodes d'étude actuelles. Je considère qu'au lieu de disséminer son attention sur une foule de phénomènes accessoires, l'observateur doit se consacrer à un seul, c'est-à-dire prendre un fait bien circonscrit, bien isolé, et l'étudier inlassablement avec (les appareils enregistreurs, indépendants de son action, jusqu'à démonstration complète.

Personne n'ayant paru saisir l'utilité de ce principe, je résolus de l'appliquer moi-même à un cas isolé nettement défini : le soulèvement d'un corps sans contact. Après examen du médium Eusapia avec l'aide du professeur Dastre, il nous restait quelques doutes dans l'esprit sur ce point.

Les phénomènes de lévitation n'ont rien d'ailleurs qui choque la raison. Un médium pourrait posséder une force particulière capable d'attirer les objets, comme l'aimant attire le fer. Mais avant de disserter sur elle, il semblait utile de démontrer son existence.

Pour fixer mes doutes, sur la possibilité, des lévitations, je résolus de faire appel à tous les médiums prétendant posséder cette faculté. Avec le concours du prince Roland Bonaparte, membre de l'Académie des sciences, et du Dr Dariex, directeur des *Annales des sciences psychiques,* je fondai un prix de 2.000 francs, destiné au médium qui déplacerait un objet sans contact. Pour que l'existence de ce prix parvînt à la connaissance de tous les intéressés, j'eus recours à la publicité d'un important journal, le *Matin.* Mon article fut d'ailleurs reproduit. par la plupart des grands journaux de l'univers.

Si l'expérience que je proposais se fût réalisée, elle eût constitué une preuve définitive, à l'abri de toute discussion. Elle devait s'accomplir en plein jour dans le laboratoire du professeur Dastre, à la Sorbonne, en présence de deux prestidigitateurs, d'un photographe chargé de cinématographier les détails de l'opération, et enfin de quatre membres de l'Académie des sciences, chargés simplement de constater dans quelles conditions s'étaient réalisés les phénomènes.

On ne pouvait objecter aux conditions précédentes que les phénomènes de lévitation se produisent seulement dans l'obscurité, la plupart des occultistes actuels ayant renoncé à cette exigence. M. Maxwell ne cesse d'insister dans son livre sur la possibilité d'obtenir les phénomènes de lévitation en pleine lumière. M. Boirac, recteur de l'Académie de Dijon, affirme aussi avoir à plusieurs reprises attiré le jour une table sans la toucher. Pourquoi, jouissant de cette propriété si curieuse, n'a-t-il pas tenté d'obtenir le prix de 2.000 francs ?

L'annonce de ce prix me valut naturellement la réception de plusieurs centaines de lettres, mais cinq médiums seulement se présentèrent pour le gagner. Je leur fis connaître les conditions indiquées plus haut, garantissant d'ailleurs autant de séances qu'ils le demanderaient. Tous promirent de revenir. Aucun ne reparut.

Bien que le médium Eusapia ait cessé d'obtenir, *dès* qu'une surveillance sérieuse fut exercée, le déplacement du plateau d'un pèse-lettre, n'exigeant qu'une force très inférieure à un gramme, les spirites n'hésitent pas à affirmer que les médiums parviennent à déplacer sans contact des poids de près de 200 kilogrammes.

> « *Le phénomène de la lévitation des tables représente l'a, b, c du spiritisme, écrit M. le professeur Morselli. Là-dessus il n'y a plus de doute possible!!! La table se lève toute seule sans trucs ni tromperies et reste suspendue jusqu'à 78 secondes... Ici à Gênes, un jeune poète, médium excellent, a fait remuer une caisse du poids de 180 kilos.* »

Il est regrettable que ce jeune poète, qui déplace 180 kilogrammes sans y toucher, n'ait pas tenté de remporter le prix de 2.000 francs en soulevant seulement quelques grammes.

Je crois avoir rendu un réel service en démontrant combien le phénomène de la lévitation, jugé si simple par les spirites, est rare, en admettant qu'il puisse se produire, ce dont nous n'avons absolument aucune preuve.

L'Institut *psychologique* a voulu lui aussi vérifier les phénomènes de la lévitation. Il se donna pour les, constater un mal énorme, malheureusement aucune des expériences exécutées, et surtout les photographies présentées à l'appui, ne peuvent entraîner de conviction.

Les savants italiens, plus heureux, ont contemplé Eusapia enlevée en l'air « par des mains spirites ».

Lombroso, après avoir obtenu la faveur spéciale de causer avec l'ombre de sa mère, se montre fort catégorique sur ce point. Voici comment il s'exprime dans une interview publiée par le *Matin* :

« Un phénomène extraordinaire est observé lorsqu'Eusapia étant assise, les mains et les pieds ligotés, s'élève très lentement jusqu'à pouvoir rejoindre le plan de la table et s'y asseoir. Sous ses aisselles, on voit seulement deux mains spirites qui l'aident. Cette expérience a été sérieusement contrôlée. » Il est permis de douter du contrôle, mais non de la foi robuste des observateurs.

Les esprits, dont les « mains spirites » aidèrent Eusapia à soulever si facilement son propre poids ou des tables très lourdes, lui refusent obstinément leur assistance sitôt que de fâcheux sceptiques examinent les choses de trop près, A *l'Institut psychologique*, elle avait souvent fait fléchir un pèse-lettre à distance et les convictions commençaient à se former, bien qu'on l'eût surprise plusieurs fois abaissant le plateau avec un cheveu tenu entre les doigts. Un assistant, continuant à soupçonner la fraude, prit la précaution de recouvrir de noir de fumée le plateau, ainsi que le fléau et l'index du pèse-lettre. Tout contact de fil ou de cheveu devait ainsi immédiatement se déceler par une trace laissée sur le noir de fumée. A partir de ce moment, et dans toutes les expériences subséquentes, Eusapia ne put agir une seule fois à distance sur le pèse-lettre.

Elle tenta de faire varier son poids devant *l'institut psychologique*, et, effectivement, dit le rapporteur, la balance indique une diminution de poids, mais le graphique donné par l'appareil enregistreur paraît être fort incertain, puisque le rapporteur ajoute : Devons-nous en conclure qu'Eusapia exerçait à ce moment des pressions avec ses mains sur la table? » Il est fâcheux que les observateurs,, ayant étudié si longtemps ce médium, n'aient jamais eu l'idée de renouveler cette importante expérience, afin de se faire une conviction positive ou négative.

Les tentatives des membres de la commission de l'*Institut psychologique* Pour fixer par la photographie la lévitation d'une table, restèrent sans succès, prouvant une fois de plus la faible valeur des expériences collectives.

« Nous n'avons pas obtenu, dit le rapporteur, de photographies de soulèvement complet où les quatre pieds de la table soient entièrement visible& Une seule photographie a été prise à l'improviste, en pleine obscurité. La table est soulevée de deux pieds seulement. Il paraît manifeste, d'ailleurs, par l'examen de la position des mains du sujet, que ce soulèvement partiel est tout à fait normal. La paume de la main gauche d'Epsapia touche l'angle du plateau de la table qu'elle semble relever, quatre doigts de sa main droite sont fortement appuyés près du bord opposé. La synergie des mains pour produire ou maintenir le soulèvement est visible. »

Il est en tout cas certain, aujourd'hui, que la plus simple des phénomènes invoqués par les spirites, la lévitation d'un objet, n'a pu être nettement, obtenu. Voici quelques passages de l'article par lequel je fis connaître les suites du concours que j'avais fondé.

Les lecteurs du Matin savent qu'avec le concours du prince Roland Bonaparte, et du Dl Dariex, j'ai proposé un prix de 2.000 francs au médium capable de soulever, en plein jour, sans y toucher, un objet posé sur une table. L'article contenant cette proposition ayant eu un retentissement considérable en France et à l'étranger, il n'est pas supposable qu'un seul spirite l'ait ignoré.

J'ai reçu d'ailleurs plusieurs centaines de lettres relatant de très merveilleuses histoires, mais cinq candidats seulement s'offrirent à réaliser l'expérience. Après avoir discuté sur les. conditions exposées et les avoir acceptées, ils promirent de revenir. Aucun ne reparut. L'expérience leur a donc évidemment semblé irréalisable.

Les spirites se consolent de cet échec manifeste en assurant que les phénomènes de lévitation furent observés bien des fois. L'un d'eux affirmait dans ce journal qu'il y a quarante ans on vit des esprits soulever une table chargée de 75 kilogrammes de pierres. Cette opération indique évidemment, chez les esprits, une grande vigueur qui console un peu de la pauvreté lamentable de leurs révélations. Il reste à se demander cependant pourquoi les médiums, capables de soulever 75 kilogrammes il y a quarante ans, ne peuvent plus soulever quelques grammes aujourd'hui? Gagner deux mille francs en deux minutes et fixer un point important dia la science était pourtant assez tentant.

Le Seul argument encore utilisable par les spirites est le témoignage de savants éminents qui affirment avoir observé des phénomènes de lévitation et nombre d'autres bien plus merveilleux encore. lis ajoutent qu'on n'a pas le droit de rien ,déclarer d'avance impossible.

Je concède volontiers ce dernier point. Il est possible que Minerve soit sortie. tout armée du cerveau de Jupiter, et que la lampe merveilleuse d'Aladin ait existé. On admettra cependant, je pense, que ces phénomènes paraissant peu probables, des preuves sérieuses seraient nécessaires avant de les admettre.

Donc, quand un savant comme Lombroso assure avoir vu se matérialiser, devant lui, l'ombre de sa mère et causé avec elle, lorsqu'un physiologiste célèbre affirme qu'un guerrier casqué est sorti d'une jeune fille, lorsqu'un magistrat éminent prétend avoir vu se matérialiser sous ses yeux une dame « d'une merveilleuse beauté », qui lui a déclaré être simplement une fée, lorsque, dis-je, tous ces phénomènes et bien d'autres sont annoncés, nous avons le droit de rester un peu sceptiques, si grande soit l'autorité des savants qui les affirment. Ce droit est même un devoir, Ces miracles étant aussi extraordinaires que ceux de la sorcellerie du Moyen Âge. Il est un peu honteux d'y revenir maintenant. Pour s'y résigner, il faudrait des preuves autrement convaincantes que celles dont se contentent les adeptes modernes de la magie.

Notre enquête sur le spiritisme n'aura pas été inutile. Elle a montré la *prodigieuse extension d'une religion nouvelle, à laquelle se rallient quelques éminents savants incapables de vivre sans croyances. Les dieux meurent quelquefois, mais la mentalité religieuse leur survit toujours.

§ 5. - Quels sont les observateurs les plus aptes
à étudier les phénomènes spirites ?

J'arrive maintenant à un point tout à fait capital et sur lequel il me faut insister. Je veux parler de la qualité des personnes aptes à contrôler les phénomènes spirites.

Une erreur très générale consiste à s'imaginer qu'un savant, distingué dans sa spécialité, possède pour cette seule cause une aptitude particulière à l'observation des faits étrangers à cette spécialité, notamment ceux où l'illusion et la fraude jouent un ,rôle prépondérant.

Vivant dans la sincérité, habitués à croire le témoignage de leurs sens complétés par la précision des instruments, les savants sont, en réalité, les hommes les plus faciles à tromper. Je trouve un exemple bien curieux de cette facilité dans la relation suivante publiée par les *Annales des sciences psychiques*.

« *M. Davey ayant convoqué une réunion d'observateurs distingués, parmi lesquels un des premiers savants de l'Angleterre, M. Wallace, exécuta devant eux, et après leur avoir laissé examiner les objets et poser des cachets où ils voulaient, tous les phénomènes classiques des spirites : matérialisation des esprits, écriture sur des ardoises, etc. Ayant ensuite obtenu de ces observateurs distingués des rapports écrits affirmant que les phénomènes observés n'avaient pu être obtenus que par des moyens surnaturels, il leur révéla qu'ils étaient le résultat de supercheries très simples... Les méthodes inventées par M. Davey étaient si élémentaires qu'on reste étonné qu'il ait eu la hardiesse de les employer; mais il possédait un tel pouvoir sur l'esprit de la foule qu'il pouvait lui persuader qu'elle voyait ce qu'elle ne voyait pas.* »

C'est toujours l'action de la suggestion. La voir s'exercer sur des esprits supérieurs, préalablement mis en défiance pourtant, montre sa prodigieuse puissance.

Les phénomènes du spiritisme ne sauraient donc être efficacement constatés par des savants. Les seuls observateurs compétents sont les hommes habitués à créer des illusions et, par conséquent, à les déjouer, c'est-à-dire les prestidigitateurs. Il est fort regrettable que *l'Institut psychologique* ne l'ait pas compris. Avec leur assistance, une grande partie des 25.000 francs, inutilement gaspillés dans d'insignifiantes expériences, eût été sûrement économisée.

On sait d'ailleurs la méfiance extrême professée par les croyants à l'égard des prestidigitateurs. Ils semblent craindre la perte de leurs illusions. M. le professeur Binet avait offert à *l'Institut psychologique* d'amener gratuitement d'habiles prestidigitateurs. A partir de ce jour, on évita soigneusement de le convoquer, comme il me l'écrivit lui-même [1].

On doit déplorer, je le répète, que *l'Institut psychologique* ait manifesté autant de mauvaise volonté à l'égard des prestidigitateurs. Quelles raisons pouvaient motiver un refus si persistant du concours des seuls observateurs aptes à déjouer les fraudes ? Comment la commission -n'a-t-elle pas senti l'utilité de la collaboration d'hommes habitués à provoquer les illusions? Les Anglais s'étaient montrés plus judicieux. Dans les mémorables séances de là *Society of Psychical researches,* ce fut un prestidigitateur, M. Maskeline, qui découvrit les fraudes du médium ayant servi aux expériences de l'Institut *psychologique.*

Les vrais croyants n'étant pas influençables par un raisonnement, discuter avec eux serait inutile. Mais à leurs côtés s'agite l'immense légion des simples curieux, des demi-convaincus. On leur a parlé de faits qui les étonnent. Ils y croient à demi, mais avec la vague

---

1 Dans une interview, M. d'Arsonval finit par reconnaître combien aurait été utile la présence des prestidigitateurs « mais, dit-il, nous nous sommes adressés en vain à plusieurs d'entre eux, ils n'ont point voulu répondre à notre invitation. ».
Je puis assurer à l'éminent physicien que sa mémoire l'a mal servi. A la déclaration précédents de M. Binet, je pourrais ajouter celle de plusieurs prestidigitateurs. Voici d'ailleurs un extrait de la lettre que j'ai reçue de l'un d'entre eux, M. Raynaly, vice-président de la chambre syndicale de la Prestidigitation.
« Permettez-moi de vous expliquer que M. d'Arsonval commet une erreur lorsqu'il dit que les prestidigitateur ne se soucient pas d'assister aux séances de spiritisme alors que nous n'avons pas de plus ardent désir. Ce sont les spirites qui ne veulent pas de notre présence. Cela paraît assez significatif. »

conscience d'admettre des choses douteuses affirmées par des personnes n'ayant guère que leur foi pour elles.

De tels esprits souhaitent ardemment voir étudier, au moyen de méthodes certaines, des phénomènes qui pourraient peut-être ouvrir une porte sur l'inconnu. Je trouve la preuve de cet état d'esprit dans un article judicieux publié par une revue théosophiste, *Les Nouveaux horizons,* et dont voici un extrait :

> *Un événement, d'une importance primordiale dans l'histoire de l'évolution humaine, se prépare en ce moment. Il nous est annoncé par M. Gustave Le Bon.*
>
> *Il ne s'agit de rien moins que de la recherche d'une méthode expérimentale spéciale, pour l'étude de la genèse des croyances; ce qui équivaut à la reconnaissance, par l'esprit scientifique, de l'instinct indestructible de la religiosité dans la mentalité humaine, entraînant son admission, par la science, comme fait positif et comme objet de science, mais nécessitant une méthode expérimentale spéciale; les lois de sa manifestation étant différentes de celles qui régissent les faits physiques.*
>
> *Quels que soient les mobiles qui déterminent. la science à prendre cette attitude nouvelle vis-à-vis du sentiment religieux et de la croyance, il n'est pas audacieux d'affirmer qu'elle marque le commencement d'une étape nouvelle dans l'histoire de l'ère de liberté.*
>
> *Dès que l'étude de la genèse des croyances est admise comme objet de science et fait positif, et que la recherche d'une méthode expérimentale spéciale à l'observation des phénomènes qui s'y rapportent est commencée, il ne saurait plus être question, vis-à-vis d'eux, ni d'opinion personnelle, ni de parti pris. C'est scientifiquement, impartialement, impersonnellement et objectivement, qu'il convient de les traiter désormais. (L. Martial.)*

Les méthodes d'étude des phénomènes supposés surnaturels, impliquent, je viens de le montrer, des. conditions particulières. Pour les avoir ignorées, quantité d'observateurs éminents furent victimes des plus lourdes erreurs.

N'ayant aucun moyen de vérifier expérimentalement les anciens miracles, il était fort intéressant d'étudier scientifiquement ceux qui nous sont offerts par une religion nouvelle. Après avoir montré avec quelle facilité ils s'évanouissent, dès qu'on les contrôle un peu soigneusement, nous allons rechercher ce qu'une expérimentation bien conduite pourrait apprendre sur certains phénomènes méritant une étude attentive.

Chapitre IV
Étude expérimentale de quelques-uns des phénomènes inconscients générateurs de croyances.

§ 1. - Expériences à effectuer pour l'étude
de la formation des opinions et des croyances.

Les chapitres précédents ont dévoilé le rôle, dans la formation des croyances, des suggestions, de la contagion mentale et de divers facteurs du même ordre, étrangers à l'intelligence. L'adoption de croyances chimériques par beaucoup de savants modernes éclaire la genèse des grandes religions qui se sont succédé dans l'histoire.

Mais si les méthodes expérimentales, que nous avons indiquées, conduisaient seulement aux constatations négatives précédemment formulées, leur utilité serait minime. Nous allons montrer maintenant que du monceau d'erreurs entassées par les sectateurs modernes de la magie, des méthodes sûres permettent, d'extraire puis de compléter certains renseignements aptes à jeter quelques lueurs sur cette obscure région de l'inconscient où s'élaborent nos croyances.

Le sujet étant très neuf encore, nous devrons nous borner à de brèves indications. Elles auront pour but principal de jalonner la route à suivre.

§ 2. - Les actions physiologiques et curatives de la foi.

Parmi les sujets d'étude expérimentale relatifs à, l'influence des croyances, je signalerai d'abord l'influence des reliques, des pèlerinages, des eaux miraculeuses, etc. Leur efficacité, admise par les croyants de toutes les religions, semble attestée par les milliers d'ex-voto suspendus depuis la plus haute antiquité sur les murs des temples de, tous les Dieux.

Il est à peu près démontré aujourd'hui, que les pèlerinages amenant des milliers de croyants aussi bien à La Mecque qu'à Lourdes, ou sur les rives du Gange, ne leur furent pas toujours inutiles. Les forces mystérieuses de l'inconscient, mises en jeu par une foi ardente, se révélèrent souvent plus puissantes que les moyens dont la thérapeutique dispose.

Je crois du plus haut intérêt, et pouvant ouvrir les horizons imprévus à la physiologie, de mettre nettement en évidence les limites des influences que la suggestion produite par les prières, les reliques, les amulettes, etc., arrive à déterminer dans l'organisme.

Longtemps encore, sans doute, cette étude capitale ne pourra être sérieusement tentée. Les guérisons, qualifiées de miraculeuses, ne furent examinées jusqu'ici que par des sceptiques endurcis ou d'aveugles croyants. Or ces deux formes de mentalités paralysent au même degré la faculté d'observer. Et comme le sceptique en ces matières devient facilement un croyant, parfois inconscient, on voit qu'il n'est pas facile d'arriver à des précisions bien nettes.

Tous ces phénomènes jadis niés ou affirmés sans aucune preuve expérimentale restaient confinés dans le champ de la croyance et on refusait d'en tenir compte. Bien ne semblait plus absurde que les promesses de ces thaumaturges prôneurs d'eaux miraculeuses, de poudres magiques, de reliques, de bagues enchantées, etc.

Cependant les études modernes sur l'auto-suggestion nous ont prouvé que les assertions de tous ces rêveurs n'étaient pas vaines. Elles ont souvent guéri, fortifié, encouragé, consolé. Les précisions scientifiques n'eurent pas toujours l'utilité de certaines erreurs.

Existe-t-il dans l'organisme des forces inconnues mises en jeu par l'imagination ? Il n'est pas encore possible de l'affirmer. On pourrait peut-être faire l'hypothèse suivante : puisqu'une idée, c'est-à-dire une représentation mentale, résulte d'un certain état physiologique, la fixation prolongée d'une idée parvient peut-être à déterminer inversement l'état physiologique qui lui correspond. Pour obtenir une guérison, il suffirait alors de créer certaines représentations mentales très fortes.

Ce fait avait d'ailleurs été pressenti depuis longtemps. Dans son traité *De incantationibus* publié en 1525, le philosophe italien Pompanazzi remarquait déjà que des os d'animaux quelconques vendus pour reliques de saints célèbres, guérissaient aussi bien que de vraies reliques.

La guérison par la foi a été plusieurs fois utilisée de nos jours par le célèbre médecin Charcot.

§ 3. - Les illusions créées par les suggestions individuelles et collectives.

On ne saurait compléter par trop d'expériences sur ce sujet, celles qui s'effectuent spontanément. La puissance de la suggestion est telle, nous l'avons vu, que des physiciens éminents crurent pendant deux ans à l'existence de rayons particuliers devenus subitement invisibles pour eux, dès qu'ils apprirent, quelles illusions les avaient abusés.

La suggestion fait accepter les phénomènes les plus invraisemblables, tels que les matérialisations instantanées d'êtres vivants. L'illustre chimiste Crookes crut ainsi à l'existence d'un fantôme émané du médium, la fameuse Katy King, et qui n'était que le médium lui-même. Cette dernière fut plus tard prise en flagrant délit de fraude quand elle voulut répéter à Berlin les phénomènes qui avaient illusionné le célèbre savant anglais [1].

Certains individus ne posséderaient-ils pas une puissance de suggestion particulière leur permettant d'exercer une grande action sur ceux qui les entourent ? Quelques faits semblent le démontrer. Ainsi s'expliquerai ont les phénomènes de lévitation exécutés en public, attribués aux Fakirs de l'Inde, et que du reste je n'ai jamais eu occasion d'observer dans mes voyages.

Cette hypothèse mettrait également en lumière le rôle de certains médiums et la différence des effets qu'ils produisent, suivant le

---

1 « J'ai constaté à Londres, à n'avoir plus la moindre espèce de doute, écrit M. Jules Bois, les trucs puérils et grossiers de la fameuse Florence Cook qui dupa si magnifiquement William Crookes. » (Journal de l'Université des Annales, 5 septembre 1909).

degré de suggestibilité des assistants.

Dans les expériences spirites, l'influence de la suggestion est tout à fait prédominante. Leurs auteurs le reconnaissent d'ailleurs eux-mêmes.

« *Les expérimentateurs, écrit Maxwell, se suggestionnent véritablement les uns les autres et finissent par avoir de curieuses hallucinations collectives... Il m'est arrivé d'entendre un assistant indiquer qu'il voit une lueur dans une, direction déterminée. Les autres regardent à leur tour et voient. Puis l'un d'eux déclare qu'il aperçoit une forme; bientôt, d'autres personnes voient également une forme. Et d'exclamations en exclamations, la description de la forme se complète. On assiste à la genèse, d'une hallucination collective... Mon expérience personnelle m'a démontré que le sens de la vue était le plus sujet à ces impressions imaginaires.* »

La puissance de ces suggestions est quelquefois prodigieuse. Les sorciers du Moyen Âge étaient si complètement hallucinés par elles qu'ils acceptaient le bûcher comme expiation de leurs fautes imaginaires. La mentalité des observateurs modernes, y compris les plus savants, apparaît sur ce point bien voisine de celle des sorciers. Sauf des exceptions fort rares, ils ne reconnaissent nullement avoir été illusionnés et en seraient d'ailleurs incapables. On ne sort pas facilement du cycle de la croyance. Les suggestions s'y enchaînent et finissent par envahir tout le champ de l'entendement.

Le professeur Grasset a fort bien décrit cet état d'esprit dans le passage suivant :

« *Un fait curieux à signaler, c'est l'entraînement que subissent les expérimentateurs, quand une fois ils sont entrés dans ce genre d'études, et l'évolution que subit leur mentalité.*

... Lombroso, qui commence son mémoire sur des expériences très précises et limitées avec le cardiographe, parle ensuite, dans le même travail, des fantômes et apparitions de défunts, des autolévitations comme celle de Home, qui tourne, horizontalement autour de toutes les fenêtres d'un palais et celle des deux petits frères de Ruvo qui parcourent 45 kilomètres en 15 minutes, des êtres ou des « *restes d'êtres* » *qui pour prendre une complète consistance,*

doivent pour s'incarner emprunter momentanément une partie de la substance du médium, qui est, en ce moment, assoupi, presque agonisant.

... Le contact des phénomènes de l'occultisme fait oublier aux meilleurs les règles élémentaires de la méthode scientifique. »

Cette réceptivité mentale particulière varie suivant les individus et les races. Le même médium observé en Angleterre,. en France et en Italie donne des résultats très différents. Nuls souvent en Angleterre, médiocres en, France, tout à fait merveilleux en Italie.

La lecture du rapport de l'Institut *psychologique* de Paris sur le médium Eusapia montre d'une façon frappante, par l'exemple qui va suivre, l'action suggestive remarquable de certains médiums sur les assistants, y compris les plus savants.

Eusapia, dit le rapport, prie M. d'Arsonval d'essayer de soulever le guéridon, ce qu'il fait aisément, puis elle lui interdit de le soulever. M. d'Arsonval n'y peut parvenir. « On le croirait cloué au parquet. » Eusapia pose de nouveau *son* coude sur le guéridon et M, d'Arsonval le soulève alors sans difficulté. Quelques instants après, Eusapia dit au guéridon : « Sois léger » et M. d'Arsonval le soulève plus facilement encore.

Cette expérience, que réussissent facilement dans les foires les magnétiseurs professionnels, en choisissant leurs sujets parmi les névropathes de l'assistance, démontre simplement le pouvoir suggestionnant de, certains médiums.

Je me suis demandé cependant comment le savant académicien, admettant qu'un individu possède la puissance miraculeuse de faire varier le poids des corps dans d'immenses proportions, n'a pas eu l'idée de vérifier ce phénomène au moyen d'une balance. Les expérimentateurs de *l'Institut psychologique* tentèrent bien une fois cet essai, mais dans des conditions telles qu'ils furent obligés eux-mêmes d'en reconnaître les résultats peu probants. Quand on tient un pareil phénomène, ce n'est pas une fois, mais mille qu'on doit le répéter.

Il est infiniment probable que M. d'Arsonval, s'imaginant, sous l'influence de la volonté d'Eusapia, constater les variations de poids d'un corps, a été aussi fortement illusionné que par les rayons N, qui lui inspirèrent une enthousiaste conférence, dans laquelle il certifia la réalité de tous les phénomènes annoncés. La facilité avec laquelle il fut alors suggestionné, ainsi que tous les physiciens français, est une des preuves les plus frappantes qu'on puisse donner du rôle de la suggestion dans la genèse des croyances.

§ 4. - Transformation des âmes individuelles en une âme collective.

L'étude de la formation d'une âme collective, durable ou momentanée, est un des sujets obscurs de la psychologie, un de ceux sur lesquels il faut se contenter d'observer.

Nous pouvons dire seulement avec certitude que les foules mettent en commun leurs sentiments et non leur intelligence. La propriété contagieuse des sentiments nous explique pourquoi des hommes réunis prennent aussitôt les caractères d'une foule. Il s'y forme immédiatement une âme collective, un meneur et des menés.

Cette contagion a-t-elle un substratum physique, tel que serait, par exemple, une sorte de rayonnement d'une nature spéciale? Impossible de le dire.

Il est difficile de découvrir la voie expérimentale conduisant à la solution d'un pareil problème. A peine possédons-nous quelques indices. Parmi eux, peut-être, devons-nous placer l'étude du phénomène des tables dites tournantes.

On a prouvé depuis longtemps que les mouvements de ces tables étaient dus aux impulsions inconscientes des opérateurs. Mais pourquoi la table tourne-t-elle toujours dans un sens déterminé, sans être entravée par des impulsions pouvant être différentes ? Pourquoi, en frappant des coups correspondant à certaines lettres de l'alphabet, la table, placée sous les mains des divers individus qui l'entourent, s'arrête-t-elle au moment nécessaire, comme obéissant a une volonté unique?

C'est que précisément elle obéit à une seule volonté: celle d'un meneur imposée inconsciemment aux autres Opérateurs. Sous son influence, les âmes individuelles se sont momentanément agrégées pour former une âme collective liée à la sienne.

Divers observateurs sont arrivés déjà à une conclusion analogue. Voici par exemple ce qu'écrit l'un d'eux dans les *Annales des sciences psychiques* [1].

« *La force motrice du guéridon est totalement étrangère à toute intervention surnaturelle. Par la formation de la chaîne des mains des expérimentateurs ils dégagent une force qui fait exécuter au guéridon les mouvements dictés par la volonté de l'un d'eux, à l'insu de tous, par une sorte d'hypnotisme collectif, substituant à la volonté consciente de chacun, une volonté collective presque inconsciente, chacun restant en pleine possession de ses facultés intellectuelles pour tout ce qui est étranger à l'expérience.*

Inutile d'insister sur cette ébauche d'explication. Le phénomène constitué par la naissance, l'évolution et la dissolution d'une âme collective est une des énigmes de la psychologie. Elle peut assurer seulement que cette âme collective exerça toujours un rôle essentiel dans la vie des peuples.

§ 5. - Les communications de pensées.

La grande difficulté de la généralité des problèmes relatifs à la croyance, énumérés dans ce chapitre, apparaît quand on constate que les plus simples restent obscurs encore. Le phénomène de la communication de pensées est justement dans ce cas. En raison de son grand intérêt il mériterait cependant des expériences précises.

Plusieurs faits, à vérifier d'ailleurs, semblent indiquer la possibilité d'une telle transmission. Les deux cerveaux en relation seraient alors comparables à deux diapasons vibrant à l'unisson, assimilation grossière assurément, mais destinée à rendre un peu intelligible un phénomène qui ne l'est guère.

Ce sont surtout les expériences sur les somnambules et les médiums qui semblent indiquer le mieux la possibilité des transmissions de pensée. Plusieurs observateurs croient avoir

---

1 16 décembre 1909.

constaté que les médiums connaissent la pensée de ceux qui les interrogent et ne donnent que les renseignements qu'ils y peuvent lire.

Même remarque pour les tables tournantes. Voici à ce sujet une observation intéressante faisant partie de l'article cité plus haut

« *Les réponses du guéridon étaient toujours très exactes quand elles étaient connues d'avance de l'un de ceux qui participaient à la chaîne des mains; ces réponses étaient toujours confuses ou absurdes quand on demandait au guéridon des choses inconnues de tout le monde.*

Toutes les fois que le choix du directeur des expérience& tomba sur moi, je constatai à chaque question que la réponse qu'allait faire la table me venait en pensée avant que la table ne répondit, et que toutes les fois que je ne pressentais pas ainsi cette réponse d'une façon précise, la table ne répondait pas ou répondait inintelligiblement.

Je n'ai observé aucun cas où la réponse obtenue de façon sensée ait été certainement inconnue de tous les expérimentateurs sans exception ; je n'ai, au contraire, observé que des ras de réponses sues, supposées, pressenties d'avance, avant d'être formulées par la table, par l'un des expérimentateurs, le plus souvent par le directeur de l'expérience, parfois aussi par un autre ne paraissant y jouer qu'un rôle effacé. »

§ 6. - La désagrégation des personnalités.

J'ai déjà parlé de ce phénomène dans une autre partie de cet ouvrage et n'y reviens ici que pour attirer l'attention sur l'utilité de nouvelles expériences.

Suivant mon hypothèse le moi se composerait de résidus de personnalités ancestrales plus ou moins solidement agrégées. Sous des influences diverses, somnambulisme, trances des médiums, excitations violentes des périodes révolutionnaires, etc., ces éléments se désagrégeraient, puis formeraient des combinaisons nouvelles, constituant une individualité momentanée. Cette individualité se manifeste par des idées, un langage et une conduite différente de ceux du sujet d'où elle dérive. J'ai appliqué, je le rappelle, cette théorie à l'interprétation des actes commis par certains hommes de la Révolution, que rien dans leur passé ne faisait pressentir, et qu'eux-mêmes ne comprirent plus, la tourmente finie.

§ 7. - Dissociation expérimentale
des éléments rationnels et affectifs
de nos opinions et de nos jugements.

Dans les éléments formateurs de nos jugements figurent des influences inconscientes mystiques ou, affectives. Il est possible quelquefois, mais généralement peu facile, de les dissocier par la simple observation.

Arrive-t-on à les dissocier expérimentalement ?

J'ai constaté plusieurs fois qu'on peut y parvenir, malheureusement, les sujets qui se présentent habituellement pour ces expériences n'offrent pas une mentalité très développée.

C'est en utilisant, soit les procédés classiques de l'hypnotisme, soit certaines substances chimiques, comme je l'ai expliqué dans un autre travail, que se dissocient les éléments conscients et inconscients de nos opinions et de notre conduite.

Je vais par un exemple fort simple, choisi dans mes cahiers d'expériences, montrer comment s'opère cette désagrégation et comment la raison nous sert à justifier nos impulsions inconscientes.

Cette expérience, type de beaucoup d'autres, fut faite sur une femme du monde très distinguée que je connaissais à peine. L'ayant légèrement hypnotisée, je lui, suggérai de me donner rendez-vous place Vendôme à cinq heures du matin, en plein hiver, et de joindre à sa lettre un timbre pour l'affranchissement de la réponse.

Dominée par ces suggestions un peu absurdes mais non pas entièrement, la dame trouva des raisons, à la rigueur acceptables, pour justifier la lettre qu'elle m'écrivit sous une influence inconsciente. Elle désirait, expliquait sa missive, me demander plusieurs renseignements et, eu égard aux habitudes matinales que je devais avoir, m'attendrait place Vendôme, à l'heure indiquée. Supposant une distraction de ma part et l'oubli possible de son adresse, elle m'envoyait une enveloppe timbrée toute prête à jeter à la poste.

L'expérience est loin d'être aussi puérile qu'elle le semble tout d'abord. Nous trouvons toujours des explications d'un ordre analogue, et souvent même inférieur, pour justifier au moyen de la logique rationnelle les impulsions, dictées par les logiques sentimentale ou mystique.

§ 8. - La force psychique
et la volonté rayonnante

Tous les occultistes ne reconnaissent pas l'existence des esprits, mais tous admettent la réalité d'une force particulière habituellement désignée par eux sous le nom de force psychique.

« Je crois pouvoir dire, écrit la Dr Maxwell, à propos des séances de spiritisme, qu'une force quelconque est dégagée par les assistants;, qu'elle paraît être élaborée par le médium; que celui-ci refait ses pertes aux dépens des expérimentateurs; que certaines personnes fournissent plus aisément que les autres au médium la force dont il a besoin; enfin, qu'une certaine communion d'idées, de vues, de sentiments entre les expérimentateurs favorise l'émission de cette force. »

Les spirites assurent que la force psychique peut rester éloignée du médium, formant à quelque distance de lui, une sorte de gaine sensible aux attouchements et aux pincements. Ils appellent ce phénomène l'extériorisation de la sensibilité. Les objets ayant touché les sujets dans un pareil état entraîneraient avec eux cette sensibilité et en piquant ces objets emportés à distance, les médiums ressentiraient la même douleur que si on piquait leur corps. Opération qui rappelle tout à fait l'envoûtement du Moyen Âge.

Les spirites n'ont jamais fourni d'autres preuves de cette prétendue extériorisation que leurs assertions. Elle paraît être le résultat de simples suggestions. Les magnétiseurs en établissent eux-mêmes, d'ailleurs, la démonstration lorsqu'ils expliquent que cette extériorisation obtenue par leurs passes prolongées, n'est sensible qu'aux pincements et attouchements du magnétiseur et non à ceux d'une autre personne. C'est un peu comme si un galvanomètre sensible au courant électrique dégagé par une pile, ne l'était plus à celui envoyé par une autre pile.

En attendant que les spirites étayent de preuves leurs affirmations, ce dont ils se soucient fort peu, on ne saurait tenir aucun compte d'observations qui, reconnues exactes, justifieraient les pratiques de la plus antique sorcellerie.

Il ne faudrait pas, bien entendu, rejeter pour cela l'existence d'une force psychique. Quoique des impressions ne puissent jamais tenir lieu de preuves et soient sans valeur pour établir une conviction scientifique, j'avouerai volontiers que, dans tous les phénomènes spirites, l'hypothèse la moins invraisemblable est précisément l'existence d'une force psychique rayonnée par les êtres vivants.

Cette opinion ne m'a nullement d'ailleurs été suggérée par les expériences des spirites, mais seulement par mes études sur le dressage des animaux ainsi que sur la psychologie des foules et de leurs meneurs. Certains individus, les orateurs célèbres notamment, semblent rayonner autour d'eux quelque chose de très intense. Ce ne sont guère leurs discours qui impressionnent, puisque, le plus souvent, on ne les entend pas. Leur puissance secrète est cependant indéniable. Gambetta retournait le Parlement avec quelques gestes. S'il était permis de créer un nom pour une force d'essence inconnue, je la qualifierai de *volonté rayonnante*.

Ne pouvant m'étendre sur ce sujet, je me bornerai à reproduire, à l'appui de ce qui précède, le fragment biographique suivant publié sur un des rois des chemins de fer américains, M. Harriman. Il a été donné dans une, conférence par un grand banquier des États-Unis, M. O. Kahn.

> *On m'a demandé parfois, après que M. Harriman eût accompli certaines choses dont la réalisation paraissait improbable, pour quelles raisons ses adversaires lui avaient cédé. Quel motif les avait poussés ? A quels mobiles avaient-ils obéi ? Pourquoi avaient-ils fini par faire ce qu'ils avaient déclaré ne devoir jamais faire ou ce*

qu'ils n'avaient aucune raison de faire ? J'ai répondu : « Simplement parce que M. Harriman avait mis en œuvre son cerveau et sa volonté pour le leur faire faire. »

Dans tous les, cas analogues, il s'agit sûrement non de raisonnements acceptés, mais d'actes imposés par le mécanisme encore ignoré de la volonté rayonnante dont je viens de parler.

Les influences ainsi exercées par un individu sur d'autres sont incontestables. L'hypothèse commence lorsqu'on tente de les expliquer au moyen d'une force psychique dont aucune expérience n'a prouvé clairement l'existence. Il serait fort intéressant de la rechercher, ce qui implique naturellement la nécessité de découvrir d'abord le réactif capable de la révéler.

J'arrête ici cette énumération qui finirait par m'entraîner hors du cadre de cet ouvrage. J'en ai dit assez, je l'espère, pour montrer le rôle que pourra jouer l'expérience dans la formation d'une psychologie nouvelle, destinée à remplacer celle dont nous vivons encore et qui a si peu éclairé les problèmes fondamentaux de la genèse et de l'évolution des

---

Chapitre V
Comment l'esprit se fixe dans le cycle de la croyance.
La crédulité a-t-elle des limites

§ 1. - La connaissance et la croyance
chez les savants.

Afin de confirmer encore les démonstrations contenues dans cet ouvrage, je vais examiner brièvement comment, grâce aux impulsions des formes de logiques précédemment décrites, un esprit scientifique peut quitter le cycle de la connaissance et se fixer dans celui de la croyance.

Pour comprendre que des savants de premier ordre, habitués à une expérimentation scientifique rigoureuse finissent par admettre certains phénomènes miraculeux, tels que les matérialisations, il ne faut jamais oublier que la logique rationnelle et la logique mystique subsistent souvent dans le même esprit, si positif qu'il puisse être. Les sphères du rationnel, du mystique et de l'affectif, sont, je le répète, indépendantes et, suivant notre passage de l'une à l'autre, les sources de conviction deviennent différentes.

Dans la sphère du rationnel, l'incrédulité est la règle et l'expérience ou l'observation les seuls guides. Sur le terrain de la croyance, gouverne par la logique mystique, les convictions se forment tout autrement et la crédulité est infinie.

Mais comment un savant sceptique est-il amené à quitter le cycle du rationnel pour pénétrer dans celui de la croyance?

En fait, c'est involontairement qu'il y pénètre, et même alors ne renonce pas à ses habitudes expérimentales. Mais comme sa conviction se forme inconsciemment avant qu'il s'en aperçoive, ses expériences sont conduites de façon à corroborer ses nouvelles convictions, et guidées alors, non par sa volonté, mais uniquement par sa croyance. Or, nous savons qu'un phénomène examiné à travers une croyance est entièrement transformé par elle. Les récits miraculeux, remplissant l'histoire de toutes les religions, en fournissent d'indubitables preuves.

§ 2. - Mécanisme mental de la conversion du savant.

Supposons, pour fixer les idées, un savant très sceptique prenant la résolution d'étudier expérimentalement les phénomènes que prétendent produire les occultistes.

Il devra d'abord se faire introduire dans un cercle d'adeptes, les phénomènes se produisant seulement parmi eux.

On le conduit donc au milieu d'une réunion de convaincus, dans l'obscurité profonde. Après attente prolongée, il entend des bruits, des déplacements de meubles, ses voisins affirment voir des lueurs, des formes incertaines dues à la dématérialisation partielle du médium, etc.

Le scepticisme de l'observateur que je suppose étant robuste, il se retire sans que ses convictions négatives soient ébranlées.

Quelques points, cependant, l'ont frappé. Il lui semble bien avoir entendu des bruits singuliers; des voisins, certainement honnêtes, ont vu des lueurs et des apparitions, des tables paraissent avoir. été déplacées à distance du médium. Tout cela n'est pas clair. Désireux de trouver la cause, sûrement naturelle, des phénomènes observés, il revient.

Il revient, et, sans le soupçonner, se trouve soumis aux actions de l'attention expectante, des suggestions collectives et de la contagion mentale. Des doutes commencent à naître dans son esprit. Puisque de grands savants ont admis ces phénomènes, il doit bien y avoir quelque chose derrière eux. Très peu de chose assurément, mais méritant néanmoins d'être élucidé.

Et il revient encore. Il revient plusieurs fois. Les actions mentales que j'ai dites agissent de nouveau. L'inconscient du sceptique est suggestionné de plus en plus et son esprit critique s'évanouit. Entré dans le cycle de la croyance, il va s'y fixer.

Sa logique rationnelle, déjà vaincue, mais qui ne se l'avoue pas, lutte cependant encore. Pour fixer ses derniers doutes, il organise des expériences. Familiarisé avec les appareils enregistreurs, les instruments de physique délicats, il entreprend des recherches savantes et tend aux fantômes des pièges variés.

Les fantômes étant capricieux, les expériences réussissent rarement ou incomplètement, mais la conviction inconsciente de l'observateur se trouve déjà formée. Les moindres apparences de réussite suffisent, les fraudes les plus grossières lui échappent. Il continue donc à expérimenter jusqu'au moment où, se croyant rationnellement convaincu Par l'expérience, il affichera hautement sa conviction, s'indignera contre les incrédules et :deviendra un adepte do la nouvelle foi. Sa crédulité sera désormais sans bornes. Rien ne l'ébranlera plus. L'ancien sceptique est définitivement fixé dans le Cycle de la croyance.

C'est par ces phases diverses, débutant par une incrédulité totale pour aboutir à une crédulité complète que sont passés bien des savants modernes tels que le célèbre Lombroso. Très sceptique au commencement de ses recherches, il échoua dans une foi naïve dont son dernier livre fournit d'attristants témoignages.

Nous avons saisi sur des faits bien concrets le mécanisme de la conversion et montré comment la science la plus avancée ne pouvait soustraire l'homme aux illusions de la croyance. S'il s'était agi d'appliquer nos raisonnements aux conversions religieuses qui remplissent l'histoire, les explications eussent été beaucoup plus faciles. Nous nous fussions trouvés en présence d'âmes simples, totalement dépourvues d'esprit critique, peu capables de raisonner et tout à fait inaptes à l'observation et à l'expérience. Sur de tels esprits, les facteurs des convictions, notamment le prestige et la contagion, agissent sans qu'aucune action inhibitrice puisse leur être opposée. Convertir des savants éminents aux miracles de la sorcellerie moderne semblait plus difficile que de soumettre des bergers arabes à la foi de Mahomet.

Plus difficile, mais pas beaucoup, peut-être. Le berger et le savant diffèrent immensément, certes, au point de vue intellectuel, mais par leurs éléments affectifs et mystiques, ils sont souvent assez voisins. Lés croyances religieuses, politiques et sociales d'un savant réputé ne sont pas, quelquefois, bien supérieures à celles du plus humble berger.

§ 3. - Les limites de la crédulité.

De ce chapitre et des précédents ressort nettement cette notion, que dans le cycle de la croyance la crédulité est sans limite et l'esprit cultivé aussi réceptif que celui du parfait ignorant. Le savant qui met en doute la valeur d'une décimale, n'ayant pas été plusieurs fois contrôlée, admettra sans difficulté qu'un guerrier casqué puisse sortir du corps d'un médium et se promener dans une salle en faisant tâter son pouls parles assistants, afin de prouver qu'il est plus qu'un vain fantôme, qu'une impalpable vapeur. Sur la pente de la crédulité, on ne s'arrête pas. Un numéro d'une grande revue spirite dirigée par un célèbre professeur de la Faculté de Médecine de Paris, offrait récemment à ses lecteurs : 1° l'histoire du double d'un médium remontant les pendules à distance; 2° des dessins d'esprits désincarnés; 3° une dissertation sur des fées qui habiteraient encore les forêts; 4° l'histoire de quatre fantômes chantant à tue-tête la *Marseillaise* au clair de la lune, etc.

En matière de crédulité, le savant ne se montre donc pas, je le répète, supérieur à l'ignorant. Cette constatation, mise en évidence par l'étude des phénomènes spirites, est très importante. La crédulité ans bornes constitue un état mental dont nous pouvons tous être atteints, et dont nous le sommes vite dès que, sortant du cycle de la connaissance, nous pénétrons dans celui de la croyance.

Certes, la science sait peu de choses et n'élucide qu'un petit nombre des mystères qui nous entourent. Elle est, sûre au moins que les phénomènes sont conditionnés par des lois fixes ignorant le caprice. Elle ne s'avance pas beaucoup en affirmant qu'aucun sorcier n'a été au sabbat, à travers les airs sur un manche à balai, et qu'aucun occultiste ancien ou moderne n'a vu fabriquer instantanément un être vivant.

L'humanité n'est sortie de la barbarie mentale primitive qu'en s'évadant du chaos de ses vieilles légendes et en ne redoutant plus la puissance des thaumaturges, des oracles et des sorciers. Les occultistes de tous les siècles n'ont découvert aucune vérité inconnue, alors que les méthodes scientifiques firent surgir du néant un monde de merveilles. Abandonnons aux imaginations maladives ce peuple de larves, d'esprits, de fantômes, fils de. la nuit et qu'une lumière suffisante dissipera toujours.

Ces conclusions ne sont pas contestables. Elles laissent de côté cependant une face importante du problème. Puisque les hommes de tous les âges, du plus savant au plus ignorant, ont versé dans les mêmes croyances, il faut bien admettre qu'elles correspondent, comme j'ai essayé de le montrer, à des besoins indestructibles de l'esprit et sont par suite nécessaires.

La science se défend d'abord ce qu'elle appelle l'inconnaissable et c'est justement dans cet inconnaissable que l'âme humaine place son idéal et ses espérances. Avec une patience que des insuccès séculaires n'ont pu lasser, elle se heurte sans cesse au monde toujours inviolé du mystère afin d'y découvrir l'origine des choses et le secret de sa destinée. N'ayant pu y pénétrer, elle a fini par le, peupler de ses rêves.

Ne proclamons pas trop la vanité de tant d'efforts, les croyances qui en sont issues consolèrent bien des générations d'hommes et illuminèrent leur vie.

La science, jadis un peu intolérante, respecte de plus en plus aujourd'hui les conceptions étrangères à son empire. Science et croyance, raison et sentiment appartiennent à des domaines impuissants à se pénétrer, puisqu'on n'y parle pas la même langue.

J'ignore si le savant qui traitera le même sujet dans un millier d'années se heurtera aux mêmes problèmes qu'aujourd'hui et pourra dire quelque chose de précis sur la raison première des phénomènes. Il montrera sans doute des dieux nouveaux et des croyances nouvelles dominant la pensée humaine qui ne peut s'en passer. Les croyances chimériques resteront toujours génératrices des longs espoirs. Elles enfantèrent les dieux à travers les âges et de nos jours l'occultisme, dernier rameau de la foi religieuse qui ne meurt jamais.

Conclusions

Un des problèmes fondamentaux indiqués au début de cet ouvrage était de rechercher comment des croyances, qu'aucun argument rationnel ne saurait défendre, furent admises sans difficultés par les esprits les plus éclairés de tous les âges.

Tant que la psychologie considéra la croyance comme volontaire et rationnelle, l'étude d'un tel problème ne pouvait être abordée.

Dissocier les éléments générateurs de la croyance, prouver qu'elle est inconsciente et formée sous l'influence d'éléments mystiques et affectifs, indépendants de la raison et de la volonté, c'était donner dans ses grandes lignes la solution cherchée.

Mais cette explication restait incomplète. Si la raison ne crée pas la croyance, elle peut au moins la discuter et en découvrir les côtés erronés. Pourquoi, cependant, malgré les démonstrations les plus claires, une croyance réussit-elle à s'imposer?

Nous l'avons expliqué en prouvant le rôle fondamental exercé sur l'inconscient par certains facteurs : prestige, affirmation, répétition, suggestion et contagion. Indépendants de là raison, ils agissent facilement contre elle et l'empêchent de 'reconnaître .l'évidence même.

Le pouvoir de ces influences dans la genèse des croyances a été prouvé par les effets de leur action sur les hommes les plus cultivés. Nous avons vu des physiciens exercés, étudier expérimentalement des radiations créées seulement par suggestion dans leur esprit et de savants académiciens voter un prix considérable pour une découverte évanouie brusquement le jour où les observateurs, arrachés à la suggestion, cessèrent aussitôt d'apercevoir le fantôme engendré par cette suggestion. D'autres exemples ont montré combien étaient nombreux les faits de même ordre.

La seule différence réelle entre une croyance scientifique, imposée par les facteurs décrits, et les croyances religieuses, politiques ou spirites imposées par le même mécanisme, est qu'en matière scientifique l'erreur s'élimine assez Vite par substitution de la connaissance à la croyance. Pour les certitudes basées sur des éléments affectifs ou mystiques, et où aucune vérification immédiate n'est possible, l'observation, la raison, l'expérience

Gustave Le Bon

même, restent au contraire à peu près sans action.

Nous avons pu justifier, par l'exemple de certaines croyances spirites, qu'en matière de foi la crédulité - aussi bien du savant que de l'ignorant - ne connaissait pas de limites. Cette constatation rend tolérant pour toutes les superstitions enregistrées par l'histoire.

En démontrant au moyen de faits précis comment des esprits éminents se convertissent à des croyances, d'un niveau rationnel égalant celui des plus fabuleuses fictions mythologiques, j'ai réussi, je l'espère, à mettre en évidence un mécanisme mental que les recherches de la psychologie avaient laissé inexpliqué jusqu'ici.

Nous sommes arrivés ainsi à cette loi philosophique importante : loin de présenter une origine intellectuelle commune, nos conceptions ont des sources mentales fort distinctes, et sont régies par des formes de logiques très différentes. De la prédominance de chacune d'elles et de leurs conflits naquirent les grands événements de l'histoire.

En attendant que la science révèle les vérités immuables, cachées peut-être sous les apparences des choses, il faut nous contenter des certitudes accessibles à notre esprit.

Dans l'état actuel de nos connaissances, trois ordres de vérités nous guident : les vérités affectives, les vérités mystiques, les vérités rationnelles. Issues de logiques différentes, elles n'ont pas de commune mesure.

Conclusions

ISBN : 978-1514796085

Printed in Great Britain
by Amazon

80890431R00139